クライエントと臨床心理士

こころの「病」と心理療法

渡辺雄三
山田　勝
髙橋蔵人
石黒直生
［編］

Ψ
金剛出版

はじめに

渡辺雄三

本書は、名古屋を中心にした精神科臨床で働く臨床心理士（最近は精神科医も参加）の集まりである「病院心理療法研究会」のメンバーによる、こころの「病」とその心理療法を巡っての書である。

「病院心理療法研究会」のメンバーによる共著は、本書が最初ではない。もう十五年以上も昔のことになってしまったが、一九九九年（平成十一年）に『仕事としての心理療法』（渡辺雄三編）を人文書院より刊行している。その当時の執筆者の年齢は、編者であった私を除けば、ほとんどが三十歳代の若手であった。それから十五年以上たって、その当時の執筆者たちはいまやベテランの臨床心理士として、精神科病院や精神科クリニックにおいて活躍し、そのメンバーの中の山田勝・髙橋蔵人・石黒直生が今回の編集と執筆の中心を担っている。また、前著の執筆者のほぼ半数が本書でも筆を執り、加えて新規のメンバーや若手の臨床心理士が新たに参加する構成となっている。

「病院心理療法研究会」は、もう三十年も前の一九八五年、まだ私が精神科病院に常勤の臨床心理士として勤務していたときに、周囲にいた若手の臨床心理士や臨床心理士を目指す研修生たちと始めたものである（「臨床心理士」の資格認定制度が始まったのは一九八八年になってからだがここでは名称を「臨床心理士」で統一する）。今回の編者である山田勝・髙橋蔵人・石黒直生は、その初期の頃からのメンバーであり、当時は、精神科病院に勤務し始めた頃であったり、まだ大学院生であったり、精神科病院の研修生であったりした。

『仕事としての心理療法』の「あとがき」にも書いたが（渡辺、一九九九）、「病院心理療法研究会」の内容や進め方は、初期の頃からほとんどまったく変わっていない。精神科病院や精神科クリニックに勤務する臨床心理士が報告者となって、臨床現場で実践している個人心理療法について、毎回一事例だけを、しかもその多くは重篤なこころの「病」のクライエントだが、なるべく丁寧に時間をかけて報告する。そして、それに対して出席者ができるだけ自由に率直に、質問、意見、感想を述べて話し合うというのを四時間かけて行なっている。ときに遠慮のない厳しい意見も出るが、基本的には同じ臨床仲間だけのクローズドな会なので、矛盾を抱える臨床現場の難しさや厄介さをお互いに重々理解し合って、理論のための批判、批判のための批判にならないように注意している。また、その理論的な立場は、個人的にはユング派やクライン派の精神分析を深めている者もいるが、研究会の場では、一つの立場に偏らない、何よりも、現場の臨床家としていかにクライエントを手助けできるかということに重きを置いた、おおむね力動的深層心理学的な立場から自由に討論している。しかも、四時間の研究会の後には、必ずまた近くの居酒屋に席を移して、報告されたケースや報告者の内的な問題に限らず、非常に困難な精神科臨床の現場の実状や不安定な臨床心理士の身分などにも話が及んで、二、三時間勝手に喋り合い、午後四時に始まる研究会も終わると十一時近くになっていることも度々である。自分でも呆れてしまうが、そんな研究会をこれまで（執念深いというか固執的というか強迫的というか）営々と三十年以上にわたって毎月続けてきた。臨床心理士の資格を取ったばかりの若手であれ、心理臨床経験が二十年を超えるベテランであれ、一人一人のクライエントを前にしては臨床家としては対等であり、同じように批判を受け、また、もうこれで臨床家として完成したなどというものは決してないという厳しさが、この研究会にはあるように思う。そして、誰よりも私自身が、この研究会によって臨床家として鍛えられてきた。

こうした研究会のメンバーによって、今回、研究会としては二冊目となる本書が、企画、編集され、刊行される運びになった。

どうして今、本書の刊行が改めて必要なのか。それについてまず述べておきたい。

やはり第一に挙げなくてはならないのは、一九九九年と現在との、臨床心理士や心理療法を巡る時代や状況の大きな変化である。一九九九年頃は、フロイト派やユング派を中心とする力動的な個人心理療法が、まだ全盛といえる時代であった。そうした時代の中で、若手が中心であった「病院心理療法研究会」のメンバーも、臨床家としての自分たちの腕を磨き、磨いた腕を少しでも世の中に知ってもらおうと、今から思うとかなり無理な背伸びをしていた気もするが、若々しい野心と希望の中で、慣れない原稿書きに取り組んだ。また当時、臨床心理学はブーム（バブル？）の中にあって、まるで我が世の春を謳歌しているような大学人に対して、経済的にも社会的にも非常に恵まれない立場にあった現場の臨床家として、『仕事としての心理療法』という書名に現われているように、臨床現場で仕事（職業）として実践される心理療法こそが（「本物」として）もっと認められるべきだという熱い思いもあった。

それから十五年が経ち、当時のメンバーもそれぞれベテランとなり、実践する心理療法も少しずつ洗練され、成熟していった。しかしその一方で、メンバーの成長とはまるで裏腹の如く、臨床心理学や精神医学の一部では、認知行動療法のみを評価して、力動的な個人心理療法を否定するがごとき言動も見られるようになってきた。「病院心理療法研究会」を通して私たちが少しずつ築き上げてきた研鑽のプロセスとは、まるで逆方向で反動的ともいえる、こうした時代や状況の変化に対して、やはり力動的な（というよりも第Ⅰ部で詳しく述べるように「クライエント―臨床心理士」関係を組み込んだ）個人心理療法の重要性、必要性を、今こそ改めてきちんと主張しておかなくてはならないという強い思いに駆られた。これが本書を企画した何よりの契機である。

第二には、第一のことにも重なるが、近頃臨床現場でよく話題になる心理療法に対する「エビデンス」問題の影響もあってか、その重要性が少々貶められている感のある「事例報告・事例検討・事例研究」による研修、研鑽方法について、それが、いかに臨床心理士にとって重要で不可欠な作業であり、ひいてはクライエントの役に立つ貴重な作業であるかということを、もう一度明確にし、主張しておきたいという思いも契機になっている。また、研究会メンバーにとっては、本書の原稿に取り組むこと自体が、臨床心理士としての貴重な研修、研鑽方法の一つでもあった。

「エビデンス」問題に関しては、斉藤清二が、「（本邦の臨床心理学者は）未だにエビデンス至上主義的な精密さに欠ける主張や、それに対する感情的な反発といった、低いレベルの議論に終始しているような印象を受ける」と述べている（斉藤、二〇一三）。確かに、「エビデンス」を巡っては、私自身もこれまで不勉強のためにただ感情的に反発していたところもなきにしもあらずだった。それはさておいて、同書において斉藤は、「「エビデンスに基づく実践」のハイジャックとその救出」という印象的な表題の章において、ＥＢＭ（科学的根拠（エビデンス）に基づく医療）に対する我が国の臨床心理学領域における誤解と曲解について、非常に明快に述べている。以下、同書に拠るが、この誤解と曲解は、「アメリカ心理学会（ＡＰＡ）によって臨床心理学教育に必要な治療技法のためと心理治療に対して支払いを行なう保険会社及び一般市民への治療技法の知識の推進普及とのために作成された「実証的研究によって支持された治療法（ＥＳＴｓ）」のリストに挙げられた心理療法だけこそがＥＢＰ（エビデンスに基づく実践）である」、という一方的な勝手な解釈（ハイジャック）から生じてきているという（同右）。そもそも、「ＥＳＴｓでは多様な心理的治療技法のうちでも、明確な診断技術とマニュアル化された介入法を持つものしか評価の対象にならないという限界が設定されている」（同右）。そのために、ＥＳＴｓにリストアップされた治療法の大部分は、「広義の認知行動療法（ＣＢＴ）に関連した治療技法で占められることになった」

（同右）。これによって生じた誤解は、アメリカの心理学界においても、二〇〇〇年代前半までは、「ESTsのリストを作成し普及することがEBPである」という理解が主流だったらしい。しかし、その混乱はアメリカでは、「少なくとも二〇〇〇年半ばには解消され」、EBPは「個々の患者（クライエント）のケアにおいて、最新・最良のエビデンスを適切に用いて臨床判断を行うことにより、患者（クライエント）の最大幸福を目指す実践」として定着していった（同右）。だが、「（不思議なことに本邦の臨床心理学においては）「エビデンスに基づく実践（EBP）とは、実証的知見によって指示された特定の治療法（ESTs）を患者に用いることであり、それは認知行動療法（CBT）を行なうということと同義である」という二重の誤解が、現在も完全に払拭されていないように見受けられる」（同右）。それによって、「（我が国の臨床心理学界においては）「エビデンスに基づいた心理療法とは認知行動療法のことである」という主張が広くなされ、それはおそらく現在も続いている」（同右）ということになる。実際に、認知行動療法はエビデンスのある有効な心理療法であり、精神分析療法はエビデンスのない無効な心理療法であるという誤解、偏見を、臨床心理士や精神科医自身が安易に信じ込んでいたりする。なお斉藤によれば、もともと「エビデンス（実証的な証拠）とは、「個々の患者へのケアにおける臨床判断（治療法の選択は臨床判断の一つである：斉藤注）」において用いられる情報であって、「患者の治療に特定の治療技法を用いる」ことがEBMであるのではない」（同右）。そもそもEBMとは、「臨床実践において、エビデンス、患者の意向、臨床能力の三者を統合すること」であり、「個々の患者の臨床判断において、最新最良のエビデンスを明示的良心的に一貫して用いること」であり、決して「非科学的な方法論の排除に向けられたり、個別の実践に焦点を当てるのではなく科学的な一貫性の確立によって自領域の権威化に向けられたりする」ものではない（斉藤、二〇一二）。

このような「エビデンス」問題から派生した「事例報告・事例検討・事例研究」に対する影響について、斉藤は、「本邦の心理臨床領域における事例研究法の価値の低下は、上記のような、エビデンスに基づく実践への誤解と曲解によって引き起こされている部分が大きいように筆者には思われる。心理臨床における事例研究の価値は、この誤解から解放された自由な立場から再度検討される必要がある」と主張する（同右）。本書は事例研究法そのものを検討するわけではないが、この斉藤の提案は、本書を企画するうえで大きな励ましとなった。

私たちは、研究会において「事例報告・事例検討・事例研究」として、こころの「病」のクライエントに対する心理療法、それもときには三年、五年と続く長期の心理療法の事例を何十例、何百例と聴いてきた。その中には、技術的、技法的にはさまざまな問題があったり、クライエントを充分に手助けできなかったり、不幸な結果に終わったりした事例も、もちろんのことあった。しかし同時に、非常に難しい重篤なこころの「病」のクライエントに対しても、臨床心理学的に丁寧に配慮された心理療法を粘り強く長期に継続して実践することによって、症状や問題行動が少しずつ軽減し、クライエントが変化し成長していくことも、決して稀ではなかった。その一端は、第Ⅱ部「こころの「病」と心理療法の実際―私たちが実践している心理療法」において報告されるが、そのようなクライエントの姿を目の当たりにして、出席者一同が、深くこころ打たれる体験をしたことも度々あった（ただしほとんどの場合当の治療者自身にはその変化はあまり見えていないものである）。この共通体験を、厳密な学問的科学的な意味での「エビデンス」と呼んでいいかどうかは分からないが、このような、臨床経験を積んだ複数の臨床心理士が、一つの事例の数年にわたる経過を時間をかけて丁寧に点検し、症状や問題行動だけに限らないクライエントの在り方全体の変化、成長を見定めることによってこそ、心理療法の効果やその根拠といったものは始めて確認できるのではないのか。そして、それ以上に、誰よりもクライエント自身が、（非常に難しいことではあるが）できるかぎり主体的で自由な立場から、心理療法での体験やセラピストとの関係をどのように評価し、その後の長い人生に渡ってその体験を（症状の軽減や問題行動の改善を含めて）どのように考えているかにこそ、心理療法の真の存在意義といったものは確かめられるのではないのか。

こうした意味での「エビデンス」の確認を幾度となく体験し、またそれによって励まされ勇気づけられてきたからこそ（無論その反対にクライエントを充分に手助けできずに打ちのめされることも少なからずあったが）、私たちは、三十年にもわたって「研究会」を継続できてきたし、困難な精神科臨床現場にあっても、（私たちの考える）個人心理療法を（点検し洗練させながら）粘り強く実践し続けることができたと思う。率直に言って、そこには目新しい技法やオリジナルなアイディアが特別にあるわけではない。これまで言われてきた力動的な心理療法を誠実に愚直に実践し、少しでもクライエントに役立つように洗練させてきたに過ぎない。しかし、第Ⅰ部「こころの「病」と臨床心理士の方法―私たちが考える心理療法」で詳述するような、そうした臨床心理学的に配慮された心理療法を丁寧に実践することは、さまざまなこころの「病」に苦悩するクライエントへの非常に重要な手助け（援助）の方法であろう。そのことを、本書を通して改めて主張しておきたい。これが本書を企画することになった第三の理由である。

なお、先に紹介した著書において斉藤は、「（事例検討会などによる臨床事例研究は）対話と実践のサイクルを通じて新しい知識を創造し、実践を改善し、実践者の自己訓練に役立ち、組織や社会における協働を作り出す一連の社会的実践のプロセスとして理解できる」と主張している（斉藤、二〇一三）。まるで私たち「病院心理療法研究会」の三十年の活動を総括してくれている思いのする言葉である。

このように、本書は、長年にわたる「病院心理療法研究会」における「事例報告・事例検討・事例研究」の成果として、私たちが考えるこころの「病」に対する心理療法について、今の時代だからこそなおさらに、改めて世に問うものとして、企画され、刊行されることになった。

簡単に本書の内容について紹介しておく。

第Ⅰ部「こころの「病」と臨床心理士の方法——私たちが考える心理療法」は、臨床心理士が実践する「こころの「病」に対する心理療法」について、総論的、理論的に述べたものであり、第一章から第四章まで、心理療法に従事する臨床心理士の基本的な方法から、こころの「病」に対する心理療法のより中核的、本質的な問題へと、少しずつ焦点付けられるように順番に並べられている。

渡辺雄三（人間環境大学大学院／渡辺雄三分析心理室）による第一章「臨床心理士の仕事の方法」は、どのような心理療法を行なうにしても、その前提として、臨床心理士はどのような職業的専門性と独自性を持って仕事をする者なのか、その基本的な「臨床心理士の仕事の方法」とは何なのかについて、自らの考えを提案している。

石黒直生（医療法人成精会刈谷病院）による第二章「精神科医療と臨床心理士」は、精神科医療の内部において、医師、看護師、ケースワーカーなどと協働して働く臨床心理士の専門性とその役割について、ことに心理療法という仕事を巡って、長く臨床現場で実践してきた経験と立場から考えている。

髙橋蔵人（人間環境大学／大橋クリニック）による第三章「こころの「病」と心理療法」は、こころの「病」に対する臨床心理士のもっとも重要な役割としての心理療法について、とくに「ちゃんと話を聞くこと」など、その基本的な方法と姿勢に焦点を当てて、自身の臨床経験を踏まえて実践的に述べている。

山田勝（愛知県精神医療センター）による第四章「クライエントと臨床心理士と心理療法」は、何らかの苦しみを背負うクライエントとそれを迎え入れる臨床心理士とが出会う心理療法という関係と場とが生成する本質的な構造について、間主体生成論を軸に、理論的、哲学的に論じている。

ただし、第Ⅰ部の第一章から第四章までは、さまざまな機会に研究会において話し合われ、討論されてきたものであるが、しかし、「病院心理療法研究会」の統一的見解というわけでは決してない。「こころの「病」」に対する理解についても、その心理療法についても、かなり重なり合うところも多いが、微妙に違っていたり、意見を異にするところもある。私たちは、それはそれでよしと考えているし、各章の内容については、各自それぞれの臨床心理士論、心理療法論のもとに書かれ、その責任は本人各自にある。

第Ⅱ部「こころの「病」と心理療法の実際——私たちが実践している心理療法」は、第Ⅰ部の理論や方法を（おおまかな）背景として、「こころの「病」に対する心理療法」の臨床実践例の報告である。

まず前半部では、「統合失調症」をはじめとする重篤なこころの「病」への、精神科病院における心理療法実践が報告される。

荻野咲智子（医療法人愛精会あいせい紀年病院）による第一章「ともに生き残る——慢性統合失調症の女性との心理療法」は、大学院の実習生時代に出会い、その後十二年間にわたってかかわり続けた統合失調症者との心理療法を取り上げて、たとえ病的体験に支配されたものであろうと、クライエントの人生と内的世界に深い関心を持ちつづけ、クライエントと共にあり、共に生き残ることが、ことに精神科医療で働く臨床心理士自身の重要な課題であることを伝えている。

堀江章代（医療法人楠会楠メンタルホスピタル）による第二章「「私は理解されたいのです」——ある統合失調症の女性との心理療法から学んだこと」は、初学者の頃から十二年間にわたってかかわり、その間に、二十一年に及ぶ長期入院からの社会復帰を果たした統合失調症の女性との心理療法過程を振り返りながら、「私は理解されたいのです。理解されることで安定するのです」というクライエント本人の言葉を軸に、重い精神病状態のクライエントに対しても「一人のかけがえのない人格」として扱おうとする臨床心理士の仕事とその心理療法について考えている。

白井聖子（医療法人山水会香椎療養所）による第三章「〈自分〉を追い求め続けた女性との心理療法──弥勒（ミロク）の世界と日常とのあいだで」は、〈自分〉というものを追い求め、確かな手応えを得ようと必死に生き抜いてきた精神病圏の女性との九年間の心理療法過程を通して、日常と非日常の背反的な世界に切り裂かれながらも、両義的に生き続けざるを得ない精神病圏のクライエントと、それを理解して共にあろうとする臨床心理士との間に開かれる心理療法の場について考えている。

中村道子（医療法人成精会刈谷病院）による第四章「心を多面的にみていくこと──主体性を見失っていた女性との心理療法を通して」は、深刻なうつ状態と死の衝動を抱えた女性との六年間の心理療法過程を通して、クライエントと臨床心理士との探索的な相互関係によってこそ、両者が共に囚われているこころに対する一面的な見方に気づき、こころの多面性に触れ、クライエントと臨床心理士の双方が相互関係的に未知のこころの世界に開かれていくべき心理療法の作業について考えている。

山内恵理子（京ヶ峰岡田病院）による第五章「生まれ出てくるものへの恐れと生み出すことへの渇望──思春期女性とのイメージを活かした心理療法」は、十二歳の中学生のときに強迫性障害として発症し、自殺企図や精神科病院入院などの深刻な事態を体験しながらも、絵画・詩・夢など非常に豊かな創作表現を通して回復を果たしていった女性との十三年間にわたる心理療法を報告している。クライエントの「やわらかな心」の質感を感じ続けながら、その「やわらかな心」に添い続ける臨床心理士の課題について述べている。

第Ⅱ部の後半部では、精神科クリニックや開業心理療法オフィスにおける、比較的重篤度の低いクライエント（かと言って心理療法的に容易ということは決してないが）への心理療法実践例の報告が中心になっているが、第七章、第八章ではそれぞれ二つの事例が取り上げられて、臨床心理士による心理療法について考察されている。

田代由希子（ながら心理相談室）による第六章「考える存在として、居つづけること──「世話役」として生きる青年期女性との心理療法をめぐって」は、本書の中では唯一、開業心理臨床の場からの心理療法の報告である。家族の「世話役」として生き続けてきた二十代の女性との心理療法を通して、面接室の中にクライエントから持ち込まれる（投影される）さまざまな感情や不安に晒され動かされながらも、クライエントが目を向けることができなかったそうした感情や不安に、クライエントと共に向かい合い、その意味を考え続ける臨床心理士の仕事について述べている。

伊藤由夏（医療法人士正会ＬＵＮＡ大曽根心療科）による第七章「こころをみつめることの難しさ――摂食障害の女性たちとのかかわりを通して」は、自分のこころに向き合うこと、こころをみつめることが難しく、自分のこころを見ないように、感じないようにしていると言われている摂食障害の二人の女性との心理療法の実践を通して、それでもクライエントと共にクライエントの隠された秘めたこころを少しでも理解し、向き合っていこうとする臨床心理士の仕事とそれを支える理論について考えている。

三宅朝子（あさ心理室）による第八章「こころの花に水をやる仕事――生きることにかかわる二事例」は、長く精神科クリニックに勤め、現在は心理療法オフィスを開業している立場から、精神科クリニックにおける二人のクライエントへの心理療法を通して、とくに精神分析学的立場に拠る臨床実践を報告すると共に、「白衣の仕事」「黒衣の仕事」という対照的、象徴的視点から、「こころの花を咲かせる」ことを援助する臨床心理士の仕事について考えている。

第Ⅱ部の最終章は、最近よく話題になり、精神科医療においてもその治療や援助が問題になることの多い発達障害・自閉スペクトラム症圏のクライエントに対する、心理療法実践の報告である。「病院心理療法研究会」としては、これまでは、統合失調症から重篤な人格障害圏のクライエントに対する心理療法を中心的な課題としてきたが、発達障害・自閉スペクトラム症圏のクライエントを臨床心理学的、精神病理学的にどのように理解し、どのように手助け（心理療法）を実践していったらよいかということも、今後の重要な課題になってこよう。

その試みの一つである山田勝（愛知県精神医療センター）による第九章「自閉スペクトラム症の女性との心理療法――間主体生成論の観点から」は、第Ⅰ部第四章における間主体生成論を受けて、自閉スペクトラム症を抱える二十代前半の女性に対する九年間にわたる地道な臨床実践を通して、言語や象徴が成立する以前の間主体的レベルでの交流を促し、クライエントの主体の生成とその変化につき添い続ける心理療法について、理論的考察を交えて報告している。

この第Ⅱ部においても、こころの「病」に対する各自の心理療法実践は、第Ⅰ部で報告した「こころの「病」と臨床心理士の方法――私たちが考える心理療法」を（おおよその）共通認識としているが、細部の心理療法の実践的な技法や依拠する理論が微妙に異なっているところはある。しかし、「病院心理療法研究会」としては、何よりもクライエントの手助けに臨床現場で役立っているかどうかを優先して、柔軟に共有している。ただし、各章の最終的な責任は各執筆者にある。

各事例については、故人となられた方を除いて、クライエントの方の承諾を得たが、その場合も、クライエントの方の個人情報については、特定されないようにできる限りの配慮をしたつもりである。改めて、ご協力いただいたクライエントの方々に、編著者を代表して、こころよりのお礼を申しあげたい。

「はじめに」の最後に、「こころの「病」」という表現について、一言述べておく。

本書を企画することになったしばらく前に、「研究会」のメンバーの間でひとしきり話題になった本があった。ウィタカー（Whitaker, R., 2010）による『心の病の「流行」と精神科治療薬の真実』である。アメリカにおける精神科治療薬の大量投与がかえって「こころの「病」」（mental illness）を進行させ増加させているという衝撃的な報告であった。もちろん、私たちは臨床心理士であって精神科医ではないから、この本の真偽について断定的なことは言えないし、精神科治療薬の効果についても不用意なことは何も言えない。ただ、精神科治療薬の問題はさておいて、この書を読みながら、翻って省みて、それならば私たち臨床心理士は、「こころの「病」」についてどのように考え、「こころの「病」」に苦しむクライエントをどのように手助けしたらよいのか、という切実な問いを、メンバーのそれぞれが改めて突きつけられる思いになった。そのことも、この書を企画するきっかけになり、また書名に「こころの「病」」という言葉を使おうと思い立った所以にある。ただし、ウィタカーの書の邦題は「心の病」となっているが、本書では「こころの「病」」と「病」に括弧を付けた。「反精神医学」などと大袈裟に言うつもりなどまるでないが、重篤な精神病状態を含め、さまざまなこころの問題に対して、安易に「病気」「障害」として一括りしてしまうことは本当に正しいのか、それらは本当に精神医学がすべて管理すべき「病気」という事態なのか、という問いをまったく拭い去ることはやはりできないために、「こころの「病」」と表記することにした。本書のそれぞれの事例報告においても、この問いは、小さくはあるが通奏低音の如く鳴り続けている。

文　献

斉藤清二（二〇一二）『医療におけるナラティブとエビデンス――対立から調和へ』遠見書房

斉藤清二（二〇一三）『事例研究というパラダイム――臨床心理学と医学をむすぶ』岩崎学術出版社

渡辺雄三（一九九九）「あとがき」渡辺雄三編『仕事としての心理療法』二七九―二八四頁、人文書院

Whitaker, R. (2010) ANATOMY OF AN EPIDEMIC: Crown Publishers 小野善郎監訳　門脇洋子・森田由美訳（二〇一二）『心の病の「流行」と精神科治療薬の真実』福村出版

目　次

クライエントと臨床心理士——こころの「病」と心理療法

第Ⅰ部　こころの「病」と臨床心理士の方法——私たちが考える心理療法

第一章　臨床心理士の仕事の方法

渡辺雄三

「こころの「病」と臨床心理士の方法――私たちが考える心理療法」について総論的理論的に述べる第Ⅰ部の、この第一章では、「こころの「病」」の心理療法を実践する臨床心理士の、その基本的な仕事の方法はどのようなものであるべきかについて、すなわち心理療法を実践するために臨床心理士としてどのような基本的な方法を身に付けておくべきかについて、述べておく。ただし、本章がテーマとするのは、具体的技術的な療法・技法・手法などについてではない。本章で問題にしようとしているのは、さまざまな臨床心理学的な理論・療法・技法・対象・現場という個々の臨床心理士における多様性を超えた、臨床心理士全体に通底する普遍的な、専門的職業的方法や独自の手続きについてである。あるいは、心理臨床実践において、どのような心理検査、どのような心理療法を実施するにしても、臨床心理士である限りは決しておざりにしてはならない原理・原則、精神科医や教師などの他の専門職とは異なる臨床心理士ならではの独自な仕事の方法や手続きなどといったものは、あるのか、あるとしたらそれはどのような「方法」になるのか、という臨床心理士の仕事の根本を巡る問いである。この問いに対しては、筆者はすでに『私説・臨床心理学の方法――いかにクライエントを理解し手助けするか』（渡辺、二〇一一）、及び『臨床心理士の仕事の方法――その職業的専門性と独自性』（渡辺、二〇一五）の二冊の著書で考えてみたので、ここではそれらから要約して（一部修正を加えて）紹介することにする。

一　「臨床心理学的に配慮されたアプローチ」とその八つの原則

私が考える「臨床心理士の仕事の方法――その職業的専門性と独自性」とは、要約して言えば、「臨床心理学的に配慮されたアプローチ」と呼ぶ専門的、職業的な八つの基本原則に従いながら、何らかの「こころ・からだ」の問題を抱えるクライエントにかかわり、クライエントの「こころ・からだ」を（依拠する臨床心理学の理論や習得した心理検査の技法を活用して）できるだけ理解し、その理解に基づいて共感を生成し深め、そして、理解と共感に支えられてクライエントのために（身につけた心理療法やカウンセリングの手法を活用して）適切な手助けをしようと努めることにある。これが、臨床心理士が普遍的に共有すべき「方法」であり、この「臨床心理士の仕事の方法」にこそ、臨床心理士の職業的専門性と独自性がある、と私は考えている。

そして、ここで言う「臨床心理学的に配慮されたアプローチ」とは、次に挙げる八つの原則に基づいたクライエントへのアプローチ（方法）である。

すなわち、

第一の原則　「一人一人のクライエントを確かな対象として」、クライエントの「こころ・からだ」を理解し、手助けする。

第二の原則　「クライエントと直接かかわることを通して」、クライエントの「こころ・からだ」を理解し、手助けする。

第三の原則　「クライエント自身の体験とその表現を核にして」、クライエントの「こころ・からだ」を理解し、手助けする。

第四の原則　「現前性・状況性・歴史性・関係性・個体性・希求性の総体的視点から」、クライエントの「こころ・からだ」を理解し、手助けする。

第五の原則　「クライエントと臨床心理士との相互関係の中で」、クライエントの「こころ・からだ」を理解し、手助けする。

第六の原則　「臨床心理士自身のこともつねに含み込んで」、クライエントの「こころ・からだ」を理解し、手助けする。

第七の原則　「依拠する臨床心理学の理論や方法を信頼し、かつ疑うことも忘れずに」、クライエントの「こころ・からだ」を理解し、手助けする。

第八の原則　「何よりもクライエントのために」、クライエントの「こころ・からだ」を理解し、手助けする。

もちろんのこと、臨床心理士がかかわるクライエントや心理臨床現場はまったくさまざまであるから、この八つは、あくまでも、臨床心理士としてできるだけ努めるべき仕事の基本原則であり、同時にその目標であり課題である。

この八つの原則に基づく「臨床心理学的に配慮されたアプローチ」に従ったクライエントの「こころ・からだ」の理解と、その理解と共感に支えられた手助けにこそ、臨床心理士の職業的専門性と独自性がある、と私は考える。より臨床実践的に言い換えれば、こうした「臨床心理学的に配慮されたアプローチ」に従った（クライエントと会い、話を聴き、話を交わす）心理面接にこそ、またそれに支えられた心理検査や心理療法（カウンセリング）の実施にこそ、臨床心理士の職業的専門性、独自性があり、仕事の基本モデルがある。この「臨床心理士の仕事の方法」を、なるべく丁寧に、加えてなるべく身に備わったものとして自然に、個々の心理臨床現場で実践できること、もしくはできるだけそのように努めて実践すること、それがプロフェッショナルとしての「臨床心理士」の条件だと、私は考えている。

とても残念なことだが、精神分析療法にしろ認知行動療法にしろどちらにしても、こうした「配慮」をまるで欠いた心理療法の実施が、一部の臨床心理士に実際に見られる。厳しい言い方になるが、それを私は「臨床心理士の仕事の方法」とは認めたくない。私からしたら、精神分析療法的か認知行動療法的かということよりも、むしろ、「臨床心理学的な配慮をしているかどうか」「臨床心理学的な配慮ができるかどうか」の方が、臨床心理士としての相違点ははるかに大きい。精神科医が精神分析療法をしたり、また最近では、教師が知能検査をしたり、看護師が認知行動療法を実施することも珍しくはない。心理検査にしても心理療法にしても、同じものを医師や教師や看護師がそれぞれの職業的専門性に基づいてマニュアル的に行なうのと、臨床心理士が「臨床心理学的に配慮されたアプローチ」のもとに慎重に行なうのとでは、原理的には異なるものと考えるし、結果的にもかなり違ったものになろう。

以下、この「臨床心理学的に配慮されたアプローチ」の八つの原則のそれぞれについて説明する。

二　「一人一人のクライエントを確かな対象として」、クライエントの「こころ・からだ」を理解し、手助けする（第一原則）

「臨床心理学的に配慮されたアプローチ」の第一の原則を、「「一人一人のクライエントを確かな対象として」、クライエントの「こころ・からだ」を理解し、手助けする」とした。臨床心理士にとって、一人一人のクライエントこそが、仕事の対象であり、相手であり、その個別性に焦点を当てるということである。

この「一人一人のクライエントを確かな対象として」と、次の第二の「クライエントと直接かかわることを通して」は、内容的に重なり合う部分もあるが、前者はクライエントの対象性、個別性の問題を、後者はクライエントとの関係性とその直接性の問題に、重点を置いて、二つに分けることにした。この二つは、八つの原則の中で、臨床心理士の独自の仕事の方法というよりも、医師にしても看護師にしても教師にしても、また弁護士にしても建築士にしても、「クライエント（クライアント）」と呼ぶか否かはともかくも、何らかの専門的な手助けを求められる人たちに対して、仕事としてかかわろうとする者にとっては、ほとんどの専門家が原則とする大前提、大原則であろう。

しかし、「言うは易く行なうは難し」で、観念的な建前やお題目だけなら誰でも言える。単なる標語ではなく、一人一人のクライエントを前にして、具体的に地道に実践していかなくてはならない。しかも、臨床心理士は、その仕事が、一人一人のクライエントの「こころ・からだ」という、非常に個別的で、微妙で繊細な問題にかかわることだけに、その職業的専門性・独自性として、ことのほか、「一人一人のクライエントを確かな対象として」と「クライエントと直接かかわることを通して」について、できるだけ注意深い臨床的な配慮と手続きが必要となる。実践的、具体的に言えば、前者からは、「一人一人のクライエントの立場に立つ」「時間・場所をきちんと決めてクライエントに会う」「クライエントが表現した言葉や内容を不用意に外に漏らさず自分の内に抱え続ける」「同じ家族や知り合い同士では、例えば夫と妻とか、父親（母親）と子どもとかを、なるべく同一の臨床心理士がセラピストとして担当しないように注意する」「クライエントの担当者はできる限り同一の臨床心理士が継続的にかかわり安易な変更や交代はしない。もし変更や交代が必要になった場合にはクライエントの見捨てられ感や喪失感、孤独感などに充分に配慮する」などの課題が生じてくる。後者からは、「クライエントの「こころ・からだ」というものはクライエントと直接かかわることによってこそ理解できる」「間接的な情報だけで不用意に臨床心理学的判断を下すことは危険であり避ける」「臨床心理学的な理論や方法はあくまでもクライエントとの間においてこそ適用が確認されるものであって、クライエントによっては修正の必要があったり、適用すべきでないことがある」「何よりもクライエントの言葉や表現に丁寧に耳を傾ける」「手助けのためにはクライエントの良さや健康さも見なくてはならない」などのことが生じてくる。そして、これらを地道に実践していくためには、日常的に実践できる「形（形式）」を方法として持っているとよい。その「形」の一つが、例えば「時間・場所を決めてクライエントと会う」ということになる。

三 「クライエントと直接かかわることを通して」、クライエントの「こころ・からだ」を理解し、手助けする（第二原則）

「臨床心理学的に配慮されたアプローチ」の第二の原則を、「「クライエントと直接かかわることを通して」、クライエントの「こころ・からだ」を理解し、手助けする」とした。クライエントの「こころ・からだ」というものは、クライエントと直接かかわることによってこそ、真の理解に少しでも近づけるし、また手助けもできるということであり、援助関係の直接性、具体性の問題である。

「クライエントと直接かかわることを通して」、「こころ・からだ」を理解し、手助けするなどとは、あたりまえと言えばあたりまえのことである。しかし、それをあえて取り上げて注意を促すのは、最近のマスコミの世界などで頻繁に見られることだが、臨床心理士と称しながら、例えば犯罪者の心理分析など、クライエント（当事者）と直接会わずに、もしくは会ってはいてもかかわりということがまるでないまま、ほとんど間接的な情報や資料だけを用いて、その分析や解釈を行なっていることがあまりに多いからである。これは、臨床心理学の応用ではあるかもしれないが、クライエント不在という点で、クライエントと直接にかかわっていないという点で、私が考える「臨床心理士の仕事の方法」からは外れている。臨床心理士の仕事は、クライエントと直接、具体的にかかわることと、それもていねいに時間をかけてかかわることによってこそ、成り立つ職業だということを、きちんと押さえておきたい。これは私自身の経験としてもよくあったことだが、クライエントについての情報を間接的に知っただけで、分かったつもりになっていても、そのクライエントに直接会ってみると、その理解が相当に違っていた、ということがある。例えば、精神科医や家族からの話を聞いて理解していたときには、「かなり重い統合失調症のクライエントだ」と思っていても、そのクライエントに実際に会って、よく話を聞いてみると、あるいはそのクライエントの態度、表情、体つきなどを目の当たりにすると、「思ったよりずっと健康さを持っている」とか、ときには「多分、統合失調症ではなかろう」などと、自分の判断を修正せざるを得ないことがある。また、クライエントが単に資料集めの材料に過ぎなかったり、テストの対象に過ぎなかったりするものなども、臨床心理士の原則から外しておきたい。

クライエントを理解し、その手助けをするという仕事は、一人一人のクライエントの「こころ・からだ」という、非常に個別的で、微妙で繊細な問題にかかわることだけに、クライエントを単なる客観的対象（物）として扱っていては、その「こころ・からだ」を理解することはできない。クライエントと直接に関係を持つことによってこそ、単なる外見だけでなく、クライエントが示す表情、態度、雰囲気などをはじめて見ることができるし、他者に対するかかわり方や言葉、表現の仕方などを知ることができる。また身体そのもの、体格、太り具合・やせ具合、目つき・視線、喋り方などを観察することができる。それを通して「こころ・からだ」の理解が少し進む。たとえ外側からの観察や症状だけからは重い「統合失調症」とか「認知症」と診断されているクライエントにしても、他者との親しい関係においては、ほのぼのとした穏やかな雰囲気を示すクライエントもいれば、まったく他人を寄せつけない硬く冷たいオーラを発するクライエントもいる。まったく十人十色である。実際にクライエントにかかわってみて、その十色の微妙な色合いを知らなければ、一人一人のクライエントの個別的で微妙な「こころ・からだ」を理解することは難しい。

四　クライエント自身の体験とその表現を核にして」、クライエントの「こころ・からだ」を理解し、手助けする（第三原則）

「臨床心理士の仕事の方法」としての「臨床心理学的に配慮されたアプローチ」の第三の原則を、「「クライエント自身の体験とその表現を核にして」、クライエントの「こころ・からだ」を理解し、手助けする」とした。クライエントの「こころ・からだ」を理解するためには、「客観的な事実」よりもむしろ「主観的な体験（主観的な真実）」を重視するという被援助者の体験や表現の内容を巡る問題だが、それについて考えるためにも、いわゆる「震災怪談」について触れておきたい。

二〇一一年三月十一日の東日本大震災以後、すさまじい被害に見舞われた東北の各地において、現実にはありえないような不思議な体験が、人々の間に度々見られたという。例えば、須藤茜が報告している次のような話。

「ゆく先」

宮城県の沿岸部に住む友人から聞いた話である。

港の近くを歩いていると、たまに季節はずれにも防寒具を着た人たちに出会うという。夏の暑い日だというのに、洋服を何枚も重ね着して歩いている姿を見かけるそうだ。

「あの日は三月だけど、雪が降るほど寒かったから」

年齢も性別もその時その場所によって違うが、皆一様に、まっすぐ前を見ながら、同じ方向に歩いて行くのだという。

「岸壁まで行くと、ふわって、消えるんだ。どうしてわざわざ海に行くんだろうって、思うけど」うちの兄ちゃんはまだ見てないけど、まったくどこにいるんだか、と、友人は目を赤くしながら笑った（須藤、二〇一一）。

このような話に臨床心理士はどのように耳を傾けたらよいのだろうか。この話をした須藤の友人が、クライエントとして臨床心理士の前に現われて、こうした体験を訴えたとしたら、彼らのその「こころ・からだ」を少しでも理解し、共感するためには、臨床心理士はどのような方法、態度で、この話を聴いたらよいのだろうか。

そのためには、次節で述べるクライエントの総体的理解のうちの「現前性」に重なるが、まずは何よりも、クライエントが生々しく体験したこと、そのことについて、「思い違い」であるとか「錯覚」であるとか「偶然の一致」であるとか（ユング心理学に頼って）「共時性」であるとか、ましてや「幽霊」であるとか「幻覚」であるとかという先入観を捨てて、その体験そのものをクライエントの「主観的な真実」として受け取らなくてはならないだろう。臨床心理士は、客観的な事実がどうこうと言うことよりも、何よりもまずは、クライエントの生々しい具体的な体験の詳細について、丁寧に聴き、同時に、その体験においてクライエントに生じたさまざまな感情について、その驚愕、その恐怖、その不安、その歓喜などについても耳を傾けようとする。すなわち、「クライエント自身の体験と表現を核にして」、「客観的な事実」よりも「主観的な真実」を手がかりにして、クライエントの「こころ・からだ」を理解し、共感しようと努める。これも「臨床心理士の仕事の方法」である。

ここでは「震災怪談」という特殊な例を持ち出したが、「クライエント自身の体験とその表現を核にして」、クライエントの「こころ・からだ」を理解する課題（原則）は、クライエントが語るあらゆることに及ぶ。クライエントの語ることが、たとえ「作り話」や「空想」や「嘘」や「妄想」であるように思われたとしても、何よりもまず、クライエントにとっては「主観的な真実」として、臨床心理士は、クライエントの話に丁寧に耳を傾けようとする。「作り話」「空想」「嘘」「妄想」などといった判断をいったんは停止して、そうした体験をせざるを得ない、あるいはそうした話を語らざるを得ないクライエントの「こころ・からだ」を、できる限り理解し、共感することに努める。

ただし、矛盾した背反的なことを付け加えるが、こうしたクライエントの体験に対して、その「主観的な真実」に深く納得しながら、しかし同時に、臨床心理士は、クライエントの体験に対して、もしかしたら非常時の極度の不安、恐怖から錯覚が生じたり認知の混乱を来たしているのではないのか、あるいは「妄想」「虚言」「空想」と言われるものではないのかという冷めた目も必要とする。すなわち「主観的な真実」を核にしてクライエントの「こころ・からだ」を理解することに努めながら、同時に、「客観的な事実」についても点検しようとする。サリヴァン（Sullivan, H.S.）の「関与しながらの観察（関与的観察）」ということになろうが、サリヴァン（一九五四）は「患者の話を聴く際にはすべて「批判意識を伴う関心」（クリティカル・インタレスト）を持つべきだと言いたいだけである。（中略）せめて大いに心中自問して欲しい。しかし、患者が嘘つきだとか、自己を表現できないとか、そういう仮説を置くことはよくない。ただ、いつも心に「果たしてそうか」という単純な問いを持ちつづけてほしい」と述べる。

五　「現前性・状況性・歴史性・関係性・個体性・希求性の総体的視点から」、クライエントの「こころ・からだ」を理解し、手助けする（第四原則）

「臨床心理学的に配慮されたアプローチ」の第四の原則を、「「現前性・状況性・歴史性・関係性・個体性・希求性の総体的視点から」、クライエントの「こころ・からだ」を理解し、手助けする」とした。臨床心理学的理解の全人的、総体的視点の問題である。そのためには、「現前性」「状況性」「歴史性」「関係性」「個体性」「希求性」の総体的視点から丁寧に考える必要がある。

1　今ここに在るままの「こころ・からだ」を理解する（現前性）

まず最初に挙げる「現前性」とは、今、ここに現われたクライエントの「こころ・からだ」を、できるだけ先入観を捨てて、ありのままの姿で理解しようとする視点である。

そのためには、何よりもクライエントが語ることばに深く耳を傾けなくてはならない。深刻な悩みを重い口調で訴える人、なかなかことばが出てこなくて長い沈黙が続く人、自分の苦しみを次から次へと喋り続ける人、ほとんど理解できないことばを独りで呟き続ける人、さまざまなクライエントが、臨床心理士の目の前に現われる。そのさまざまな人がさまざまに発し、訴えることばに、できる限り丁寧に、耳を傾ける。そしてことばだけでなく、クライエントが発するいろいろなサイン、例えば微妙な表情、身振り、体つき、服装、雰囲気など、クライエントの全身が語りかけ、訴えてくるものに対して、耳を澄ます。できるだけ理論を学び、経験を積むことは、臨床心理士として不可欠な訓練だが、しかし、クライエントと向かい合ったときは、理論や経験をいったん括弧にくくって、虚心に、その「こころ・からだ」が発する「声」に耳を傾け、耳を澄ませたいものである。

これがクライエントを、そしてその「こころ・からだ」を理解するために、何よりも必要な出発点であり、他の五つの視点の基礎となるべき「現前性」である。この「現前性」を疎かにしては、クライエントの「状況性」「歴史性」「関係性」「個体性」「希求性」について掘り下げて聞いたとしても、クライエントを本当に理解したことにならないし、そもそもクライエント自身が、理解されたという思いにはならないだろう。

2　状況の中での「こころ・からだ」を理解する（状況性）

クライエントが現わす「現前性」の理解を出発点として、その背後にある「こころ・からだ」について、クライエントとの間で確かめ、理解を深めていくのだが、そのための手がかりが、「状況性」「歴史性」「関係性」「個体性」「希求性」の視点となる。

「状況性」とは、今、ここに現われた「こころ・からだ」を、クライエントを取り巻く今現在の現実、環境、人間関係などを通して考える視点であり、「クライエントは、今、どのような状況、環境、人間関係の中で生きているのか、そしてそれは、今、ここに現われた「こころ・からだ」とどう関連しているのか」を問う視点である。具体的には、例えば「うつ状態」を訴えるクライエントとしたら、その「うつ状態」の背後に、会社でどのような状況、人間関係があるのか、家庭の中でどのような状況、人間関係があるのか、あるいはその他の場でもどのような状況、人間関係が生じているのかについて、確認しておく必要がある。また、「不登校」の子どもにしても、家庭の中、学校の中、友だちとの間などで、どのような状況、人間関係、問題が生じているのか、確かめておく。

3　歴史を通しての「こころ・からだ」を理解する（歴史性）

「歴史性」とは、今、ここに現われた「こころ・からだ」を、クライエントの生まれて以来、現在に至るまでの、歴史（生活史）を通して考える視点であり、「クライエントは、生まれてからこれまで、どのように生きてきたのか、そしてそれは、今、ここに現われた「こころ・からだ」とどう関連しているのか」を問うこととなる。

先に挙げた「うつ状態」のクライエントであれば、クライエントがこれまでどのような人生を歩いてきたのか、具体的には、乳幼児期はどうだったのか、学童期はどうだったのか、思春期、青年期をどう過ごしたのか、それによってクライエントの「こころ・からだ」はどのような影響を受け、どのように形成され、そしてそれが、今問題になっている「うつ状態」とどう関連しているのかを見ていくことで、クライエントを理解しようとする視点である。同じことが「不登校」のクライエントにしても、「不登校」という状態、問題を生じさせた背後に、その子どもが生まれて以来これまでに至るまでの歴史が、いかに影響を及ぼし、関連しているかを見ていくことで、その「こころ・からだ」を理解しようとする。

4　対象関係のもとでの「こころ・からだ」を理解する（関係性）

「関係性」とは、前節の「歴史性」と重なり合う見方だが、今、ここに現われた「こころ・からだ」を、クライエントの生まれて以来、現在に至るまでの、とくに幼少期における対象関係を通して考える視点であり、「クライエントは、生まれてから現在に至るまで、ことに幼少期において、どのような親子関係、人間関係によって育てられてきたのか、クライエントはそれをどう体験しているのか、そしてそれは、今、ここに現われた「こころ・からだ」とどう関連しているのか」を問おうとする。しかも、対象関係という言葉を使用するように、客観的に見た親子関係、人間関係よりも、むしろ、クライエントが主観的に体験している関係性の方を重視する。

こうした「関係性」の視点は、具体的には、「うつ状態」のクライエントであれば、そのクライエントが、乳幼児期から学童期、思春期にかけて、どのような母親、父親（もしくはそれに代わる人）に、どのように育てられ、それをクライエント自身はどのように体験しているのか、それが今の「こころ・からだ」にどのような影響を及ぼしているのか、そして、それは心理療法関係の中でどのように現われ、どう臨床心理士との間で体験され、再現され、それをどのように修正していくのか、という理解、関心へと臨床心理士を向かわせる。それは「不登校」のクライエントでも、その他のクライエントでも同様である。

5　個体としての「こころ・からだ」を理解する（個体性）

「個体性」とは，今，ここに現われた「こころ・からだ」を，クライエント個人特有の生物的，身体的，病理的，人格的問題などを通して考える視点であり，「クライエントは，どのような個体的特性を有しているのか，そしてそれは，今，ここに現われた「こころ・からだ」とどう関連しているのか」を問う視点である。具体的に言えば，男性か女性か，子どもか青年か中年か老人か，知的能力や運動能力はどうなのか，身体的に健康か病弱か，どのような身体的，精神的障碍や問題を抱えているのか，内向性か外向性か（もしくはどのような性格か），などということである。

これまで例に挙げている「うつ状態」であれば，男性なのか女性なのか，思春期，青年期の人なのか中年期，老年期の人なのか，その性格はもともと几帳面なのかそうでないのか（それはまた「歴史性」「関係性」の現われでもあるが），精神医学的診断や病態水準としては何にあたるのかなどによって，臨床的には例えば，思春期の女子高生の「うつ状態」と，会社勤めの長い中年期の男性の「うつ状態」とでは，あるいは「神経症水準」の「うつ状態」と「境界例水準」の「うつ状態」とでは，理解の内容は相当に違ってくるし，当然，手助けの方法もかなり異なってくる。もちろん「不登校」にしても，年齢によって，知的に高いか低いかによって，内向性か外向性かによって，「発達障害」や「学習障害」などを抱えているか否かによって等々，その「こころ・からだ」に対する理解はそれぞれ変わってくるし，何よりも，手助けの方法も違ってくる。

ただし，言うまでもなく，精神医学的疾病や病態水準の問題は，その人個人の生来的な問題だけではなく，「状況性」「歴史性」「関係性」などが大きく影響していることであり，決して閉ざされた個体の問題だけと考えている訳ではない。このことをあくまでも前提にしたうえで，病態水準を含めた精神医学的疾病の問題を，ここでは「個体性」の中で取り扱っておく。

6　探し求めている「こころ・からだ」を理解する（希求性）

「希求性」とは、今、ここに現われた「こころ・からだ」を、クライエントが人生で果たそうとしていること、将来実現させたいと願っている自分自身のあり方、あるいは超越的、宗教的関心などを通して考える視点であり、「クライエントは、何を求めているのか、何を探しているのか、どこに向かおうとしているのか、そしてそれは、今、ここに現われた「こころ・からだ」とどう関連しているのか」を問う視点である。

「希求性」は、例えば、「うつ状態」にしても「不登校」にしても、単に過去や現在の問題としてだけでなく、人生の目的や未来の問題として、すなわち、これまでの生き方の改変が迫られている、もっと違った自分になろうとしている、大きく変化、成長しようとしている、本来のあり方を求めているなどのプロセスの、過渡期的状態として理解しようとする視点である。言い換えれば、「クライエントは何故この状態（病気）になったのか」を問うのがフロイトの精神分析に代表される過去志向的探索であり、「歴史性」「関係性」の視点だが、逆に、未来志向的に「クライエントは何のためにこの状態（病気）になったのか」を問うのが、「希求性」の視点である。

六　「クライエントと臨床心理士との相互関係の中で」、クライエントの「こころ・からだ」を理解し、手助けする（第五原則）

「臨床心理学的に配慮されたアプローチ」の第五の原則を、「「クライエントと臨床心理士との相互関係の中で」、クライエントの「こころ・からだ」を理解し、手助けする」とした。第二原則である「クライエントと直接かかわることによって」、第三原則である「クライエント自身の体験とその表現を通して」得られる、クライエントのさまざまな自己表現や反応、行動に対して、つねに、「クライエントと臨床心理士との関係の中で」こそ生じたものではないかと考えるのも、臨床心理士の重要な原則である。

例えば、初めてお会いしたクライエントが、とても緊張していたり、強い不安を示したり、あるいはイライラと怒りっぽかったりした場合、その「こころ・からだ」の表現を、クライエントの問題として考えると同時に、臨床心理士である自分自身との関係の中でこそ生じたのではないか、という視点も必ず持つことを、臨床心理士は原則とする。クライエントが示す緊張や不安や、その他のさまざまな感情について、臨床心理士とは無関係に生じたものではなく、もしかしたら、臨床心理士との関係の中でこそ生じたのではないか、と考えてみる。初回面接（インテーク面接）に限らない。あらゆる臨床心理学的行為、臨床心理アセスメントにしろ、心理療法にしろ（むしろ心理療法におけるさまざまなクライエントの表現、反応こそ、何よりもこの視点を必要とするが）、そこで示されるクライエントの表現すべてについて、とにかく、いったんは、臨床心理士という要素も必ず入れ込んで考えてみることを、臨床心理士の職業的専門性・独自性と考えたい。

精神科医は、専門職として医療行為の中では、好むと好まざるとにかかわらず、患者との間の、「治す者」と「治される者」との上下の他者関係を構造的に生きざるを得ない。教師にしても、「教える者」と「教えられる者」との上下の他者関係を構造的に生きざるを得ない。それを完全に否定すれば、医療という構造における医師と患者の関係や、教育という構造における教師と学生との関係は、成り立たなくなる（本当にそう言い切っていいのか。精神科医や教師の方からの反論があれば是非とも聞きたい）。それに対して臨床心理士はどうなのか。臨床心理士がそのような「援助関係」性を超越できるなどと、安易なことを主張しようとしているわけでは、決してない。臨床心理士にしても当然のことに、「手助けする（援助する）者」と「手助けされる（援助される）者」との上下の非対称的な構造の中にある。しかし、少なくとも臨床心理士は、臨床心理学という学問を背景として、臨床心理士とクライエントが出会うという構造における、相互の「援助関係」性自体を問題視してきた。理論や学派によってその比重は異なるにしても、たとえ単純な心理検査にしても行動療法的なアプローチにしても、「手助けする者」と「手助けされる者」という構造における、臨床心理士とクライエントとの「援助関係」（人間関係）性をつねに視野に入れて、クライエントとその「こころ・からだ」を理解し、手助けの方法を考えてきた。クライエントが示すあらゆる表現、感情、行動などを、いったんは、それらが臨床心理士との相互関係によってこそ生じたものではないのかと、考えてみる。厄介なことではあるが、それが、精神科医や教師の仕事の方法としては徹底できない、臨床心理士の重要な職業的専門性であり、独自性なのであろう。

七　「臨床心理士自身のこともつねに含み込んで」、クライエントの「こころ・からだ」を理解し、手助けする（第六原則）

「臨床心理学的に配慮されたアプローチ」の第六の原則を、「「臨床心理士のことも常に含み込んで」、クライエントの「こころ・からだ」を理解し、手助けする」とした。前節で示した第五の原則「クライエントと臨床心理士との関係の中で」と重なる問題だが、クライエントの「こころ・からだ」を理解し、手助けする上で、「臨床心理士自身のこともつねに含み込んで」考えることをも、重要な「臨床心理士の仕事の方法」である。

精神分析で「逆転移」と言われたりすることだが、臨床心理士自身もさまざまな「歴史性」や「関係性」を背負って生きているわけだから、クライエントに対して知らず知らずのうちにさまざまな反応を示してしまう。ある人は、クライエントに対して、現実以上に、怖れや緊張を体験するだろうし、ある人は、救ってあげたいという気持ちに強く囚われるかもしれない。またある人は、クライエントに対して兄弟のようなライバル心を持ってしまって負けまいと競ってしまうかもしれない。そしてそのことが、ほとんどの場合、クライエントを手助けすることを大きく妨げてしまう。最悪の場合には、クライエントを逆に深く傷つけたり、心理療法を台無しにしてしまったりする。そのために、臨床心理学の教育、訓練として、スーパービジョンや教育分析が重要視される。

臨床心理士自身のこともつねに含み込みながら、臨床心理学の理論を考え、手助けの方法を組み立て、それを現場で実践するのは、学問として大変に厄介な、煩わしいことだが、しかし、それは同時に、臨床心理学という学問の大きな魅力でもある。臨床心理学という学問に携わる以上、私たちは、終生、自分自身の問題を考え続け、自分自身のことを課題にしていかなくてはならない。その点で、自分自身に安心しすぎたり、自信を持ちすぎたりした場合、臨床心理学徒としては大きな危機となる。

八　「依拠する臨床心理学の理論や方法を信頼し、かつ疑うことも忘れずに」、クライエントの「こころ・からだ」を理解し、手助けする（第七原則）

「臨床心理士の仕事の方法」としての「臨床心理学的に配慮されたアプローチ」の第七の原則を、「「依拠する臨床心理学の理論や方法を信頼し、かつ疑うことも忘れずに」、クライエントの「こころ・からだ」を理解し、手助けする」とした。

臨床心理学には、精神分析療法や認知行動療法に大きく代表されるように、さまざまな理論やその臨床的実践方法がある。しかし、人間の「こころ・からだ」という、いまだに（多分永久に）確実なことは言えない未知の世界を理解し、共感を深め、クライエントを手助けしようとする現場の臨床家として、自らの拠って立つ理論や実践方法に対して、深い信頼を寄せながらも、あくまでも「仮説」として扱う謙虚さと懐疑とが、その宙吊りの自己矛盾的な「背反性」を生き続けることが、臨床心理士には絶対に必要だと、私は考えている。

「こころ・からだ」が示すさまざまな現象に対して、つねに仮説として考え続けるのは、とても宙ぶらりんの状態で、エネルギーの要ることだが、「こころ・からだ」という非常に微妙な、大変に繊細なものを扱う私たち臨床心理士は、それに耐え続ける強靱な力が必要であろう（確信的な強い言葉を語ることが、反対に無力や劣等感の弱さの現われであることを、臨床心理士は理解しておきたい）。この第七の原則の名付けは、グッゲンビュール＝クレイグ（Guggenbuhl-Craig, A.）の「われわれ精神療法家（心理療法家）はみずからの臨床的営為に対して、つねに信じ、かつ疑い続けねばならない」という言葉から借用したが、この言葉を紹介しながら、武野俊弥（二〇〇五）は、心理臨床の世界に入ろうとする若い人に対して、「盲信しないこと」「半信半疑であること」「一面的にならぬこと」を強調している。若い人たちに限らず、臨床心理士としてクライエントの前に立ち続ける限りは、どれだけベテランになったとしても、このグッゲンビュール＝クレイグの言葉、そして武野の助言をくれぐれも心しておきたい。

九　「何よりもクライエントのために」、クライエントの「こころ・からだ」を理解し、手助けする（第八原則）

「臨床心理学的に配慮されたアプローチ」の最後になる第八の原則を、「「何よりもクライエントのために」、クライエントの「こころ・からだ」を理解し、手助けする」とした。臨床心理士にとって、何よりも一人一人のクライエントのためになるように、クライエントを理解し、手助けすることこそが、臨床心理士の仕事であり、またその仕事の目標であるということである。

ただし、実際的には、このことは簡単、明瞭なことのようで、よく考えてみると、そんなに簡単、明瞭なことではなさそうである。

臨床心理士がクライエントのためになると真摯に考えたことでも、クライエント自身には自分のためになるとはまるでぴんとこないようなこともあろう。継続的な心理療法やカウンセリングをきちんと受けることがクライエントの役に立つと、臨床心理士が真剣に考えたとしても、クライエントにしてみたら、まるで必要性を感じないかも知れないし、ときには迷惑なお節介と腹を立てることもあろう。例えば、ストーカーや虐待の加害者側、病識に乏しい精神科疾患のクライエントなどへの支援においては、往々にしてこのようなことが起こりえる。反対に、クライエントが切実に自分のために求める手助けに対して、臨床心理士の方は、些細な現実的な問題と考えて積極的に対応しなかったりするようなこともあろう。抑うつ状態で休職中のクライエントが早急の職場復帰を何よりも求めても、臨床心理士の方はまずは焦らずに休養を取ることがクライエントのためになると考えたりする。往々にして、臨床心理士は、深層的な心理的問題に関心を向けがちで、クライエントが実際に苦しむ現実的な問題や具体的な症状への対応については、注意と配慮が逸れがちである（最近はむしろ逆に、臨床心理士の対応が現実的な問題や具体的な症状だけに囚われて、深層的な問題をなおざりにしがちな傾向が強いのかも知れない）。あるいは双方にとっても、多くのクライエントが心中深く抱えている孤独感、絶望感、無能力感といったものは、クライエント自身にしても臨床心理士にしても、その支援の重要性にはなかなか思いが及ばない。しかし、臨床心理士がクライエントの傍らに居続けることによって、（知らず知らずにしろ）その支援を受けること（行なうこと）は、どれだけクライエントのために役立ち、支えになっていることであろう。

このように「何よりもクライエントのために」といっても、こうした食い違いがクライエントと臨床心理士との間には起こりうる。まずはそのことを臨床心理士はよく自覚しておく。そして、それと共に、クライエントが「自分のためになる」とまず望む現実的、具体的な目的や利益と、現在のクライエントにはまだはっきりとは見えないより遠方の目標があることを、臨床心理士の中で区別しておけるとよい。この遠方の目標といったものは、臨床心理士にとってもなかなか判然としないこともあろう。例えば、中年期において抑うつ状態に苦しむクライエントにおいて、まずはその抑うつ状態を脱することが、当面の現実的、具体的な目標であるにしても、しかし、その背後に、「自分の人生はいったい何だったのか」「自分が本当に求めているものは何なのか」などといった疑問や問題意識が潜んでいることがある。ときには現実的な抑うつ症状が、宗教的、超越的な問題へとクライエントを導く重要な契機になることもあろう。よって、臨床心理士は、クライエントが苦しみ、悩んでいる現実的、具体的な問題や症状が少しでも和らぐことを、まずは「クライエントのために」の当面の目的や利益として尊重しながらも、同時に、クライエント自身にとってクライエントの人生や生活はどうあったらよいのかという、将来に向けた遠い展望や目標を思い浮かべておけるとよい。

ちなみに、ガミー（Ghaemi, N.S., 2007）は、「すべての精神医学的治療において、その目標は、究極のところは、個人を（心理的問題から）自由にすることにある」と述べている。この「自由」に関しては、また、濱田秀伯（二〇〇二）は「（人間が時間の中に身を置き、物体としての脳をも乗り越えて、世界を能動的に開いていく自由を見ることができるという）人間に特有なこうした営みこそが自我であり、自我の障害とは生の流れが停滞し時間性が破綻する、自由の障害と言い換えることが可能です」と語っている。人間が希求する「自由」の問題は、第五節で考えた、クライエントの「こころ・からだ」を理解し、手助けする総体的視点の内の、「希求性」の視点でもある。ただしそれは、心理臨床実践においては「何よりもクライエントのために」であって、決して臨床心理士の勝手な押しつけや思い込みによらないように、充分に注意しておかなくてはならない。まずは、臨床心理士との関係においてこそ、クライエントは、できる限りの（何を思っても何を語ってもよいという精神の）「自由」を、少しずつにしろ体験できるとよい。その「自由」は、当然のことに、クライエントは臨床心理士に対する不満、疑問、腹立ち、怒りなども臨床心理士との関係の中で率直に語ってもよいということであり、その「自由」に開かれていることも、臨床心理士の重要な職業的専門性であり、独自性であると思われる。そして、それは、ことに心理療法の課題であり、改めて、心理療法とは、「臨床心理士の存在とその関係による、クライエントの「こころ・からだ」の回復、修復の手助け作業」であることを主張して、第Ⅰ部第一章「臨床心理士の仕事の方法」を終えることにする。

文　献

Ghaemi. N.S.（2007）The Concepts of Psychiatry：A Pluralistic Approch to the Mind and Mental Illness. Johns Hopkins Paperbacks edition. The Johns Hopkins University Press　村井俊哉訳（二〇〇九）『現代精神医学原論』みすず書房

濱田秀伯（二〇〇二）『精神病理学 臨床講義』弘文堂

須藤茜（二〇一一）「ゆく先」高橋克彦他編『みちのく怪談コンテスト傑作選２０１１』荒蝦夷

Sullivan. H.S.（1954）The Psychiatric Interview. New York：W.W. Norton & Company Inc.　中井久夫他訳（一九八六）『精神医学的面接』みすず書房

武野俊弥（二〇〇二）『嘘を生きる人　妄想を生きる人——個人神話の創造と病』新曜社

渡辺雄三（二〇一一）『私説・臨床心理学の方法——いかにクライエントを理解し、手助けするか』金剛出版

渡辺雄三（二〇一五）『臨床心理士の仕事の方法——その職業的専門性と独自性』金剛出版

第二章　精神科医療と臨床心理士

石黒直生

「先生、オレにもまた〝心理〟やってよ」

今でもそう声をかけられることがある。長年にわたって入院している昔なじみの患者さんたちであり、私との間で交わされる挨拶の一つである。私も親しみを込めてことばを返す。

本来なら「診察で主治医の先生に言ってみて」などと応じるところかもしれない。それが病院における仕組みである。しかし、その患者さんが実際に主治医に希望することはないだろう。たとえそうしたとしても、主治医から依頼が出されることはまずない。診断は確定しているし、心理療法（ここでは心理士の行うものを心理療法と呼び、精神療法と区別することにする）の対象と判断されるわけでもない。そのことは患者さん自身もわかって言っているに違いない。

それでもその人はなぜ私に対してそのようなことを口にするのだろうか。もちろん、ただ懐かしい顔を見かけたため、昔話に花を咲かせたいと思ったのかもしれない。それはそれで大切なつながりである。しかしそれだけではなく、もしかしたらかつてのように今の自分のことを語りたい、聴いてほしい、という気持ちを投げかけているのかもしれない。そうしないと、自分がここで何をやっているのかわからなくなってしまうからかもしれない。その瞬間、そこには何かそう口にしたくなる切実な思いがあったのではないか。本当はそれに応えるべきではないだろうか。

私が病院に勤め始めた頃、今から三十年以上前の古い話になるが、〝心理〟の仕事は主に病棟の、つまり統合失調症の患者さんを対象としていた。私は男子の閉鎖病棟を担当しており、入院してくる患者さんにもれなく心理検査をすることが業務の一つになっていたので、数多くのロールシャッハや知能検査を実施した。ただ検査するだけではなく、その人のことをもっと理解しようと、検査の前後に話を聴くよう努めており、場合によってはその後も面接を継続することがあった。焦燥感からただ退院したいと訴えるばかりの人も含めて、多くの患者さんが話をしたがり、面接を望んだ。当時は今より医師の診察が少なかったし、看護スタッフの手も足りなかったから、〝心理〟や〝ワーカー〟がそれを埋める役割を担っている面もあっただろう。今ほど入退院の回転が激しくなかったのでそれに対応できたこともあったのだが、そのおかげで、さまざまな患者さんたちの発症前後のプロセス、生々しい病的体験について、しっかりと聴くことができた。

中井久夫（一九七四）は「（妄想を持つ患者に対する精神療法の）第一義的な目標は、妄想を持つ人間の苦悩である。いかに妄想内容自体が〝了解不能〟でありえようとも、妄想を持つ人間の苦悩は原理的にも実際的にも決して了解不能ではない」としており、苦悩に焦点を当てたときに「患者は自分の気持ちが汲まれたという感じを持つ」と述べている。その論文を幾度となく読み返し、中井のことばに励まされながら、当時の私は目の前の患者さんに向き合っていたのである。

入院したばかりで幻聴や妄想に翻弄されていても、そして圧倒的な病の恐怖に苛まれながらも、その苦しみをわかってほしいと求めている患者さんがそこにいて、その強い気持ちをきちんと受け止めることが大切なのだという実感があった。コミュニケーションはうまくとれなくても、丁寧に聴いていくことで、少しずつ腑に落ちるようになる、話もわかりやすくなっていく、という体験は私にとって貴重であった。ロールシャッハもまた、表だって語られることのない患者さんの声を聴くことであったと思う。患者さんたちにとっても、それは意味のある体験だったのではないだろうか。

冒頭のエピソードはそうした〝心理〟の意味を考えさせてくれる。患者さんは私との間で何を体験していたのだろうか。それは時間のない医師の代わりというだけではなかったはずである。

一　精神科医療の中で

1　現在の精神科医療

加藤忠史（二〇一三）は、精神医学の歴史、生物学的研究の動向、そして「岐路に立っている」という現状について、わかりやすくまとめている。例えば統合失調症に関しては、「それまで精神科への長期入院を余儀なくされ、一生入院することも珍しくなかった統合失調症の患者さんが、薬を飲むことによって社会復帰が可能になった」ものの、現在の抗精神病薬では陰性症状には効果が十分ではなく、「地域に住みながらデイケアや作業所に通い、保護的な環境の中で何とか生活しているという方が少なくないのが実情」であると述べている。また、うつ病の場合、かつては「同じ診断名であっても、医師によって治療が違っていた。医師各自が、こういう病気はこういうふうに治療しようという独自の信念を持ち、ありとあらゆることが行われていた」。しかし、「エビデンスに基づき、治療を組み立てるようになった」ため、うつ病の治療は一定の水準が保たれるようになったが、「『とりあえず抗うつ薬』と揶揄されることもあるくらい、うつ病＝抗うつ薬と言ってよいほど、治療が画一的であるという指摘もある」ということである。

そもそも、いまだに精神疾患の原因が解明されたわけではなく、根本的なことを考え治療ができるようになったのではないため、ただ「臨床試験で薬が効いたか効かないか」というエビデンス精神医学によって、「治療をブラックボックス化」してしまっていることを加藤は憂慮している。その著書において加藤は、精神疾患の解明は五十年ほど前から画期的な進歩が見られないことを解説し、脳や遺伝子の研究を進め原因を解明することで、確実に診断できる方法と根本的に治療する方法を開発する必要性を説く。そして、もしそれが実現すれば、「心理学的な悩みのレベルである人に関しては、むやみに薬物を使用せず、状態にあわせた心理士による心理療法を適正なコストで提供できるような社会的なシステムを構築する」ことが、精神医学の「現実的な未来」ではないか、とまで言及している。

それは、臨床心理士にとっても歓迎すべき「未来」であるかもしれない。現在でも外来における心理療法の件数は数多く、中には薬物療法は行わず、心理療法を中心に通院を続けている患者さんも少なくない。しかし、「脳の病」は医学で、「こころの悩み」は心理学で、という具合に単純に割り切れるものであろうか。仮に医学の進歩によって根本的な治療が可能になったとしても、それでこころは扱わなくて済むということでは決してないであろう。精神科は人を相手にするものであることに変わりはなく、たとえ「脳の病」であろうと、精神医学において精神療法が重要な役割を担うことに何の違いもないはずである。加藤も、「エビデンスをふまえた上での治療の個別化、一人一人に対する最適化ということが、課題となっていくだろう」としており、一人一人に対しては精神療法的なサポートが欠かせない。

しかしながら、現在の精神医学においては必ずしも精神療法が重要な位置づけにあるとは言えないらしい。たとえば松木邦裕（二〇〇七）は精神医学について、「目先の経済誘導に操られて」、「個人のこころを見つめることからすっかり退却してしまった」と述べている。そして、「今日の精神科臨床が抱え始めている危険な負」として、「疾患名等に基づく分類によって分化され構造化された一連の治療体制にオートマチックに乗せられるだけ」というあり方を指摘している。精神科医療全般においても、「治療体制」を整えただけで問題は解決するかのように錯覚し、その人その人のこころに向き合うことをなおざりにしているのではないだろうか。もちろん松木は、「あらゆるものは正の要素と負の要素を併せ持つ」のであるから、「常に両者を見据えておくなら、負の要素から学ぶ機会は多く得られる」ことも付言しているが。

現在の精神科医療においては、統合失調症であっても早期の入院と薬物治療によって急性期を乗り切り、あとは外来における治療とリハビリテーション、そして地域における生活支援につないでいくという道筋ができてきている。入院治療は必要最小限に留めるべく、私の勤務する病院でも精神科救急に舵を切り、入院期間は以前に比べれば著しく短くなっている。

それは進むべき道として望ましいし、私たちもそれをめざして取り組んできた。長く入院生活を送るより、地域で生き生きと暮らしてほしい、というのは精神科医療に従事している者の共通の願いである。しかし、現在の姿ははたして私たちがめざしてきた未来に本当に近づいていると言えるのだろうか。長い年月を病院で過ごしてきた患者さんが、今になって一人一人の事情とは関係なく退院を促されることがある。そして、長期にわたる服薬と入院生活による負の部分を抱えたまま、慣れないグループホームや老人施設に移って行ったりする。中には病院の周りの施設に居所を移すだけ、という場合もある。それは、退院して地域で暮らしたいという患者さんの気持ちに添ったものなのであろうか。

精神科医療の現場においては、さまざまな職種のスタッフが一人一人の患者さんの気持ちを尊重し、退院を進め、地域生活をその人の力で送れるようになる道程に、時間をかけて丁寧にかかわっていこうと努力している。しかし、患者さんに丁寧に向き合うためのゆとりがなかなか生み出せないという矛盾も生じている。私たち臨床心理士は、そのような精神科医療の中でどういった役割を担えばいいのか。精神科医療の中に臨床心理士が存在することに、どのような意味があるのか考えていきたい。

2　病院での仕事

私の勤める病院は、精神科救急、地域生活支援、そしてアルコール医療などに力を入れている民間の精神科病院である。私は三十年以上そこに勤務しており、その歴史を身をもって体験してきた。組織では診療技術部に属し、現在はその部長として多職種をまとめる役割に就いている。そして日頃から病院全体の取り組みに関与している。

そのような立場になったのは、これまで他の職種と協働し、病院の開放化、地域医療福祉の推進に取り組んできたことと無縁ではない。病院に勤めているからには、そこが患者さんにとってよりよい治療の場となることをめざすのは当然のことであり、スタッフとして、一人の患者さんにとってどのような援助が必要かを考えることと、病院、そして医療はどうあるべきかを考えることは相似形だと思ってやってきた。

かつて「〝心理〟は病院職員になってはいけない」という意見を、病院臨床に携わる同じ〝心理〟の先輩から聞くことがあった。職員になってしまうと迷わなくなり安住してしまうという意味だったように思う。そうして道を切り拓いてきた世代である。病院という場を借りて心理療法の道を追究する、というイメージがその時代にはあったのではないか。病院臨床は経験の場ととらえ、チームの一員となるつもりはないように私には思われた。

そうしたこともあり、精神科医療の中で心理療法はどのような役割を果たしているのか、どう位置づけたらよいのか、悩み迷うことが多かった。しかし、私は葛藤しながらも結局病院で生きていく道を選んでやってきた。その大きな転機はデイ・ケアを担当したことであった。

3　デイ・ケアの経験

就職して八年経ったときに、私は精神科デイ・ケアの開設に携わり、そのまま五年間専従としてデイ・ケアの勤務に就いた。そこで看護師、精神保健福祉士、作業療法士といった他の職種と同じ立場で、職種の垣根を超えて一緒に働き、日常的に語り合うという経験をした（石黒直生、一九九九）。

デイ・ケアの経験で学んだのは、患者さんと一緒になって治療的な環境を構成していくというプロセスの大切さである。そこでは患者さんの主体を尊重し、集団の中で回復していくことを支える、というモデルが軸になっている。同じ境遇の仲間に出会い、自分の病気を受け止めるといった、集団精神療法としての機能をデイ・ケアは持っていると言える。

私たちデイ・ケアスタッフにとっては、そのように集団精神療法的に機能するような場として、デイ・ケアそのものをデザインしていくことが重要な作業であった。患者さんはできるだけ小さなストレスで等質な集団を体験し、病気のためにやれてこなかったこと、青年期に果たせなかった発達課題に取り組むのである。

池淵恵美（二〇一四）は、回復を促すための望ましい治療構造として「主体的な生活の場が確保されていること、本人が自分の力で選んでいくことを保証する人生の選択肢が豊富に準備されていること、仲間集団があり、回復のモデルの存在に触れることが出来ること」を挙げている。

当時、残念ながら「人生の選択肢」は極めて少なかったものの、デイ・ケアは池淵が述べるような構造を築くのに適した場所であると思われた。デイ・ケアスタッフは患者さんの力を信頼し、健康な面に目を向けて日常場面でかかわっていく。そして、地域における暮らしを支援することで、生活の大切さを実感することもできた。

病院は「病」を治すところである、というのが一般的なイメージである。しかし加藤の言うように、根本的な診断、治療が未だできていないため、精神科の治療は「病」をコントロールし、「病」を抱える人の主体的な生活を援助する、というのが実状に近い。最終的には患者さん自身がコントロールできるようになり、さまざまな支援を受けながらも、自分の力で生き生きと生活していくことをめざすものである。デイ・ケアを経験したことによって、心理療法のめざすもの、そして臨床心理学的な援助もまた、そのことと無関係ではないということに私は気づくようになった。

4　チームでのかかわり

デイ・ケアが治療的な場となるための大きな特長はスタッフの構成にある。そこでは多職種が一緒に協働し、集団をかたちづくっていく。医師は全体をとらえる立場にいるが万能ではない。むしろ主治医による診療はその患者さんの治療の土台であり、その上でさまざまな職種が自由に、そして主体的に専門性を発揮しアプローチしていくことが、望ましいかたちであるように思われた。

昨今はチーム医療ということがさかんに言われる。多職種チームで連携して医療を提供する体制をつくることは、病院にとって重要な課題となっている。そして臨床心理士もそのチームの一員として数えられるようになってきた。しかし、どのようにチームに関与すればよいのか。チーム医療とはいったいどのようにあればいいのだろうか。

病院で勤務している以上、他職種と協働することは不可欠である。その際、まず医療の中でその一員として働いているという自覚が必要であろう。臨床心理士の中には、自分たちの言うことを周りがわかってくれない、などと言う人もいるようだが、それではいけない。反発しているだけではそのうち必要とされなくなる。

しかし、ただ単にチームの一員だと主張するだけでは、仲間外れにされたくないというのと変わらず、ただの迎合である。臨床心理士は医療の中にあっても、医療の枠組みだけでものを考えるわけではないので、まわりと同じことをやろうとするのではなく、チームの中に違う視点を持ち込み、伝えていく必要がある。

成田善弘（一九九九）は、「スタッフとの話し合いの中での臨床心理士の発言が、患者と彼をとりまく人間関係についてのスタッフの理解を深めることに役立つ」と述べている。チームの一員として協働しながらも、その場で起きていることをことばにして伝えていけるとよい。

よく臨床心理士のチームにおける役割として、コンサルテーションと書かれているのを見かける。コンサルテーションと言うと、一般的には他のスタッフから相談を受け、助言指導を行うものとして、何となく他の職種に対して一歩離れたところから、あるいは一段高いところからものを言うようなイメージが浮かぶ。むろん心理検査などから理解したことを伝える、ということは専門家として求められる重要な部分であるが、現場で他のスタッフとともに働く場合には、また別の役割も求められる。臨床実践の場では多職種が集まり、それぞれの視点から意見を出し話し合うことによって、それまで自分では思いつかなかったことへの気づきが生まれるものである。

若い頃、先輩のソーシャル・ワーカー（こちらはその後精神保健福祉士という国家資格ができた）に「福祉で一番大切なのは何ですか？」と尋ねた。ずいぶん大雑把な質問だと思うが、彼は即座に「人権だ」と答えてくれた。それは、当時の私にとって予想していなかった答えであったが、仕事ぶりをよく見ていると、それが彼の患者さんに対する取り組みに一貫して見られる姿勢であることがわかり、目を開かれる思いであった。患者さんの人権のために、彼はソーシャル・ワーカーとして病院を変えようと取り組んでいたし、人権を守るために法律を熟知し、各種サービスや制度を活用し、関係機関の人たちと密につながっているのだということが、よく理解できるようになった。一方で、彼は内面的なことは〝心理〟の仕事だと言って、まだ駆け出しの私の仕事を尊重してくれた。彼の姿勢は専門家に徹するものとして大いに学ぶところがあった。

ソーシャル・ワーカーが大切にするのが人権ならば、それはどの患者さんに対しても同じでなくてはならない。必要な支援をせずに済ませるのは、人権を守っていないことと同じである。そこでソーシャル・ワーカーは、入院してくる患者さんに少なくとも一通り何らかのかかわりを持つことになる。その上でさらに対応する必要があるかどうか判断する。しかし、すべてをソーシャル・ワーカーが判断するのではなく、他のスタッフも多少のことは知っていて、ここはソーシャル・ワーカーに、と依頼することも大切な連携なのであろう。

臨床心理士も同様に、本来ならすべての患者さんに対して支援の一端を担うべきかもしれない。しかし、すべての患者さんに等しく、ということであればそれは極めて難しい。

病院の中で心理療法の対象とされる人は限られている。心理検査であってもどの患者さんにも実施できるわけではない。だからこそ、チームの一員として機能していることが重要になってくるのだと思われる。間接的な立場からのコンサルテーションに留まらず、協働し、治療環境を整えることによって、心理療法の対象ではない患者さんに対しても、臨床心理士としての役割を果たすことが可能になる。他職種との協働において、それぞれの役割は部分には切り分けられない。互いに重なり合い、理解し合って多層的に機能するような、職種を超えたチームワークが大切である。そのためには、他の職種も広い意味での精神療法的な視点が求められる。デイ・ケアの場合と同様、病院全体もまた、それ自体が精神療法的な場としてデザインされていることが望ましいのである。

たとえば行動療法的なアプローチは職種を超えて実践可能である。より専門性の高いものでなければ、どの職種も援助活動に採り入れることができる。また、患者さんの体験してきたこと、今起きていることを理解し、患者さん本人、および他のスタッフと共有することは、どの職種にとっても共通の課題となる。

そのように他職種と一緒にチームとして患者さんにかかわるとき、臨床心理士には何ができるのか、と自らに問いかけ、悩む人も多いだろう。しかし、それはあって当然の悩みでもある。精神科医療には何ができるのか、という問いに置き換えてみたとしても、その難しさに大きな違いはない。他の職種もまた、こころの「病」に対する専門家たろうとしながらも、自分のしていることに対して不全感を抱いている。自分のかかわりがなくても同じ結果だったのではないか、と無力感を抱くこともあるだろう。他の職種のスタッフが一見何の迷いもなくやっているように見えたとしても、一緒に働いてみると意味を探しているスタッフは多い、というのが実感である。だからこそ自分を磨き、向上しようと努めるのである。そんなとき、成田が言及しているように、臨床心理士はその発言によって、今取り組んでいることに対するスタッフ自身の理解を深められるのではないか。

私たち〝心理〟の仕事は対話というかたちをとることが多い。対話という相互の応答的なコミュニケーションによって内的な作業が展開することを信頼し、その作業を支えるのである。それは患者さんに対してだけではなく、ともに働く人たちに対しても同様である。臨床心理士は患者さんに対してと同じように、他職種に対してもその取り組みや考え方を尊重し、そこに意味を見出すために尋ね、問いかけていかねばならない。それが精神療法的な治療環境をつくっていくことにつながる。

現在の私は部長としてさまざまな部署、職種をサポートする役割を担っていると考え、日々取り組んでいる。それぞれの仕事をしやすくし、日常的にお互いの仕事の意味を知り、ともに協力し合えるチームづくりをめざしているのである。そしてその取り組みの中で、臨床心理士であることが活かされている、と感じている。

二　臨床心理士による心理療法

1　臨床心理士として大切にしたいこと

精神科医療における臨床心理士の役割について考えてきた。心理療法のめざすものと、全体の治療、援助とは連続的なものであり、そのように考えることが、チームの一員として他職種と協働するためには必要であろう。そして、それが治療的な環境を整えていくことにもつながる。そうであるからこそ、この人には臨床心理士による心理療法を、と提案してもらえることにもなる。

それでは、「臨床心理士による心理療法」とはどういうものだろうか。ここでは私が臨床心理士として、心理療法において何を大切にしているのか、という点から考えることにする。

臨床心理士は臨床心理学を学問的な背景としている。臨床と言うからには心理学とは違い、個別性、つまり患者さん一人一人の体験を大切にし、その固有の意味に触れていくことが重視されるべきだと私は考えている。多くの場合そうである、ということが必ずしもその人に当てはまるとは限らず、むしろ、多くの場合そうであるのにそうならないことに、その人の苦しみがある。多くの場合に当てはまることがらを対象にしているだけでは、その人の体験はそのまま置き去りにされてしまう。

加藤忠史は先に挙げた著書の中で、エビデンス精神科医療によってかえって治療が表面的になっている面を指摘しているが、これは臨床心理学の世界にも当てはまることである。たとえば認知行動療法（ＣＢＴ）が有効であるにしても、ただ単にエビデンスがあるからと言って診断名だけで判断しCBTを適用すればよくなるというものではない。一人一人のことを理解することなく、心理学では一般的にこういう傾向があるのでこうしましょう、と指導することによって、人のこころがその通りになるとは限らない。しかし、それで臨床実践が可能になると錯覚してしまっている場合があるのではないだろうか。臨床心理士による心理療法はそうであってはいけない。

ＣＢＴについて金吉晴（二〇一一）は「ＣＢＴという技術を治療面接そのものだと思い違えることは致命的な誤解である」とし、「ＣＢＴの専門的知識と、患者を前にしたときの臨床力は必ずしも相関せず、ＣＢＴの最中に患者に生じる不安、治療への抵抗、不信、などを許容する能力は、ＣＢＴの技術研修だけでは育成されない」ことを指摘している。

さまざまな技法は必要だが、その周辺にあることが、実は最も大切なのだと意識しなくてはならない。それは、長い年月をかけて一人一人のこころに向き合う体験を積み重ねることでしか身につけることのできない、臨床心理学的な姿勢につながるものである。

成田善弘（二〇〇七）は医療経済から考え，「人生の意味を探究したり，パーソナリティの成熟を目指したりするような心理療法が，現在の医療制度の中で評価されることはむずかしい」としている。それでも臨床心理士の専門性は「人間に対する姿勢」にあるのであり，「人間をひとりの人格として尊重し，内面に関心を払い，その人の歴史性とその人をめぐる諸関係を探求し，そこにある意味を見出すこと，かかわりの中で新たな意味を作り出すことにある」と成田は述べている。そして，私たちはその専門的な姿勢を大切にすることによって，「一見本質的でないように見える仕事にもやりがいを見出すことができるように」なるのであり，その意味を伝えることによって「他職種との協力，連携も円滑に進むようになる」のである。

2　関係の中で理解する

心理療法における大切な姿勢について，もう少し考えてみたい。

心理療法において何が大切かと問われれば，話を聴くことと答える人も多いであろう。悩める人の話を聴くことは大切だ，ということなら誰もが漠然とわかっている。しかし聴いているだけでいいのか，という疑問もまた誰もが抱くであろう。いかに「聴く」か，は心理療法にとって重要な課題である。臨床心理士はその経験から「聴く」ことの難しさをもっともよく理解している職種だと言っても過言ではない。

たとえばジェンドリン（Gendlin, E.T., 1996）は「何も改善したり変化させようとしたりせず，何も付け加えず，どんなひどいこともそのままに理解して，それを言葉にしてあげる。そのような応答ができれば，その応答はセラピストの存在感を高めることにもなるし，クライエントがそのとき感じていること（それが何であれ）とさらにつきあうための援助にもなる」としている。

「そのままに理解」するとはどういうことだろうか。医療従事者にとって，「何も改善したり変化させようとしたりせず」という姿勢になることは，なかなか考えられないであろう。ここでジェンドリンは「そのような応答」が必要だと述べている。つまり「そのままに理解して，それを言葉にして」くれる相手がいることで，自分とつきあっていくことができるようになる，と言うのである。ジェンドリンは「セラピーで，第一に重要なのは関係（その中にいる人）であり，第二が傾聴で，ようやく三番目にくるのがフォーカシングの教示なのである」と述べている。自分の内面に向き合う姿勢をもってもらうために，最も大切なのは教示でも傾聴でもなく「自分が世界の中でどう生きているか」を見出すことであり，「傾聴もフォーカシングもそれ以外のどんな手法も，安全で本物で信頼できる人間関係が成立してはじめて効果を持つ。このような関係以外のすべては，その関係の中でともかく試してみるべき何かにすぎず，いかなる技法よりも常に重要かつ真実なのはそこにいる二人の人間なのである」。

関係の中で理解されることによって，その人自身が自分の体験していることを理解し，それとつきあっていくことができる。臨床心理士はそのために傾聴する，ということが言えるであろう。患者さんにとって自分はどう体験されているのか。その人のことばをつぶさに聴き，こういうことではないかと問いかけ，理解し，さらに問い返す。そうした姿勢を一貫して保ち続けたい。ＣＢＴであっても，患者さんとの協働作業によるオーダーメイドと考えれば，同じようなプロセスを経ねばならないだろう。

松木は，臨床心理学が「社会のニーズに応じるという表現の下にソーシャル・ワーク的活動が増えていくという拡散の傾向にあるようにも見えないでもない」と指摘している。必要なことであっても，一人の援助者が何でもできるというわけではない。職種によってそれぞれ得意分野がある。ソーシャル・ワークが必要ならソーシャル・ワーカーと協働がうまくできればよいのである。同様に、作業療法士やデイ・ケアとも必要に応じて連携することになる。そうした協働のための前提として、私たち臨床心理士が取り組むべきことは、一人一人のこころに向き合い、関係の中で理解しようと努める心理療法なのである。

三　こころの「病」と心理療法

1　回復と心理療法

精神医学の新しいパラダイムとして、レジリアンス（resilience）という概念が重要視されている。レジリアンスとは弾力、復元力の意味であり、八木剛平と渡邊衡一郎（二〇一四）は「病を防ぎ、病を治す体の働き」と定義している。単純に言うと、治療とは、悪循環に陥っている状態から、レジリアンスが発動し効果的に機能することを援けるプロセスである、ということになる。私たち精神科医療に携わるものが患者さんに対して行っている援助は、レジリアンス機能を高めることだと言えるのかもしれない。

先に引用した池淵もレジリアンスの視点から心理社会的治療について述べているし、加藤敏（二〇一四）は「患者は陰に陽に精神療法を必要としているといえる」として、「いかなる治療技法を行おうとも、それがたとえば薬物療法であれ、認知行動療法であれ、大なり小なり医師（治療者）――患者の出会いが生起している以上、暗黙の裡に精神療法過程が作動し、レジリアンスの回路が発動していることは否定できない」と述べている。

医師だけではなく、他職種の事例報告を聴くと、明らかに内的な（精神療法的な）動きが展開している場合があることに気づく。それはかかわりが深まることによって生じてくるもののようである。たいていの場合、それは意識されないままに過ぎていくことが多いが、患者さんにプラスにはたらいていればそれは問題ではない。

心理療法と全体の治療が連続的なものであると考えたとき、レジリアンスという視点が理解を助けてくれる。ただ、レジリアンスということばを「抗病力」などと言うと、健康的でポジティブな側面のみを照らしているようで、私にとっていささか違和感もある。

かつて私が心理療法を担当していた統合失調症の男性患者さんは、会社に就職した後に発症した。病気を克服しようと前向きに努力する人で、入院を経て病状は改善され、デイ・ケアに通い、そしてその後復職することができた。私はその過程をサポートし、彼も私を信頼してくれていると感じられた。このとき、「病」はかなりよくなっており、「レジリアンスの回路が発動している」状態だと考えられる。職場での不安を何とか乗り越えながら、彼は結婚し、子どもにも恵まれた。私としてはここから先は何とかその生活を継続してくれれば、という気持ちになっていた。彼が仕事に疲れて辛くなりいったん休職ということになった時期に、たまたま私はプライベートで喪失体験をし、大きな孤独を感じた日があった。そして結果的にその日が彼との最後の面接となってしまった。彼は妻子を残して突然自ら死を選んだのである。彼に私の何かが伝わったのか、つながりを失ったと体験されたのではないか、という悔いが残った。

統合失調症の患者さんたちとのかかわりで感じるのは、つながりを持つとおなじみの関係としてずっと続いているのに、つながりを失うと一気に崩れて病的世界に向かってしまう場合がある、ということである。怠薬により再燃、という表現を目にすることがあるが、おそらく途切れたのは薬だけではあるまい。亡くなった彼の場合、つながりを失ったというだけではなく、私が示した回復の道程に、無理をして添おうと努めたことが苦しかったのではないだろうか。もちろん、彼もめざしていたと私は受け取っていたのだが、結局彼の中で何が体験されていたのか、私には理解できていなかったということになる。こころのうちでは、ただ穏やかで変わりのない生活を願っていたのかもしれない。本当のところは到底わかるものではないが、何とかつなぐ道筋はなかったのだろうか、と思わずにいられない。
私はただ社会的な意味での適応をめざすことに囚われてしまっていたのかもしれない。臨床心理士による心理療法であるならば、回復していく中にある苦しさにも目を向け、ともに抱え続けられればよかった。レジリアンスという考え方も、援助する者がポジティブな側面に縛られていては、よりよく機能しないということではないだろうか。

2 「病」のこころを理解する

たとえこころの「病」が脳の病気であっても、それによってこころは傷つく。そして、脳もこころもそれに対処しようと懸命に努力する。その人の生き方、「病」に対する関わり方がそこに反映される。「病」とその人の人生が、どのような関係であったのか、私たちはそれを何とか理解しようと試みる。

たとえばうつ病の場合を考えてみたい。内海健（二〇〇八）は、うつ病の心性がどのようなものであるのかについて、臨床例を挙げながら論考している。内海は「うつ病の精神療法の歴史は、断念の歴史」であると言う。そして、「うつ病者は生きた感情に乏しいものです。それはうつ状態そのものによるものでもありますが、病前よりの心性において、ある意味で構造的に規定されています。彼らの多くが、感情における闊達さを失ってきたのです」と述べている。うつ病の精神療法が困難となる要因は、「関係性そのものにおいて疎」であり、「相互性に乏しく、一面的であり、そして非個別的」なその特徴であるとする。

そうしたうつ病の患者さんの生き方は、「彼らのある種の知恵であり、賢さでもあります。喪失の痛みに耐えつつ、自己限定をし、節度ある生を営んできたのです。この両義性のもつ壮烈さに気づくことなく、軽々に精神療法的な観点から、彼らの心的世界をそれとなく低格なものとする傲岸は、戒めなければならない」。つまり、うつ病のこころは空疎で深い洞察はできない、という決めつけ方は、うつ病の患者さんへの敬意を失する態度と言える。

うつ病の患者さんの場合はとくに、自分がこころの「病」になったことにひどく傷ついていることが多い。これは物事を否定的にとらえるという、うつ状態の特徴からくるという部分もあるだろうが、その人の生き方からくるもののように思われる。

たとえば「こうすべきである」という生き方の基準に縛られていて、その縛られている自分が本当の自分であると思い込んでいる人がいる。その人にとってはそのようにコントロールできていることは重要な点である。そのように思い描いている自分を維持していかないと生きていけなくなるくらいの人であったりする。しかし、それが破綻してしまったのである。

うつ病には休養が大事だが、ある程度回復してくれば、ただ休んでいるだけでも辛いものである。どこかの段階で打ち込んでやれるものをみつけることが必要なのだが、それを自分一人でやっていこうとする。治療者とよい関係を築こうとするわけでもなく、どこか表面的である。「関係性そのものにおいて疎」なのである。こうしたこともうつ病に対しては内省的な心理療法ではなくＣＢＴが適用となる理由であろう。しかしそれは現実的な対処であり、内海が言うように「断念」の結果でもあることを忘れてはならない。自分で学習し試行錯誤しながら進んでいく、そうした現実的な課題があることは、自分の価値に懐疑的であるうつ病の患者さんにとっては支えになるだろう。そのことを十分理解した上で、その作業に協力する必要がある。

「病」としてのうつ病がある程度よくなっていたとしても、なかなか動けなかったり、復職してもまた挫折してしまったりすることは多い。神田橋條治（二〇一一）の「遷延うつ病者とは脳のレベルでのうつ病は治癒しており、魂のレベルで人生を失った人」という表現が印象深いが、そう考えると、安全に社会に適応しようとする努力だけでは、その後の人生はあまりにも苦しい。

他に目を向けましょうと言われても、ほどほどにと言われても、適当な楽しみを見つけたらと言われても、何に打ち込んでよいのかわからない。そのようなとき、うつ病のこころを理解し尊重した手助けが必要となる。

心理療法は療法を名乗っているけれど、治すということに囚われるべきではない。レジリアンスも、プラスの方向に進んでいくべきである、という思い込みがあっては回復につながるとは限らない。心理療法はときには喪うことにも添っていくことが大切となる。その人の生き方、存在というものに敬意を払い、抱えきれない苦しみを理解し、かかわり続けること、それ自体が患者さんの何かを動かしていくのである。

医療の場ではその人は統合失調症だ、うつ病だ、自閉症スペクトラムだ、と判断した途端、その人を知ることを止めてしまってはいないだろうか。あとはそれへの対策ばかりになってはいないだろうか。

本当にその人の立場に立ち、理解するのは困難であり、私たちにできることは限られている。しかし、無力感を感じながらも、ここでやっていることは大切なことだと信じ、他でもないその人のこころに添い続けていく。それによって、その人自身が自分の内面に触れられるようになるのであれば、それは心理療法の大切なはたらきである。

四　臨床心理士の仕事

入院患者さんの投げかけたことばに対して、私は問い返すべきであったのかもしれない。あなたはどうしたいのかと。病棟で語った頃と同じように、何か私に話したいことがあったのではないかと。

しかし、中井ははじめに引用した論文を以下のように結んでいる。「彼らにも、一刻の安らぎは訪れうるのであり、治療者とともにしたそのような安らぎが、束の間にそれが過ぎ去るとしても、その体験したこと自体は取り消されたわけではなく、すくなくとも彼ら自身がそれをひどく貴重なものとみなしており、彼らの苦渋な生活の、どこかで支えとなる力としているようにみえる」。

患者さんにとって、懐かしく振り返ることのできる体験であったなら、そのことに意味があるのだと思う。ささやかであっても、その人が自分の人生を生きていくための支えになることもある。心理療法に限らず、精神科医療は、その人の一生を面倒見るものにならない方がよいであろう。

どのような「病」であっても、その人その人の人生において、こころに向き合わざるを得なくなる時期がある。「病」によって苦しみ、何とかしようと奮闘努力した上で、抱えきれないほどの苦しみにどうにもならなくなったとき、人は私たちの前に現れるのである。そうしたときに、その人の努力に敬意を払い、思いを汲み取ろうとする姿勢を、精神科医療に携わる者皆で共有したい。そして、臨床心理学的な視点からかかわり、理解し、それを伝えていくことが、精神科医療における臨床心理士の仕事であると思う。

文　献

Gendlin, E.T.（1996）Focusing-oriented psychotherapy: A manual of the experiential method. New York: Guilford　村瀬孝雄・池見陽・日笠摩子監訳　日笠摩子・田村隆一・村里忠之・伊藤義美訳（一九九八）『フォーカシング指向心理療法　下巻　心理療法の統合のために』金剛出版

池淵恵美（二〇一四）「心理社会的治療――心理社会的な介入においてレジリアンスはどのような位置を占めているか――」八木剛平・渡邊衡一郎編『レジリアンス――症候学・脳科学・治療学』九〇-一〇三頁、金原出版

石黒直生（一九九九）「日常生活を生きるための心理療法　精神科デイ・ケアでの臨床実践」渡辺雄三編『仕事としての心理療法』二六一-二七八頁、人文書院

神田橋條治（二〇一一）『技を育む』中山書店
加藤敏（二〇一四）「精神病理学・精神療法の見地からレジリアンスに光をあてる」八木剛平・渡邊衡一郎編『レジリアンス――症候学・脳科学・治療学』一八-三九頁、金原出版
加藤忠史（二〇一三）『岐路に立つ精神医学――精神疾患解明へのロードマップ――』勁草書房
金吉晴（二〇一一）「認知行動療法における治療者の技量の重要性」『精神科治療学』第二十六巻三号、二八九-二九四頁
松木邦裕（二〇〇七）「虎穴に入らずんば、虎子を得ず」渡辺雄三・総田純次編『臨床心理学にとっての精神科臨床――臨床の現場から学ぶ』三一-四八頁、人文書院
中井久夫（一九七四）「精神分裂病者への精神療法的接近」『臨床精神医学』第三巻十号、一〇二五-一〇三四頁
成田善弘（一九九九）「病院における臨床心理士の役割と貢献」『臨床精神医学』第二十八巻九号、一〇七三-一〇七七頁
成田善弘（二〇〇七）「精神科臨床の多面性」渡辺雄三・総田純次編『臨床心理学にとっての精神科臨床――臨床の現場から学ぶ』一四-三〇頁、人文書院
内海健（二〇〇八）『うつ病の心理――失われた悲しみの場に』誠信書房
八木剛平・渡邊衡一郎編（二〇一四）『レジリアンス――症候学・脳科学・治療学』金原出版

第三章　こころの「病」と心理療法

髙橋蔵人

はじめに

私に与えられたテーマは「こころの「病」と心理療法」である。とても私の手には負えない大きく深いテーマである。「こころの「病」」も「心理療法」も多面的であいまいな概念であり、その言葉を使う人の立場や関心、考えなどによってそれが意味することは変わる。そもそも「こころ」が難しい。

かつて成田善弘（一九八一）は、「「精神療法とは何か」と問うことは、「人間とは何か」とか「愛とは何か」と問うのに似ている。おそらく、答える人の数だけさまざまに異なった答があるであろう。その人が人生のどの年代にあるかによっても答えが変わってくるであろう。そしてその答えのなかに、その人の人格、担ってきた歴史、精神療法家としての力量などが凝縮した形で表れるであろう。この問いに答えることは空恐ろしいことである」と述べた。「こころの「病」と心理療法」についても同じであろう。成田はその二十数年後、「この問いに答えることは現在の私にもやはり難しい」と述べ、この「大きな問いには答えられなくとも、自分が行っている、あるいはすくなくとも行おうとしている精神療法とはどういうものかはおぼろげながら見えてきたような気もする」と述べている（成田、二〇〇七）。

成田がおぼろげと控えめにしか言っていないことについて、私が述べるのはそれこそ空恐ろしい。しかし、それを生業としている者にとっては、自分の行なっていることを常に吟味しつづけること、そしてときにそれを公にして世の批判を仰ぐことも課せられた責務である。個人的なことに触れざるをえないところもあり、躊躇もするのだが、覚悟して述べていこう。

一　私が臨床心理士として働きはじめた頃

私は、一九八〇年代の終わりに精神科病院に臨床心理士として就職した。私が働きはじめた病院には心理臨床の伝統があり、周囲の医師たちは治療を共に担う者として私を迎えてくれた。心理士はそれまで長年常勤で働いてこられた先生が一人いらしたが、私が入職するのと同時に非常勤勤務に変わられたので、常勤は私一人であった。しかし大学の教員をしている先輩の心理臨床家が何人か非常勤でみえたし、私の二年後には新しい常勤の心理士がもう一人採用された。このように私は非常に恵まれた状況で臨床心理士として働きはじめた。そして心理療法やカウンセリングによって患者さんの「こころの「病」」の治療に貢献しようと張り切っていた。

しかし、その一方で大きな壁にもつきあたった。当時は生物学的な精神医学が全盛とも言えるような時代で、問題の原因や精神力動を直接的には重視しない操作的な診断マニュアルＤＳＭ‐Ⅲ（American Psychiatric Association, 1980）が急速に広まっていた。精神医学の雑誌には当時開発された最新の脳の画像診断を駆使した論文が多数載っていた。私は「精神障害は心理的な問題ではない」、「心理療法なんて役立たない」、「薬物療法こそが必要な治療だ」と言われている気がした。心理療法やカウンセリングの学会もそれなりに盛況でたくさんの発表がなされていたし、いろいろな研修会、研究会では熱心に事例検討が行なわれていた。そういった学会や研修会、研究会には医師も参加しており、ともに心理療法過程（精神療法過程）を議論していた。駆け出しの私は懸命にそれらに参加し、少しでも治療的な対応を身につけようとした。スーパービジョンにも通った。そうしながらも、「なんだかんだ言っても結局は薬物療法なのではないか」、「ここで一緒に議論している医師らも実際の治療においては薬物療法に重きを置いているのではないか」という思いが、そして「心理療法は役に立たないのではないか」という疑念がぬぐえなかった。当時臨床心理士が中心になっている学会や研修会に行くと、私は社会の中で認められない者同士がお互いを慰め合っているような感じを受け、今ひとつなじめなかった。ただ慰め合うだけならそんな集まりは必要ない、私は真に役に立つ心理療法、クライエントの助けとなる対応を知りたかった。そこには私の治療者としての未熟さ、自分の面接がクライエントを支えているという実感のもてなさも大いに影響していたと思う。

二　転機

そんなある日、一人の看護学生が私に質問をしてきた。私が七十代の老年期精神病の老婆と毎週面接していることについて、何をしているのか聞きたいと言う。その患者は精神科病院に長年入院しており、「ものが盗られる」、「身ぐるみをはがされる」といった被害的な訴えを激しく執拗に繰り返していて、主治医が投薬をいろいろ工夫したものの思わしい改善が得られず、困ってしまい、「一度話を聞いてみてほしい」と私に面接が依頼されたのだった。彼女は体の移動もままならず、面接はベッドサイドで行われた。私が心許ないまま会いに行くと、案の定、「ものが盗られる」、「盗人に取り囲まれている」という話が繰り返された。私はそれまでのスーパービジョンや研究会等で学んだように、その人がどういう体験をしているのかを理解しようと、とにかく話を聞いた。そのことがどういうふうに役に立つのか、確信がもてないでいたが、「きっと何か貢献できる」、「研究会や学会で偉い先生たちがそう言っているんだから」と思いながら面接に向いつづけた。「役立つところがないとすると自分が取り組んでいる心理療法が意味のないものになってしまう」という思いもあっただろう。しかし、彼女はものが盗られる話を険しい表情で話しつづけた。数カ月すると若い頃の話や家族の話も出るようになったが、それはごくまれで断片的なものであり、そんな話が出たからといって何かが変わることはなかった。私は、「役に立たないのではないか」、「意味なんてないのではないか」という思いと闘いながら面接に通いつづけた。そんな中で看護学生がぶっきらぼうな言い方で、「何をしているか知りたいから時間をとってくれ」と言ってきたのである。私は一瞬にして大きな不安にとらわれた。「妄想の話を聞くことに何か意味があるんですか」、「心理療法は役立つんですか」と言われると思ったのである。

私は仕方なく時間を約束した。学生の頃、教育心理学で聞いたピグマリオン効果で説明しようと一応の理論武装もした。はたして数日後、彼に会って話を詳しく聞いてみると、指導されている看護リーダーから、私が面接している患者を看護実習の受け持ち患者とするように言われ、私がしている対応をよく聞いてこいと言われたということだった。しかも、いつの頃からか、その患者が私の面接を楽しみに待っている様子が見受けられるようになったため、その辺りのことをちゃんと聞いてこいと言われたというのである。私の不安は全くの疑心暗鬼だった。その時、彼とどんな話をしたのかは覚えていないが、数日後、看護リーダーからもよろしくと声をかけられ、面接に向かう私の足取りは軽くなった。患者の役に立っていると認められた気がしたのである。

三　時代の変化

精神科医療の現場も変わりつつあった。精神衛生法が一九八七年に精神保健法、一九九五年には精神保健福祉法へと改正され、それまでの入院中心の医療から外来中心の医療へと転換がはかられた。精神医学においても生物─心理─社会モデル（Engel, G. L., 1977）が浸透してチーム医療が推奨されるようになり、一九八八年には精神科のデイケアが診療報酬点数化された。世界保健機関の憲章に書かれた「健康とは、身体的にも精神的にも社会的にも完全によい状態のことであり、単に病気にかかっていないとか弱っていないということだけのものではない」という健康の定義は一九四六年に作られたものだが、この頃によく耳にした。一九九八年に「ダイナミックな状態」、「スピリチュアルにもよい状態」という言葉を付加する提案が議論されたので、そのために改めて取り上げられていたのかもしれない。

いずれにしても看護学生との一件の背後には、このような時代の流れがあり、それらにも私は励まされていたのだと思う。私はデイケアには加わらなかったが、作業療法士や看護師らとともに高齢者の集団作業療法を担当することになり、それも私の孤独や自信のなさを和らげてくれた。そこでは臨床心理士としての見立てや意見が期待された。そんな用語はないだろうが、内容的には心理療法的集団作業療法と名づけてもいいと思うような活動だった。

さらに戦争帰還兵、児童虐待、災害被災者や犯罪被害者が負ってしまう精神的な問題等への関心から心的外傷に改めてスポットが当たるようになった。わが国では一九九五年に阪神淡路大震災と地下鉄サリン事件があり、それ以降この流れがはっきりしてきたように思う。このことも心理療法やカウンセリングへの関心と評価を高めた。一九八八年に資格ができた臨床心理士も、この頃から急に認知されるようになった。一九九五年から小中学校、高等学校にスクールカウンセラーが導入され、この傾向に拍車をかけた。かつて私が望んでいたように臨床心理士の仕事が世の中で認められるようになってきたのである。しかし、私の中には以前とは違う意識が生まれていた。

四　多面的、複層的、動的で全体的な存在に対する一つの支えとしての心理療法

以前の私は、心理療法がクライエントの治療として役に立たないものだったらどうしようと焦り、不安を感じていたのだが、それは生物学か心理学かという二者択一に陥っていたのだと思う。人は多面的、複層的で動的な存在である。一人の人が生物学的な面、心理学的な面、社会的な面などのさまざまな面をもっており（多面性）、そのそれぞれの面についていくつものレベルがあり、表層に顕在化しているものもあれば、深層に潜在化しているものもある（複層性）。そして、その多面的な面、複層的な層は、静的なものではなく、ときと場合によって変化する動的なものである。

さらに、これらはどれが原因で、どれが結果と単純に決めることはできない。社会経済的な面の変化が心理的な面や身体的な面に影響を及ぼし、その心理状態や身体状態によって働き方やお金の使い方が左右され、それがまた社会経済状態を決めていくという風に、それぞれがつながりをもち、お互いに作用し合い、循環している。一つのことは他のことの原因であると同時に結果でもあり、全体が複雑に関連し合っているのである。生物学か心理学かという二者択一は、このような人が内的にも外的にも抱えている全体を考えた場合には成り立たなくなる。それはある一部を切り取ることで成り立つ見方である。

人は全体的な存在である。今思えば当たり前のことなのだが、生物―心理―社会モデルやチーム医療が広がる中で、私はそれを改めて感じることができた。そして、チーム医療になじむ中で、臨床心理士としての自分の役割についても、全体的な存在であるクライエントの一部を支えることと思うようになった。臨床心理士がその人のすべてを一人で支える必要はないし、そもそも不可能である。一人で全てを支えるとは、なんと尊大で万能感

に支配された思いなのかと赤面するのだが、働きはじめた頃の若い私の心の中にはそういう気持ちがあったのであろう。

私は精神科病院で数年働いた後、外来だけの精神科診療所に移った。そこでは、他職種の人たちとより協力して働くようになった。精神科診療所ではクライエントを、まずは外来で支えようとする。もちろん必要な場合は入院を勧めることを躊躇はしないのだが、可能な限りクライエントの日常生活や社会生活を維持した形での援助を目指す。そのためにさまざまな職種の人たちが協力して働く。必要に応じて外部の専門家と協力することも多々ある。精神科病院でも外来があり、他職種の人たちも多数いたので、これは精神科診療所に移ったためではなく、私の仕事の仕方がたまたま変わってきたところだったのかもしれない。先に述べたように精神科医療全体が変わってきたためもあろう。いずれにしても私は、臨床心理士としての自分の仕事について、多面的、複層的、動的で全体的なクライエントに対する援助のうちの一部を担うものと自覚するようになった。

そうなって私はずいぶん楽になった。部分的、一時的なかかわりなのだが、それこそが大事と感じられるような経験もするようになった。自分の仕事をこのように限定されたものと意識することによって、クライエントの全体的なありようをより考えるようになった。全体を考えないと自分が受けもつ部分についても、それがどういうところで、どのように他と関係しているかがわからない。そのように考えることで、他職種の人の援助の必要性や重要性もわかるようになり、適宜他職種の人たちに応援を頼んだり、逆に依頼を受けたりということもしやすくなった。そして、無理な万能感がなくなったためであろう、自分の臨床心理士としてのかかわりに手応えを感じることができるようになった。

五　事例

では臨床心理士としてどんな役割を担うのか。それを考えるためにまず事例をあげる。

はじめの事例は某研究施設の管理職の人である。施設で不祥事が起き、その人は、直接かかわっていないものの責任者であったためにマスコミなどの対外的な対応の矢面に立たされ、その心労を心配した人が私を紹介したのである。話を聞くと、日常生活は一応維持されていたが、「謝罪会見の映像や写真がマスコミで流され、周囲の人がみんな自分を知っている気がする」と訴え、不眠や食欲の低下等が見られた。私と約束した面接日を待っている間に、「もっと早く受診した方がいい」と会社で勧められて、すでに他の医療機関を受診されていたので、私はただ「大変ですね」と話を聞き、後は「しばらく仕事を休むことも含めて主治医とよく相談するように」と伝えただけだった。面接はこの一回で終わった。

数年後、その方がまた面接を希望された。電話をとった受付の職員は、「一応保険証をもってきてくださいとお伝えしたのですが、別に調子が悪いわけではないようで、なんか退職するそうで、以前話を聞いてもらったお礼がしたいとかおっしゃっていました」と歯切れが悪く、不思議がっていた。数日後にお会いしてみると、「定年退職をすることになったのだが、退職する前に事件の時のことについて誰かに話を聞いてもらいたい。それをしないと辞めるに辞められないと思ったところ、先生のことを思い出した」と言う。そして、「責任者として自分が矢面に立たければならなかったことは納得しているが、あの時に会社がまったく自分を守ってくれず、その後も何もフォローがなかった。それが自分としてはどうにも悔しい」と時に涙を流して話された。話は、就職した頃のこと、定年までどういう思いで働いてこられたか、若い頃のことや家族のことにも広がった。この時も一回だけでその後はお会いしていない。私はただ話されることを聞いていただけである。しかしこの方は、「これで無事に定年退職が迎えられる」と顔を上げて帰って行かれた。

もう一例あげる。

初回面接時、仕事を休職中だった二十代の女性。彼女は大卒後実家から離れて他県の会社で働き始めたのだが、一年もしないうちに急にふさぎ込むようになり、精神科診療所を受診した。その後しばらくは、なんとか勤めていたのだが、あるとき、休職して実家に帰った。もともと食が細かったのだが、実家に戻ってからはアイスクリームしか食べず、その様子を心配した母親によって私が勤務していた診療所に連れてこられた。そして、うつ病と診断されて投薬治療を受け始めたのだが、経過が思わしくなく、数カ月後、主治医から私に心理療法が依頼された。

私が会って話を聞くと、彼女には小さい頃からずっと親しんでいた習い事があり、実家に戻った後、再び通い出したのだが、その受講料をえるためにアルバイトをしなくてはならず、それが辛いと話した。私が、「休養のために休職しているのでは」と驚くと、「そうだけど、何もしないで好きなことだけしているわけにはいかない。働いていないと家においてもらえない気がする」と話した。彼女は、その後も「休んではいけない」、「休むわけにはいかない」と繰り返し、私はことあるごとに「疲れはてていてもだめか」、「長い間頑張ってきたならしばらく羽を休めたり、羽を伸ばしたりすることも必要では」と問いかけた。すると少しずつこれまでいろいろ無理をして頑張ってきたこと、辛いことや苦しいことがあっても我慢してきたこと等をときに泣いて話すようになった。そして、「もう限界でこれ以上我慢できないんだけど、休めない。できるところまでやって死ぬしかない」と話した。「そんな風に死ぬまで無理をしないといけないというのはどういうことなのか」、「そう感じていることはわかるのだが、他の対応をとることはできないのか」と私は彼女と話し合った。彼女は「そうだよね。こんなのおかしい。休んでもいいのかな」と言うこともあったが、たいていは、「休むことは無理！　できないと言ってるでしょう！　このままやるしかないんだってば！」といらついた。「このままでは苦しくてもう生きてはいけない。でも他の生き方はわからない。このままいくしかない」という八方塞がりの状況が続き、彼女は、「来週まで生きているかどうかわからない。生きていたらまた会いましょうと、そういう感じ」と何度か言った。

そういう中で働き者の母親と祖母、働かない父親と祖父という家族の話が出た。彼女の母親は、「無理しなくていい」、「休んでいればいい」と言ってくれるのだが、母親自身は忙しく動き回っていて、ときに働かない父親や祖父の愚痴をこぼすので、「休むなんてとてもできない。休んだらどう思われるか怖い」と彼女は話した。さらに、子どもの頃から母親は忙しく働いており、何かあっても頼ったり甘えたりができず、苦しかったことについて、「こんなことを言っていいのか。一生懸命育ててくれた母親を攻撃することになってしまう」と気にしながらも話すようになった。また、両親の結婚に祖父母が反対していたり、両親の仲が悪く、母親には愛人がいたりといったことがあり、家族の中にさまざまな葛藤や緊張が渦巻いていて、彼女は小さい頃からそれを和らげるように努めてきていた、そういうことも話題になった。彼女は、自分が他県に就職した後、「みんなが好き勝手するようになってどんどんばらばらになった。それをどうすればいいか、もやもや考えているうちにおかしくなった」と話した。

面接を始めて一年が過ぎると、彼女はこれまで言えなかった自分の気持ちや要求を母親に伝えるようになった。母親は、「もっと早く言ってほしかった」と泣いて謝りもしたが、その後も母親は仕事や浮気などで忙しく、彼女がそれに苦言を呈すると「自分はやりたいようにやる。だからあなたもやりたいようにしなさい」と開き直った言い方をした。父親は家を出ていった。彼女はそういったことにショックを受けながらも、両親から習い事の資金援助の約束を取りつけ、「あの人たちはもうだめ。お金を出してくれることで良しとしないといけない」と妥協し、仕事を辞めて習い事に専念することを決心した。これらの過程は、面接の中で私に対していろいろなことを要求し、それが叶えられないと不満やときに怒りを出し、そして見切りをつけたり妥協したりといったことを繰り返す過程と絡み合いながら進んだ。

数年後、彼女はある男性と交際するようになり、その中でも自分の要求を出したり我慢したり、甘えたり甘えられたりをいろいろに体験するようになった。その頃には異様な気分の落ち込みはなくなり、食事もとれるようになっていた。そして結婚することを機に五年にわたった心理療法を終了にした。

六　臨床心理士の担う役割――ちゃんと話を聞く

事例が長くなってしまったが、私は以上のような面接を臨床心理士としての手応えを感じながらするようになった。両事例とも私がしたことは話を聞くということである。私の子どもが小学生だった頃、仕事について聞かれたことがある。私が、「お話を聞くことだ」と答えると、「たったそれだけ！」と息子は怪訝な顔をした。話を聞くというのは、ややもすればたったそれだけのことと思われてしまうのだが、もちろんたったそれだけではない、ちゃんと専門的に話を聞くのである。

では専門的にちゃんと話を聞くというのはどういうふうにするのか。

まったく当たり前のことだが、ちゃんと話を聞くというのは、その方が話されていることをしっかりと正確に理解しながら話を聞くということである。間違って受け取ったり、よくわからないままにしたりしてはいけない。そのためにはクライエントが話されることをただ受動的に聞いているだけでは不十分である。クライエントが自分のことをよくわかっていて、それを的確にわかりやすく表現できるなら、ただ聞いているだけでよいかもしれない。しかしクライエントにはそんな余裕はない。混乱し、自分のことも周囲のこともよくわからない状態であり、うまく話すことなど、とてもできない。それに加えて心理療法やカウンセリングで問題となるようなことは、そもそも表現が難しいことが多い。複雑で矛盾に満ちていることだったり、もやもやしてなかなか言語化できないことだったりする。話そうとして考えはじめると怒りや悲しみ等の感情が激しく襲ってきて考えることができないということもある。クライエントの話はわかりにくいのである。

よって、クライエントのことを理解するためにはいろいろ積極的に聞かないといけない。一を聞いて十を知るといった能力をもっているならまだしも、そんな希有な能力をもっていない普通の臨床心理士は、話を聞いてわからないところについては、クライエントに質問し、さらに話して教えてもらわないといけない。そしてクライエントが話してくれたら、その話してくれたことを正確に理解するように努めるのである。何度か面接を重ねてクライエントのことがわかってくれば、ひょっとすると一を聞いて一・五くらいはわかるようになるかもしれないが、その場合も早合点していないかと慎重に点検する姿勢をもたないといけない。一を聞いて一を正確に理解することも決して簡単なことではないのである。

ただし、わからないことについて積極的に質問するといっても、クライエントのペースで話を聞くのが原則である。こちらのペースで聞くわけではない。したがって、わからないことをどういうペースで質問していくかは、クライエントが考えるペース、話すペースによる。

クライエントの話がよくわからない場合には、そのことを伝えることも必要になる。ときどき初心の方から、「わからないと伝えることはクライエントを否定することにならないか」と質問されることがある。しかし、クライエントの話を理解不能のおかしい話と決めつけて、わからないと伝えるのではなく、「一回聞いただけでは」

とか、「今話されたことからだけではわからないので、もっと話してほしい」と伝えるのであり、決して否定ではない。よくわかっていないのにわかったふりをすることの方が否定であろう。

こちらが「わからない」と伝えることで、クライエントが「自分でもよくわかっていないので、わかりにくいですよね」と言うこともある。「確かに言われてみれば不思議だ。自分でもよくわからない」と、そこで気づくこともある。心理療法では、むしろこのようなクライエント自身にもよくわからないことこそ大事な問題になる。「本当にわかるためには、まず何がわからないかが見えて来なければならない」（土居、一九七七）のであり、このわからないことを一緒に考えて、理解を深めていくのが治療になるのである。

また、わかっていたとしても、さまざまな理由から答えたくないとか、考えたくないということもある。そのときもすぐに話を聞くのを止めるのではなく、どういうことで答えたくないのか、考えたくないのか、考えるとどうなってしまうのかなどを聞く。その結果、やはり今は考えない方がいいとなれば、考えるのを一時止めるし、話し合った結果、考えても大丈夫とか、考えた方がいいとなればゆっくり慎重に話し合いを進める。

クライエントが話したことについて、その内容は一応わかるものの、こちらが同意しがたい場合には、疑問に思うことや納得できないことについて、そのことを率直に問いかけ、クライエントにどう思うかを聞く。そして、クライエントが説明を追加した結果、こちらが同意できるようになることもあれば、クライエントの方がそれまで考慮しなかった面を考慮したり、より広い視野から考えるようになったりして、考えや思いが変わることもある。もちろん、クライエントと治療者は同じ思いや考えに至らないといけないというわけではない。場合によっては、お互いに違う意見、見方をもっているということもあってよい。大事なことは、クライエントがどういう思いをもっているのか、どういう体験をしているのかについて、治療者が正確に深く理解するということである。

以上のこと以外にも、相手のことをちゃんと理解しようとして話を聞くということについては、言いだせばまだまだいろいろ出てきて尽きることはない。決して簡単なことではなく、訓練を積んで磨かないといけない専門的な技能なのである。ロジャーズ（Rogers, C. R., 1957）が強調した有名な「治療的変化のための条件」である、「純粋性」、「無条件の肯定的配慮」、「感情移入」というのは、このようにしてちゃんと聞くことなのだと私は思う。そして、このような聞き方でクラエイントのことを真に理解しようと努めることは、フロイト（Freud, S., 1915）が、精神分析療法の基礎として重視した、真実性ということにもつながると思う。私は、このような聞き方をすることが、臨床心理士の大事な専門的技能であり、他職種の人たちとともにチーム医療を進めていくときに臨床心理士が担うべき役割なのだと思う。

このようにちゃんと話を聞いてクライエントのことをしっかりと理解するというのは、臨床心理士だけではなく、医師や看護師をはじめ、ソーシャルワーカー、作業療法士、理学療法士等、医療機関で働いている専門家、さらには医療機関でなくとも教育や保育、福祉などの領域で働いている対人援助職と呼ばれている専門家は身につけておくべき技能だと思う。また、専門家でなくともそのような機関や施設で働いているすべての人たちがある程度心得ていることが望ましい。しかし、すでに述べたように複雑な問題、微妙な問題を抱えている人の話はわかりにくい。問題が深刻になるにつれ、そう簡単にはわからなくなる。そのときに、「聞くということ」、「理解するということ」について、その技能を専門的に高める訓練を積んでいる臨床心理士が求められるのだと思う。

七　ちゃんと話を聞くことによってもたらされるもの

臨床心理士の役割は、以上のようにちゃんと話を聞くことである。言わずもがなだろうが、話を聞くといっても言葉で語られていることだけを聞くのではない。語られていないこと、話すことができないこと、言葉にならないこと、態度や行動で表現されていること、そういったこともすべて聞こうとするのである。理解しようとする、受け止めようとすると言ってもよいだろう。そのことがその人の大きな助けとなるのである。

先にあげた二つの事例においても、ちゃんと話を聞いて、その人のことを受けとめようとしたことが役に立ったと思う。定年を前にやってきた人は、面接で話すことで人生を前に進めることができた。ずっと納得できないまま心の中にたまっていた思いを誰かに受け止めてもらわないうちは、どうにも前を向くことができなかったのだろう。

休職中にやってきた女性は、一時は人生に絶望し、もうこれ以上生きてはいけないというのっぴきならない状態に陥っていたと思う。私は、その非常に厳しい時期、彼女が一週間に一回の面接を支えに何とか生き延びようとしているのをひしひしと感じていた。そしていろいろなことを話しているうちに、彼女も新しい人生を切り拓いていった。私は先に述べたような聞き方で、とにかくちゃんと話を聞こうとした。それしかできることがなかったと言ってもよいだろう。ただ、話をちゃんと聞くということ、それだけはなんとしてもしつづけなければと思っていた。クライエントが抱えてしまったいろいろな問題を解消したり、周囲の人たちや困難な状況を変えたりということはできないが、話を聞くということはできるのである。そのためにいつもの時間にいつもの面接室にいつづけられるように努めること、私が力を注ぐことはそのことが主であった。場合によっては、あまりに悲惨で話を聞いているのが辛くなることもある。そういうときこそ臨床心理士は話を聞くためにしっかりとそこにいつづけなければならない。状況が変わるか、問題がおさまるか、もしくはそこからうまく距離をとることができるかしない限り、クライエントはその中にいつづけている。そのときに横にいてクライエントが話すことを聞き、クライエントを受けとめるのが臨床心理士の仕事なのである。

スーパーバイザーとして接した電話相談のあるケースでは、自身の重い病気と家族の複雑な問題に苦しんでいる人が電話をかけてきていた。その人は電話相談で話したからと言って何も状況は変わらないのだが、必死に自分のことを話していた。私はそのケースを聞きながら、そういう困難な状況の中で何とか一日一日と生活を送っている、そのことを誰かに聞いてほしい、そういう思いがあるのだろうと感じた。電話相談や心理療法で話したからといって何一つ問題は変わらない、しかしそういう中で自分が何とか生きている、そのことを知ってくれている人がいる、それがその人の助けになるのである。

私はもう以前のように自分がしていることが意味がないとは思わなくなっていた。自分が担っていることはクライエントが生きていく大切な支えであり、責任をもってそれを維持、継続することが自分の果たすべき役割であり、それが臨床心理士の仕事と確信するようになった。

八　人はどんなことであってもその時点でその人にできる精一杯のことをしている

いつの頃かはっきりしないが、私はあるときに、「人はどんなことであってもその時点でその人にできる精一杯のことをしている」ということに気づいた。このことは、その後の私の心理臨床実践の大きな支えになっている。このように考えるようになったのには多くのことが関係しているのだが、真っ先に思い浮かぶクライエントがいる。それは長い間重度の強迫症状に苦しめられた方で、私とのかかわりは彼が高校生の頃にさかのぼる。当時、彼は重い強迫症状に苦しみながら大変な思いをして学校に通っていた。通常なら数分でできることが強迫症状のために何時間もかかっていた。そのしわ寄せで睡眠時間はどんどん短くなり、彼はへとへとになって学校に通っていた。次第に遅刻や欠席が増え、通うこともままならなくなってきて、私は彼に学校を休むことをもちかけた。彼も同意して休学し、高校は一年遅れて卒業した。その後さらに浪人して大学に進学したのだが、しばらくするとよくなっていた強迫症状がぶり返して大学は休学となり、次いで退学のやむなきに至った。その後も一進一退が続き、社会復帰をどのようにはじめるかで悩んだときのことである。彼は、「自分の人生はこんなはずではなかった。こんな人生は嫌だ！」と嘆き、私に、「なぜあのとき学校へ行けと言ってくれなかったんだ！　なんで休んでいいなんて言ったんだ！」と噛みついて、わあわあ泣いた。当時のことを思えば、あれ以上無理して学校に通うことはできなかったはずであり、もし無理をしていたらもっと大変なことが起きていたかもしれない、それは彼もわかっていることである。しかし、それでもそうやって泣きわめかずにはいられなかったのである。私はそれこそ彼のその思いを受け止めるべく心がけたのだが、そのときに次のようにも思ったのである。

その当時、彼は決して休学しなくてもいいのにしたわけではない。精一杯頑張っていて、それ以上もうどうにもできないから休学したのである。だから仮にタイムマシーンで当時に戻ったとしても、そのときの状態が同じであるならやはり休学する他はない、そう私は思ったのである。

このような見方は他のクライエントにも、さらにはすべての人に当てはめられる。人はいろいろなことを後悔し、やり直したいと思うのだが、仮にタイムマシーンで戻ったとしても、その人が生まれた環境、生まれもった素質、そして生まれてからそれまでにもった人間関係やしてきた体験、それらがすべて同じであれば、やはりその人は同じことをするのではないか。つまり、私たちはそんなに自由にいろいろなことが選択できるわけではなく、もって生まれたものやそれまでにしてきた体験、そしてそのときにおかれた状況や感じていることなどによって、どういう行動をとるかが決まるのである。（このように私たちが抱えているもののことを、精神分析学などの深層心理を重視する学派は、「無意識」と呼ぶのであろう。）

これは、人のことを決めつけた見方と思われるかもしれない。しかし、人がその時点で抱えたり背負ったりしていること、体験していることをすべて知ることはできないので、その人がどうふるまうかについて断定することはできない。可能性は無限であり、決めつけられるものではない。

私は、このような視点をもつことによって、クライエントの言動をより落ち着いて聞けるようになった。心理療法をしていると、自殺企図や自傷行為等をはじめとするさまざまな症状や問題行動が生じ、そのことに治療者も悩まされるのだが、そのような症状の悪化や問題行動であっても、それはその時点ではどうしようもないのである。そんな風にならなくてもいいのにそうなっているのではなく、その時点ではどうにもそうなってしまうのであり、それで精一杯なのである。これは怠けるとか、何か悪事をするということであってもである。よって、そのような行動を変えるとか、止めさせるということは基本的にはできない。そこで臨床心理士としてすべきは、その行動を止めようとか変えようとすることではなく、繰り返し述べたように、話をちゃんと聞いてクライエントの思いを受け止めようとすることである。そうすることでクライエントの気持ちがおさまって破壊的な行動が避けられることもある。しかし、それはあくまでも結果的にそうなったのであり、直接そうしようとしてできることではないのである。このように考えるようになってから、私はクライエントの行動に振り回されることは少なくなり、クライエントの思いを受け止めることに専念するようになったと思う。

念のために言っておくと、あまりに激しい自傷行為や命に関わるような自己破壊的行動、犯罪行為などは、そうせざるをえないことであってもそのまま放置はできない。そういうときは外部からの力によって抑止するより他はない。看護師に応援を頼んでついていてもらったり、医師による投薬や入院治療を検討したりする。家族に余力があり、それによって問題が広がらない場合は、家族に連絡して付き添ってもらうこともいいかもしれない。いずれにしても、クライエント本人はその時点ではそうしかできないのであり、クライエントに頑張らせるのではなく、周囲がその行動を何とかするのである。周囲に依頼することをクライエントが拒むことがあるかもしれない。その場合はその気持ちをもっとしっかり聞かなければならない。受け止められていない思いがそこにあるのだと思う。どうにも行動せざるをえない気持ちがしっかりと受け止められているなら、そのコントロールを周囲にゆだねることについて、それほど強い抵抗は起きないように思う。

九　心理療法と心理的な援助、こころの「病」

どんなことでもその時点でその人ができる精一杯のことをしているという視点をもって、話を聞き、正確に理解しようとすること、ちゃんと受け止めようとすることは、その人の大きな助けになる。私は、このことを臨床心理士として自分が担うべき役割として他職種の人たちとチームを組みながらこれまで実践してきた。考えてみればごく常識的なことで、特別な技法や理論を要することではない。しかし、中井久夫と山口直彦（二〇〇一）が、一般的な「広い意味の精神療法」について、「治療者側の一挙一動から始まる。そして、治療の場でおこる患者の言動と治療者の言動が、治療上どういう意味をもつかを考えていくこと」であり、狭い意味の専門的な各種の精神療法より「こちらのほうが、じつはむずかしい」と述べているように、常識的であることや一般的であることは、必ずしも簡単を意味しない。途中でも述べたように、訓練を積んで磨かないといけない、臨床心理士の専門的な技能なのである。

ただ、これは私が働き始めたときに目指していたような「こころの「病」」の治療に直接的に貢献する心理療法とは違うものである。繰り返し強調してきたように、こころの病であれ、体の病、脳の病であれ、それはもって生まれた体質やそれまでの生活習慣、食生活などの積み重ねとそのときに何かに感染するとか外部からダメージを受けるなどの事態によって生じると考えられる。それを直接的に変えるためには外部からの力なり、働きかけが必要であり、それは医学的な治療や処置、生活指導、食事療法などによって行なわれる。私がここで述べているかかわりは直接には役に立たない。しかし、何にもならないかというとそんなことはない。そのような病の状態に陥ったクライエントの話を聞き、その思いを受け止めようとすることは、十分にクライエントの病の治療に貢献しうる。例えば、深刻な病にかかった人が、その衝撃から絶望してしまったり、投げやりになったりして治療上の指示や注意を守ることができなくなるといったことは珍しいことではない。決して容易なことではないが、そのような場合にしっかりとクライエントの思いを受け止めようとすることはクライエントの力になると期待できるのである。

行動療法のように行動の変容を目指す学派は、外部からの働きかけの方に入るかもしれない。しかし、いくら立派な行動療法であっても、クライエントのことをしっかりと受け止めるということがなければ、投げやりになったりして外部からの働きかけを受け取れなくなっているようなクライエントの役に立つことはできないだろう。これは行動療法に限らない。精神分析やその他の療法でもいえることである。クライエントに対する心理的な援助のためには、私がこれまで述べてきたようなその人のことをしっかりと受け止めようとすることがまず基礎としてあって、その上にそれぞれの学派の理論や技法が加わって○○療法となるのである。この基礎を欠く場合は、いくら優れた治療理論や技法であっても助けにならないことがありうる。中井ら（二〇〇一）は、「広い意味の精神療法がしっかりしていないのに、狭い意味の精神療法をおこなうことはあぶない」と忠告もしている。

私はこのようなクライエントに対する心理的な援助を心理療法と呼んでいいと考えているが、それはクライエントに対して外部から働きかけるといったような、一般に医学モデルで考えられるような療法ではない。積極的に何かするわけではなく、基本は、ただクライエントのことを受け止めるだけである。心理療法というほどのことではなく、心理的な援助とか、心理的な助けという方が合っているのかもしれない。心理療法というためには、もっと固有の技法や理論があった方がふさわしいのかもしれない。ただ基礎には、この素朴な心理的な援助の姿勢がなければならないと思う。

そして、このようなかかわりが「こころの「病」」に対してどうなのかであるが、第四節で述べたように、クライエントのことを多面的、複層的、動的で全体的な存在ととらえるようになってからは、私はクライエントが抱えている困難がこころの問題かどうかをあまり気にしなくなった。ぴんと来なくなったといってもよい。クライエントを全体的にとらえる限り、どんなことであってもこころは関係する。先にあげたように体の病気であっても精神障害といわれていることであっても同様だと思う。つまり、統合失調症やうつ病になったとしても、そこで生じているさまざまな困難や苦しみについての思いを受けとめようとすることはもちろんのこと、そのような病気（と言われる状態）になったこと自体についての思いを受けとめるという援助がある。それがクライエントの何に向けられているかについては、クライエントのこころ、魂、存在、いのち、あり方等々、いろいろな言葉が浮かぶが、実はしっくりくる答えを私はまだもっていない。しかし、私にはクライエントの助けになっているという手応えが確実にある。このようなかかわりを続けていけば、いずれぴったりくる言葉に出会うかもしれないが、今しばらくはわかないままでしょうがないだろう。

おわりに

本文中にも述べたように、私が述べたことはまったく常識的なことであり、心理療法と呼ぶにしても基本中の基本である。しかし、このようなかかわりをしてくる中で、何人かのクライエントに「この面接がなかったら、今頃自分はいません」と言われた。現時点ではやはり私はこの基本が大切で、それを今後も大事に行っていこうと思う。「基本に始まって基本に終わる」、「たかが基本、されど基本」である。ただ、成田（一九八一）は、「精神療法とは何かを常に問い続けることが必要」であり、「精神療法とはこうだと思い込むことは、時に危険である」としている。これからも考え続けていきたい。

文献

American Psychiatric Association（2000）Diagnostic and Statistical Manual of Mental Disorder, 3rd Edition. American Psychiatric Association. 高橋三郎ら訳（一九八二）『ＤＳＭ-Ⅲ　精神障害の分類と診断の手引き』医学書院

Engel, GL（1977）The need for a new medical model: A challenge for biomedicine. Science, New Series, 196（4286）, 129-136.

Freud, S（1915）Bemerkungen uber die Ubertragungsliebe. 小此木啓吾訳（一九八三）「転移性恋愛について」小此木啓吾訳『フロイト著作集9』一一五-一二六頁、人文書院

中井久夫・山口直彦（二〇〇一）『看護のための精神医学』医学書院

成田善弘（一九八一）『精神科選書　精神療法の第一歩』診療新社

成田善弘（二〇〇七）『新訂増補　精神療法の第一歩』金剛出版

Rogers, CR（1957）The necessary and Sufficient conditions of therapeutic personality change. Journal of Counseling Psychology, 21（2）, 95-103. 伊東博訳（一九六六）「パースナリティ変化の必要にして十分な条件」伊東博編訳『ロージァズ全集第４巻　サイコセラピィの過程』一一七-一四〇頁、岩崎学術出版社

第四章　クライエントと臨床心理士と心理療法

山田　勝

受苦せし者は、学びたり。

ギリシャの諺（中村雄二郎、一九九二）

はじめに

私は、臨床心理士の一番重要な仕事は心理療法であると考えているが、それには驚くほど多くの技法がある。当然それらは異なった理論に基づいて作られ、実践されている。広く知られているものだけでも、精神分析療法、認知行動療法、来談者中心療法、プレイ・セラピー、箱庭療法、コラージュ療法、動作法、サイコドラマ、森田療法、内観療法、ブリーフ・セラピー、ナラティヴ・セラピー、夫婦療法、家族療法、集団療法、まだまだ他にもある。これらを一括りに心理療法と言ってしまって良いものだろうか、といぶかしくなるほどである。それとも、一見数多くあるものでも、それらに共通することがあるのだろうか。もし心理療法が臨床心理士の仕事のなかで最も重要な位置を占めるものであるのなら、「これが心理療法ということだ」と説明できなければ、臨床心理士の専門性やアイデンティティが拡散してしまいかねないのではないだろうか。

そこで本章では、そもそも心理療法とはどういう営みであるのかについて、クライエントと臨床心理士の体験を軸に語ってみたい。

一　病むことの苦しみ、あるいはパトス

人はこころの病にかかったり、心理的問題を背負ったりして、それが自分の手に負えず、その苦しみに耐えきれないと感じたとき、病院や相談室などの臨床心理士のもとにやってくる。そこでまずは、病むとはどういう体験なのか、ということから考えてみたい。

文化人類学者の渡辺公三（一九九〇）によれば、病の個人的体験には二つの特徴がある。「たとえどれほど身近な者でも、どれほど思いをよせる者でも、他者の病いに代わることはできない」。つまり、病む体験は他者と交換不可能だということである。さらに渡辺は、「病いはそのつど、病む私にとっては、すでにあらゆる人々によって体験された病いと「絶対的に」異なっている。（中略）その病いを外から見る者にとっては、それは、ある病いの再び反復された、もう一つのケースにすぎないとしても、それを内にかかえこんだ者にとってはそのつど新たな経験なのだ」とも述べている。たとえ病名が同じであっても、病む個人にとってはまったく新たで独自で個別的な体験であり、他者の病む体験とは比べようもないことなのである。本章の前半の主旨を背後から支えてくれている哲学者レヴィナス（Lévinas, E.）の思想を解説した本の中で、港道隆（一九九七）は「〈私〉が自分の存在を他者と交換しえない以上、〈私〉はたった一人で苦しまなくてはならない。苦痛は孤独の証しであり、孤独の試練なのである」と語っている。

さて、日本語で「イライラする」、「驚く」といった感情表現が、例えば英語ではI am irritated.とか、I was surprised.というように受動態で表現されるのはなぜだろうか？　これは、意識の中心としての自我の側に立って感情を語れば、まさに意識の外からやって来た感情に意識がさらされる体験だからなのだろう。ちなみに、受

動態のことを英語でpassive voiceと言うが、passiveはpassion（熱情、受動、情念、受難）と同じく、ギリシャ語のpathos（パトス）を語源とする。哲学者の中村雄二郎は、パトスを、人のあり方を考える上で非常に重要な概念だとした。中村（一九八四）によれば、パトスのもともとの意味は、「一般に他から働きかけをうけること、つまり受動のことだが、それは狭い意味での受動態を示すだけではなく、働きかけによって物事に生じた限定、物事の属性（性質）、様態（在り様）までも含んでいる」という。また、そこから派生してくる意味として、「被るものに害を与えるような、さまざまな変化や動き。苦悩」と、「大きな不幸やひどい苦痛を伴う受苦、受難」をあげている（傍点は原著者）。その上で、中村（一九八三）は「私たち人間は、誰でもみな身体を持ったパトス的（受動的、受苦的）存在である以上、否応なしに外界からの働きかけに身をさらされなければならないし、情念に囚われ痛みや苦しみを被ることも避けがたい」と述べている。つまり、人であること、人として身体を持って生きることそのものが、パトス的（受動的、受苦的）事態であり、人は生きている限り、外界から（私が思うに内界からも）影響を受け続け、痛みや苦しみを被り続けるのである。パトス的であることは、私たちが生きること（あるいは人であること）において、とても本質的なことだと言えよう。ちなみに、pathosから派生したラテン語patiorは、英語のpatience（忍耐）、patient（苦しみに耐える人。患者）へとつながっていく。

これら先人たちの教えに従えば、病にかかることや心理的問題に悩むことは、誰にも代わってもらえず、自分に独自で個別的で孤独な体験であり、自力ではどうしようもなく、受動的に受け止めるしかないことであり、生きている限り付きまとうことである、ということになる。さらに私見を付け加えるなら、治療や自助努力をしたとしても、その結果、病が治るかどうか、心理的問題が解決するかどうかについてさえ、私たちに決定権はないのである。こうして、人は病むことによって、個人の力や存在が有限であることを突きつけられ、徹底して無力で受動的な立場に追い込まれるのである。これが、病むことからくる苦しみの本質なのだろう。それは、「自分が自分の人生の主体ではないと思い知らされることでもある」（山田勝、二〇〇三）。

そう考えると、クライエントは、個人の力の限界を感じ、人として徹底して無力で受動的な立場に置かれた状態で、専門家の力を借りるしかないと考えて、私たち臨床心理士のもとを訪れるのだと言えるし、臨床心理士も人なのだから、本質としてパトス性を持ちながら、クライエントと出会うことになる。

二　受容と共感、あるいは苦しむ人を歓待すること

病むことによる苦しみを背負ったクライエントが、私たち臨床心理士のもとを訪れて、心理療法という場で出会うとき、クライエントと臨床心理士はどんな関係性にあり、臨床心理士はどんな体験をするのだろうか？

ここでもまずは、語源の話から始めたい。病院を英語でhospitalというが、これはラテン語で「客」を意味するhospes、あるいは「客として迎え入れる・もてなす」という意味の動詞hospitareに由来する。また、英語のホテルhotel、ホストとホステスhost/hostess、もてなし・歓待hospitalityも同じ語源から来ている（鷲田清一、一九九九）。語義から言えば、病院という所は、客を迎え入れ、もてなす・歓待する場所なのである。実際に、病院は社会的地位や貧富の差にかかわらず、治療を求めて来院した患者はすべて受け入れて治療を行うし、病床を有する病院の多くは、診療時間にかかわらずいつでも急患を受け入れることになっている。ホテルと同じように、客が誰であろうと迎え入れる準備を整えて、いつも客を待っている。この状況の特性の一つは、原理的には、訪れる権利と決定権は客の側にあり、もてなす側には拒否する権利はなく、受動的に受け入れるしかできないということである。付け加えるなら、先に触れたラテン語の「客」hospesは、その中にhostisを含んでおり、これは「未知の者、敵対者」を意味する。客を歓待するときには、その客が未知の者であっても、敵であっても、同

じように歓待しなければならないのである（八木茂樹、二〇〇七）。

病院の中で、臨床心理士もクライエントを待っている。苦しみを背負って来るクライエントに対して、臨床心理士は学派や技法を越えて、まずは苦しむクライエントのあり方を受容し、その苦しみに対して共感的理解をしようと努力するだろう。臨床心理士が、クライエントを苦しみを被った存在として受容しようとして、初めてクライエントは自分の苦しみを感じたままに表現できる。また、そうして表現されたクライエントの苦しみを、臨床心理士が共感的に理解しようと努力することで、心理療法は進展する。受容と共感的理解は、認知行動療法も含めた、すべての心理療法の技法に共通する必要条件であろう。

とは言え、人は個別に感情や考えや意図などを持つ。それを「私」の側から見れば、他者は常に予測不可能で、操作不可能で、必ず「私」の理解を超える部分を残す存在であると言える。その意味で、「私」にとって他者は「絶対的に他なるもの」（Lévinas, 1961）なのである。また、人は自分の理解の及ばないもの・予測しがたいものに対しては、恐れを覚えがちである。そういうことから、特に心理療法の初期にクライエントの人柄も病理も分からずに会う際には、いくら経験を積んだ臨床心理士でも強い緊張が伴うものである。さらには、心理療法が順調に進んでいるように見える時期でも、実際に何が起きるかはクライエントに会ってみるまで毎回分からないのだから、心理療法を続ける限り臨床心理士は、クライエントという「絶対的に他なるもの」と出会い続け、それによる緊張にさらされ続けることになる。受容と言えば聞こえは良いが、予測できないことを受容する側の精神的負担は、非常に大きいと言わざるを得ない。

言うまでもないことだが、クライエント側も自分の苦しみや病を臨床心理士に理解してもらえるかどうかが、その後の自分の人生にかかわるのだから、心理療法の初期には臨床心理士がどんな人で、何を考え、何をやるのかと、非常に不安で緊張もするだろうし、ある程度の信頼感が持てるようになっても、うまく伝わるだろうか、変に思われないだろうか、と不安や緊張は続くものであろう。クライエントも、臨床心理士という「絶対的に他なるもの」に出会い続けるわけである。

病院が患者を受け入れることと、臨床心理士がクライエントを受容しようとすることは、「歓待する」という点で似ている。北欧神話と現代倫理学を橋渡しすることで、歓待の本質に迫ろうとした八木茂樹（二〇〇七）は、「「歓待」は何ものかわからないもの、したがって、理解不可能なもの、優れて「他なるもの」を受け入れる営みである。決して同化されることのない絶対的他であるがゆえに、訪れる「他なるもの」は、内なる世界に対し決定的な影響を及ぼ」すと言う。また、ケアについての哲学を確立した鷲田清一（一九九九）によれば、歓待とは、迎え入れる側が「自己を差しだすことであり、その意味で他者とのぬきさしならぬ関係、関係が意味を決めるのであって〈わたし〉が関係の意味を決めるのではないような他者との関係の中に、傷つくこともいとわずにみずからを挿入してゆくことである。（中略）他者を迎え入れるというのは、そのまま、じぶんの理解を超えたものによって迎え入れられるということでもあるのだ」と述べている。さらに、八木（二〇〇七）は「「歓待」の際に訪れてくるもの、それの「優れて他なるもの」「わからないもの」（中略）を受け入れることは、受け入れるものを傷つけ、しばしば「苦」の様相を呈することになる。これら襲来してくるものを受け入れる「歓待」は、受苦であ」るとも言う。八木や鷲田の言説は、臨床心理士がクライエントを迎え入れるときに感じる緊張の本質を、うまく表現していると思う。

臨床心理士はこうした緊張感に耐えながら、共感的理解を目指してクライエントと会い続けるわけだが、それもまた困難な作業である。そもそも臨床心理士から見てクライエントは「絶対的に他なるもの」なのだから、理解しようと思っても、変化を目指してかかわっても、そうしきれない部分が必ず残るのである。これは、個別の他者が「絶対的に他なるもの」であることに伴う、本質的な限界と言っても良いだろう。

困難はそれだけではない。クライエントの苦しみを共感的に理解しようとするとき、臨床心理士は、個別性の限界を越える試みとして、自分の感受性を用いて、自分の中にクライエントの苦しみを再現しようとする。それに成功すると、臨床心理士の内界にクライエントの苦しみの一部が現れてきて、臨床心理士を動揺させることになる。むしろ、臨床心理士は自分の動揺・傷つきを通して、クライエントの動揺・傷つきの深さを「身をもって知る」（山田、二〇〇五）ことになると言っても良い。また言葉の分析になるが、共感empathyという言葉は、「em中で-pathパトス-y状態の名詞化」からなる。つまり、共感の原義は「内面で受苦すること」である。臨床心理士は、個別性の限界を踏み超えようとして「絶対的に他なるもの」としてのクライエントの苦しみに触れたとたんに、傷つくことになる。この傷つきは、共感の本質であり、避けられないことなのである。

先に私は、「臨床心理士の感受性を用いて」共感すると言った。この感受性をレヴィナスは「傷つきやすさ（可傷性）」と呼ぶ。「それは、他者の悲惨に、他者の苦痛に晒されていることをも意味する。（中略）とりわけ他者が被った傷によって、他者の苦痛によって、他者の死によって傷つくことである。〈私〉は他者の悲惨に傷つきやすい（vulnérable）のだ」（港道、一九九七。傍点は原著者）。レヴィナス（一九七二）自身は、次のように言っている。「他人によって苦しむこと、それは他人を負担し、他人を支え、その代わりとなり、他人によって衰弱させられることである。（中略）感受性があるや否や、主体は他者のためにあり、すなわち身代わり、責任、償いである。しかし、それは、いかなる瞬間においても、いかなる現在においても私が引き受けたわけではないような責任である。（中略）この明け放し以上に受動的であるようないかなるものもない」（強調は原著者）。臨床心理士にとっては、傷つきやすさ（感受性）が共感的理解に有効な窓口となるのだが、それによって、臨床心理士自身が衰弱させられることにもなるのである。

実は、臨床心理士が意図して感受性（傷つきやすさ）を用いて共感的理解に至るなら、まだ衰弱の程度も軽い。

ときには、達成感もあるだろう。そうではなくて、予想だにしていなかったクライエントの言動から、不意にクライエントの傷つきを身をもって知らされることも多い。例えば、ある若い男性のクライエントは、私との初めての心理療法の予約時間を間違えて2時間早く来院したのだが、彼は待合室から私に電話をかけてきて、いきなり「約束通り来たのにすぐ会えないとはどういうことだ！　お前のような奴のおかげで俺の人生は滅茶苦茶にされてきたんだ！　お前が責任をとれ！　馬鹿！　死ね！」と、彼が予約時間を間違えたにもかかわらず、理不尽にも私が一方的に罵詈雑言を浴びせかけられた。私は動揺し、ひどく傷つき、このクライエントと会うのが怖くなった。しかし、実際に会って生い立ちを聴いてみると、彼は幼少期に虐待を受け続けていたことが分かった。私が体験した一方的で理不尽な傷つきは、まさしく彼が体験してきた傷つきそのものであった。彼が言った「お前のような奴のおかげで俺の人生は滅茶苦茶にされてきたんだ！　お前が責任をとれ！　馬鹿！　死ね！」という言葉は、本当なら親に向けられるはずの言葉であったのだ。こうして私は、彼の苦しみを「身をもって知った」わけである。これもある種の共感と言えるかもしれないが、そのときの臨床心理士側の傷つき・衰弱は言葉で言い表せないほど重く苦しいものである。

臨床心理士は、クライエントの苦しみを共感的に理解しようとして、あるいは図らずも不意に自分が傷つくことで、クライエントの苦しみに近づき、それに触れることになる。そのとき、両者の心理的距離は接近し、心理的境界は部分的にせよ脆弱なものになっている。触れることについて、哲学者の坂部恵（一九八三）はこんな風に言っている。触れることは、「ふれるものとふれられるものの、前もっての一方向的分離を前提とするものではなく、何らかの程度において自―他の区分、内―外、能動―受動の区別を含めて、これまでの差異化弁別の体系の構造安定的な布置をあらためて無に帰し、根底から揺り動かす相互嵌入の契機を本質的に伴っている。それはいいかえれば何らかの程度においてカタストロフィックな経験である」。

先にも引用したが、もともと歓待そのものに、「他者を迎え入れるというのは、そのまま、じぶんの理解を超えたものによって迎え入れられるということでもある」（鷲田、一九九九）という側面がある。フランス語で、迎え入れる主人と迎え入れられる客がhôteという一語で表現されることからしても、主人と客の差は相対的であり、一枚のコインの裏表の関係にあることが理解できる。歓待は、主―客の逆転や混交の可能性を初めから本質的に備えているのである。ここから、相互嵌入してカタストロフィックな経験に至るまでの距離は、それほど遠くない。さらに坂部（一九八三）は、「カタストロフィックなふれ合いの経験を、われわれの日本語は伝統的に「気がふれる」という表現で表してきたのではなかったか。（中略）気がふれるという経験においては、日常の構造安定的な布置としての自我の同一性が根底から脅かされ、揺り動かされる。われわれは、そこでは、もはや我、汝、人などの人称性を超えまたそれら人称性の生成の原点ともなる場所との出会いという一種形而上学的な経験に立ち会うことになる」とも述べている。

つまり、臨床心理士がクライエントの苦しみに触れたとき、臨床心理士は気がふれると言っても良いような、日常の自我同一性を揺り動かされるほどの危機に直面することになるのである。先ほどの例で言えば、クライエントが被った苦しみによって、罵詈雑言を浴びることになった私は、臨床心理士という役割を越えて一人の人として深く傷つき、どうしてこんな思いをしなければならないのかと理不尽に感じ、仕事であろうとももうこの人（クライエント）とは会いたくないと強く願ったのであった。そのときの私は、臨床心理士という「日常の構造安定的な布置としての自我の同一性が根底から脅かされ、揺り動かされ」ていた。坂部の表現を借りれば、「気がふれた」のである。さらに、私とそのクライエントという個別の「人称性を超え」て、理不尽に一方的に傷つけられるという共通の場所に「立ち会う」ことになったのである。しかし、そうなっても、迎え入れる側（臨床心理士）から関係を拒否することはできないのが歓待の原則であった。こうして臨床心理士は、臨床心理士としても人としても危機に直面しながら、そこからは逃げ出せないという状況に追い込まれることになる。

三　間奏曲、あるいは主体性

ここで少し遠回りになるが、神経生理学者であり後に医学的人間学を構築したヴァイツゼッカー（Weizsäcker, V. v.）から始まり、精神病理学者である木村敏へと受け継がれて発展した生命論・主体性論について述べたい。ヴァイツゼッカー（一九五〇）は、その主著『ゲシュタルトクライス――知覚と運動の人間学』（以下のヴァイツゼッカーの引用は、すべて同書から）をこう始めている。「生命あるものを研究するには、生命と関わりあわねばならぬ。（中略）生命それ自身は決して死なない。死ぬのはただ、個々の生き物だけである」。ヴァイツゼッカーの言う「生命それ自身」とは、この世に生きている生物全般の生命を維持する働きのことであり、すべての生き物に共通する生きていることの原理である。つまり、人も含めてすべての生き物が、生きていることの原理・根拠とつながっているからこそ、生きていることができるわけである。このつながりを、彼は「根拠関係」と呼んだ。そして、「根拠関係とは実は客観化不可能な根拠への関り合いであ」ると注釈をつけている。生命が生きる原理・根拠は実体や形を持たないので、自然科学的な方法で客体として認識することはできず、それを認識するためには、生命あるものと直接かかわりあって、「具体的かつ直観的な仕方で経験」するしかない。さらに、彼は「根拠関係とは主体性のことであ」ると主張する。彼の言う「主体性」は、一般に言われる「意志に基づいて行動する態度」というような意味ではない。そうではなくて、生物全般の生命を維持する働きと共鳴するように動いて、「主体」を成立させている働きのことなのである。その意味で、「根拠関係」と「主体性」は同じことになる。では、主体とは何か？　木村（一九九五）はこう言う。「生きものは常に生活環境との接触を保ちながら、環境の変化にそのつど対応して自分自身を変化させて生きている。そのようにして生きているものを主体と言い、そのような生き方を主体的と言う」。

ヴァイツゼッカーの主張によると、生物が生きているということは、一方では根拠関係を保っていることであり、もう一方では、木村（一九九五）が示したように、環境とかかわっていることである。つまり、有機体が環境を知覚し、環境に対して運動・行為をして働きかけるという、相互作用の中にいることである。例えば、チーターが狩りをするときには、獲物を認識しながら追いかける。獲物が素早く変則的に逃げるのを見失わないように、チーターは獲物の動きに合わせて自分の体の動きを変化させて、獲物を視野に捕捉し続け、獲物を追いかけ続ける。そのとき、チーターの知覚と運動が円環的・相互的に作動している。この知覚と運動の円環的絡み合いを、ヴァイツゼッカーは「ゲシュタルトクライス（Gestaltkreis）」と呼んだ。このようにして、生きものは環境や対象と主体的に出会っているのである。

ヴァイツゼッカーは、「意識のない有機体にしても、ちょうどその時に特別な心的内容を体験していない有機体にしても、やはり主体として環界とかかわりをもつ」と言う。それを木村（一九九八）はもう少し噛み砕いて、「ダニが温血動物の皮膚に穴をうがって入り込み、その血を吸うのもダニの主体的行動だし、タンポポがその実を風で飛ばせて繁殖するのもタンポポの主体的行動である。つまりここで「主体的」というのは、環境との境界面における生物の行動が、個体あるいは種のレベルで生命維持の目的に沿っているというほどの意味である」と言っている。ヴァイツゼッカーの言う主体や主体性の概念においては、人に特有な自意識とか言語とかは前提とされていないことを、ここで確認しておきたい。彼は、人間も含めた有機体一般に通底するレベルで、生きているということについての議論をしているのである。

また、木村（二〇〇五）はこうも言っている。「主体としての有機体が客体としての環境と出会うのではない。

有機体が環境と出会っているかぎり、その出会いの中で主体が成立しているということなのだ。だから、この出会いがなにかの事情で壊れると、そこで主体も消滅することになる。しかし有機体が生きているかぎり、主体が永続的に消滅することはありえない。ある一つの出会いが途切れても、そこには必ず新しい別の出会いが生じていて、新しい主体が誕生しているからである」。先程のチーターの例で言うと、獲物が逃げる方向を急に左に変えたとすると、チーターもそれに合わせて左に方向転換しなければ、獲物を見失うことになり、獲物との関係（木村の言う「出会い」）が途絶えてしまい、獲物を捕るチーターの主体は消滅することになる。チーターが主体を保つためには、それまでのまっすぐ走るという運動を、瞬時に筋肉の動かし方や体のバランスを変えて左へ方向転換するという運動に、変換しなければならない。このように、獲物の動きが変化して関係が途絶えそうになったときに、チーターが獲物に合わせて動きを変えて（自分のあり方を変換して）関係を立て直すことを、木村は「新しい別の出会い」と表現したのである。この瞬間、チーターの新しい主体が誕生したと考えるのである。

この、環境や対象との「関係が途絶えること」をヴァイツゼッカーは「転機（Krise）」と呼んだ（Kriseには「危機」の意味もある）。彼自身「転機」について、「主体が転機において消滅の危機に瀕したときにこそ、われわれははじめて真に主体に気づくのである。（中略）主体とは確実な所有物ではなく、それを所有するためにはそれを絶えず所有しつづけなくてはならないものである」と言い、したがって、主体の統一性や連続性は「非恒常性と転機とを乗越えて不断に繰返される回復においてはじめて構成される」と述べた。チーターの例で分かるように、大小さまざまな転機は、生き物が生きている限りほぼ常にある。つまり、生き物は時々刻々と新たな主体を生成し続けることで、時々刻々の不連続の危機を乗り越えて、主体の統一性や連続性を保っているのである。

環境や有機体自身の絶え間ない変化によって、直前まで安定していた有機体と環境の関係が変化し、主体はしばしば消滅の危機に陥る。そのたびに、有機体は自らのあり方を更新することで、環境との古い関係の仕方を放棄し、新たな関係を構築して、主体を保ち続けている。つまり、有機体は、生きている限り、常に新しい主体を生成し続けているのである。このようにして主体を保つ働きを「主体性」と言う。また、根拠関係が成立していることと、主体性が働くことは、生命を維持する動きという意味で同義なのである。
人も含めてすべての生き物は、このように環境とかかわり、主体を絶えず生成し続けて、生きているのである。

四　クライエントの苦しみの行方、あるいは間主体生成論

第二節で、心理療法においては、苦しみを被ったクライエントが臨床心理士のもとを訪れ、クライエントを歓待する臨床心理士はクライエントの苦しみを身をもって知り、臨床心理士としても人としても危機に直面しながら、そこからは逃げ出せない状況に追い込まれる、と述べた。言い換えると、受苦によって、臨床心理士の主体は解体の危機にさらされるのである。ヴァイツゼッカーも「転機においてはいずれにしてもパトス的という属性はその絶頂に達して勢威をほしいままにする」と言っている。臨床心理士はこの危機・転機を生きさせられ、生きるしかない。

前節で見たように、生き物が生命の根拠と関係を保って生きているということも、環境との間で主体が成立しているということも、実は、主体の解体と生成が絶え間なく繰り返されているということであった。クライエントは、自らの生い立ちや事故や病気などから、さまざまな苦しみを被ってきたわけだが、クライエント自身もそれまでただ手をこまねいていたわけではなかろう。クライエントなりに必死で苦しみに耐え、何とか対処しようと努力もしてきたはずである。木村（一九九五）の言葉を借りれば、「患者は生きているから、生きなければならないから、病気になるのである。病気とは、生きていることのこの上なくすぐれた一つの表現形態なのだ。

（中略）彼なりに無理を承知で懸命に生きようとしている生きかたなのだ」。クライエントも、生きているからこそ苦しみを被り、生きているからこそその苦しみについてのゲシュタルトクライスが動いて、新たな主体が刻々と生成されてきたはずである。「症状や所見は、この生命的な生成の苦痛に直面して患者が作り出した「かたち」である。この「かたち」を生み出している生成の流れの中にこそ、精神病の「実体」がある」（木村、一九九五）。

臨床心理士も生き物なのだから、事情は同じである。心理療法の中で、自分が苦しみを被ったと知覚したなら、それに対して自らの主体を更新して、より苦しみの少ない新たな関係を構築しようとするに違いない。このとき、臨床心理士の内面では、苦しみについてのゲシュタルトクライスが動いており、新たな主体が生成され続けている。

では、このように受苦し、主体性が動いている者同士が、心理療法という場で出会うと、両者の間ではどのような相互作用が生じるのだろうか？

クライエントが臨床心理士に苦しみを表出する。その表現が、言語的であっても非言語的であってもかまわない。苦しみを表出するその行為を、臨床心理士が知覚する。そのとき臨床心理士は、自らの内面でクライエントが表出した苦しみによって受苦し、傷つき、主体が揺らぐので、何らかの方法で新たな主体を生成しようとする。これが、先に指摘したように臨床心理士の内面でのゲシュタルトクライスである。そうして、臨床心理士は、共感を示すか、解釈を述べるか、さらに質問するか、自分の感じやイメージに集中するか、見立てを再考するか、次の宿題を課すか、足を組み替えるか、沈黙を守るか、などの行為に及ぶ。どの行為を選択したとしても、どれもが臨床心理士自身の新たな主体を生成するための行為であることには変わらない。臨床心理士のその行為を、今度は、クライエントが知覚する。知覚して、クライエントは、理解されたと感じて安心したり、続きを語りたくなったり、伝わっていないと感じて修正しようとしたり、腹が立ったり、さらに苦しくなったり、といろいろな思いが動くわけだが、この思いの動きはすべて、臨床心理士の新たな主体の生成によって、二人の間の直前の関係性が変化し、クライエントの主体が揺らいだことを示している。思いが動くことと、主体が揺らぐことは同じことだと言って良い。そして、クライエントは、その主体の揺らぎへの対処として、新たな主体を生成するために、また次の言葉や体の動きや姿勢や表情を表出する。そして再び、それを臨床心理士が知覚する。このように、二人の間で知覚と行為の循環が続いている。つまり、二人の個人の内面だけでなく、二人の間でもゲシュタルトクライスが動いているのである。それはとりもなおさず、二人の間でも新たな主体の生成が動いているということである。

さらに、クライエントの内面と、臨床心理士の内面と、その二人の間の三か所で動いているゲシュタルトクライス（主体の生成）は、生物一般の生命を維持する働きと根拠関係を結んで生命を営んでいるという、同じ一つの現象なのである。したがって、三か所で起きている、一見個々バラバラに見える動きは、実は同時に同じように動いている。そして、影響を与え合い、受け合っている。言い換えると、クライエントと臨床心理士の間でゲシュタルトクライス（間主体の生成）が動くことによって、お互いがお互いにとって「絶対的に他なるもの」である両者各々の内面で動いているゲシュタルトクライス（個人内の主体の生成）がつながり、リンクするように動くのである（図1参照）。

木村（二〇〇五）は、音楽の合奏を例にして、人と人との間に生じる主体について詳細に語っている。合奏においては、個人の演奏家が主体を生成しつつ演奏する行為が、全員の演奏する音楽全体（間主体）を形成し維持し、その音楽全体が次の瞬間の個人の演奏の方向性を規定し創造している。そういうことが理想的に起きれば、各演奏家が自発的に音楽を創造しながら、かつ音楽全体も生き生きとした生命感のある感動的なものになる。さらに言えば、スポーツも、政治や宗教や国家や人類全体にさえも、そうした「個別的主体性と集団的主体性の二重主体の構造」（木村、一九九八）が認められる。それと同じ様に、心理療法においても、クライエントと臨床

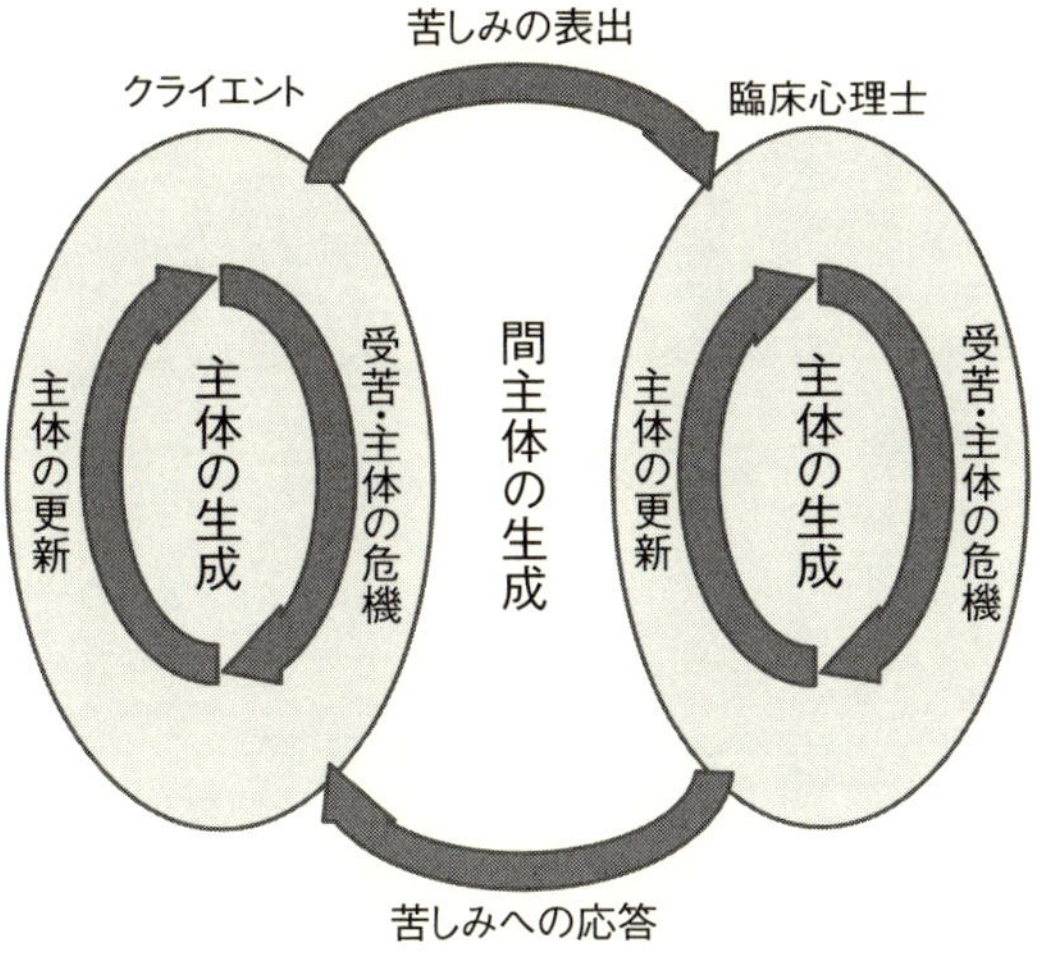

図１　心理療法における間主体の生成

心理士との間に集団的主体が生成されるのである。木村の言う「個別的主体性」がここで言う「主体性」に、「集団的主体性」が「間主体性」にあたると考えて良い。

この間主体性という「つながり」（山田、二〇一〇）があるからこそ、クライエントに比べて臨床心理士の主体の生成の力が強く、かつ臨床心理士がクライエントの主体の生成に配慮できるならば、クライエントの主体の生成の動きそのものが、臨床心理士の主体の生成によって助けられることになるだろう。逆に、臨床心理士よりもクライエントの主体の生成の力が強いときには、臨床心理士の方が助けられることにもなるだろう。

ただ、クライエントの内面で動くゲシュタルトクライスと臨床心理士の内面のそれとの間には大きな違いがある。原理的には、クライエントには臨床心理士の主体の生成を援助する義務はないが、臨床心理士は自分の主体を生成するだけでなく、その中にクライエントの新たな主体を生成するのに役立つような配慮が含まれていなければならない。それが、歓待する側でもあり、仕事として心理療法を引き受けた側でもある、臨床心理士の責任である。臨床心理士がプライベートと同じように、自分の考え方で相手を説得したり、腹を立てて自分から関係を絶ったりというように、自分のやり方で主体を生成することが許されるならば、臨床心理士自身は心理療法の中でも楽に生きていけるだろうが、クライエントの主体の生成に役立っているとは言えない。

心理療法を行っている臨床心理士は、クライエントの今までの主体の生成の仕方を理解し、それに配慮しつつ、クライエントの主体の生成の新たな仕方を促進するように、自分の主体を生成しなければならない。より具体的に言えば、臨床心理士はクライエントよりも、そこでの苦しみを直視しようとしながら、それに耐えるように、そこから逃げ出さずに、生きなければならない。これもとても苦しいことであるが、こうした臨床心理士の主体の生成の仕方によって、クライエントは臨床心理士との間で、苦しみを抱えながら、自由に自分らしい主体の生成の仕方をし、また主体生成の新たな仕方をも試すことができる。このように、臨床心理士との間でクライエントの主体の解体と生成が続いていくならば、右往左往しながらも、以前は主体を危機に陥れた苦しみをより受け止めやすくなった主体が、あるいは、以前は主体を危機にさらした問題によりうまく対処できる主体が、クライエントの内面に生成されてくるだろう。これを、人格の成長と呼び、これによって苦しみを抱えやすくなったり、問題が問題でなくなったりすることを、治癒と呼ぶのである。

先にも触れた、「症状や所見は、この生命的な生成の苦痛に直面して患者が作り出した「かたち」である。この「かたち」を生み出している生成の流れの中にこそ、精神病の「実体」がある」（木村、一九九五）という見解に沿って言うなら、臨床心理士とのかかわりによって、それまでのクライエントがとってきた生成の流れとはいくらか異なった流れで「生命的な生成」が行われるようになり、たとえ「精神病の「実体」」が変わらないとしても、より主体的に生きられるようになるのではないだろうか。

このとき大切なことは、臨床心理士がクライエントの苦しみと接触する関係を絶ってしまえば、二人の間で連動するはずの苦しみについてのゲシュタルトクライスも、主体の生成も、動かなくなるということである。臨床心理士も含めて人は誰でも苦しいことは耐え難いので、できる限り避けておきたいものである。しかし、臨床心理士が、自分やクライエントの苦しみをなかったことにしたり、苦しみを感じる場所から身を引いてしまえば楽にはなるが、そこではクライエントの人格の成長や治癒は生じない。臨床心理士が、クライエントの苦しみと接触している関係を苦しみながら維持することが、何よりも重要なことであり、かつとても心のエネルギーを要する作業なのである。

さらに、この主体を生成する動きが自意識や言語とは別のレベルで動いていることは、すでに述べた。そうであれば、表面上はただ話している、ただ聴いているだけに見えても、臨床心理士がクライエントの苦しみに触れ続けているならば、そのときそこでは、クライエントと臨床心理士の主体の危機と生成が、微弱ながら動き続けている可能性がある。あるいは、どこか通じない（関係が成立しにくい）クライエントと共にいたり、心理療法が停滞しているように見えたりするときに、臨床心理士が感じるあの底知れぬ疲労感は、臨床心理士自身が意識していないところで、自分の主体が危機にさらされていて、その生成に心のエネルギーを費やしていることから生じると思われる。つまり、臨床心理士が行き詰まりを感じて苦しんでいるときでも（苦しんでいるからこそ）、関係が絶たれてさえいなければ、クライエントの内面では意識的言語的洞察とは異なる次元で、主体の解体と生成が行われ続けている可能性があることになる。

ここで、一つ付け加えておきたいことがある。前に述べた木村（二〇〇五）の合奏の例のように、心理療法においても、クライエントと臨床心理士との間に生成される間主体が、心理療法全体の展開する方向性を規定・創造する面がある。この点は、すでにオグデン（Ogden, T. H., 1994）などが指摘しており、私も重要なことだと考えている。だが、本章で注目しているのは、クライエントと臨床心理士の間でゲシュタルトクライス（間主体の生成）が動くことによって，お互いがお互いにとって「絶対的に他なるもの」である，個別な両者各々の内面で動いているゲシュタルトクライス（個人内の主体の生成）がつながり，リンクするように動く，という面である。

この現象は，自意識や言語の有無とはかかわらず，人同士が関係することによって生じる体験レベルの現象なのだから，認知や行動の変容を目指す心理療法でも，洞察を目指す心理療法でも，イメージや感覚の展開を重視する心理療法でも，同様に生じていると考えられる。また，木村の指摘にもあったように，間主体性は二者関係に限らず，三人以上の集団にも生じる現象であるから，心理療法の場にいる人数が何人であろうとも，同じように考えることができる。たとえクライエントが一人で宿題に取り組んでいるときであっても，その宿題との間にゲシュタルトクライスは動いており，宿題を出した臨床心理士とのゲシュタルトクライスも同時に動いているのである。

もちろん，人によって，病によって，主体の生成の安定性や強さは異なる。特に，統合失調症や自閉スペクトラム症の人は，環境や人との間で主体を維持することが非常に困難であるという点で，主体性の働きそのものが十全でないと言えるだろう。そうしたクライエントとの心理療法では，間主体の生成を通して，クライエントの主体の生成を促進することそのものに注目している必要がある。また，神経症圏の病では，主体性の働きそのものにはあまり問題はなく，心理療法の中で新たな主体が生成されるとともに，自意識のあり方も変化していって，治癒に至ると考えられる。人格障害圏の病は，その両者の特徴を併せ持った，中間的な位置づけと考えることができる。

おわりに

当然のことだが、心理療法を遂行するためには、いくつかの心理療法理論とその技法をきちんと学び、実践できなければならない。私がここで述べた間主体生成論は、一つのメタ理論の試みであって、さまざまな心理療法実践をこの観点から説明することはできるが、この観点があればそれだけで治療できるというものではない。それでも、私自身の臨床経験で言えば、間主体生成論のイメージをもって心理療法にあたることで、自分が苦しいときに、「私のこの苦しみが、どこか目に見えないところで、クライエントの主体の生成を促進しているかもしれない」「目立った洞察はないが、生きて行きやすくなるような変化が、潜在的に動いているかもしれない」と半信半疑にでも感じることができて、心理療法を続けやすくなったというくらいの利点はあるようだ。

ひょっとすると、心理療法理論というものは、クライエントが成長するまでの間、臨床心理士が持ちこたえるための支えとして、存在するのかもしれない。

文　献

木村敏（一九九五）『生命のかたち／かたちの生命』青土社
木村敏（一九九八）『分裂病の詩と真実』河合文化教育研究所
木村敏（二〇〇五）『あいだ』筑摩書房
Lévinas, E. (1961) Totalité et Infini. Essai sur l'extériorité, Martinus Nijhoff. 熊野純彦訳（二〇〇五・二〇〇六）『全体性と無限』（上・下）岩波書店

Lévinas, E. (1972) Humanisme de l'autre home, Montpellier, éd. fata morgana. 小林康夫訳（一九九〇）『他者のユマニスム』書肆風の薔薇

港道隆（一九九七）『レヴィナス――法-外な思想』講談社

中村雄二郎（一九八三）『魔女ランダ考――演劇的知とは何か』岩波書店

中村雄二郎（一九八四）『術語集――気になることば』岩波書店

中村雄二郎（一九九二）『臨床の知とは何か』岩波書店

Ogden, T.H. (1994) Subjects of Analysis. Jason Aronson. 和田秀樹訳（一九九六）『「あいだ」の空間――精神分析の第三主体』新評論

坂部恵（一九八三）『「ふれる」ことの哲学――人称的世界とその根底』岩波書店

渡辺公三（一九九〇）「森と器――治療者はどのようにして治療者となるか（クバ王国の例から）」波平恵美子編『病むことの文化』二一-三五頁、海鳴社

鷲田清一（一九九九）『「聴く」ことの力――臨床哲学試論』ＴＢＳブリタニカ

Weizsäcker, V.v. (1950) Der Gestaltkreis. Theorie der Einheit von Wahrnehmen und Bewegen. 4. Aufl. Georg Thieme Verlag. 木村敏・濱中淑彦訳（一九九五新装版）『ゲシュタルトクライス――知覚と運動の人間学』みすず書房

八木茂樹（二〇〇七）『「歓待」の精神史――北欧神話からフーコー、レヴィナスの彼方へ』講談社

山田勝（二〇〇三）「あとがき」McDaniel, S.H., Hepworth, J., and Doherty, W.J. Ed. (1977) The Shared Experience of Illness. Basic Books. 小森康永監訳『治療に生きる病いの経験』二九四-二九五頁、創元社

山田勝（二〇〇五）「病いや心理的問題によって苦しむ体験の意味について」『心理臨床学研究』第23巻第4号四〇一-四一一頁

山田勝（二〇一〇）「心理療法における「つながり」と他者とは異なった自己の生成について」『心理臨床学研究』第28巻第1号七四-八五頁

第Ⅱ部　こころの「病」と心理療法の実際——私たちが実践している心理療法

第一章　ともに生き残る——慢性統合失調症の女性との心理療法

荻野咲智子

はじめに

自分の無意識に突き動かされるように病院臨床の世界に入って、十二年が過ぎた。精神病への畏怖を抱えながら怖々とその世界に入り、魅了され、夢中で走り続けてきたように思う。非常勤として複数の職場を掛け持ちしてきた私にとって、臨床心理士としてのアイデンティティをどこに置くのかは幾度も悩んできた課題だが、病院臨床は自分の基盤であり、非常勤でも細く長く継続できるようにと念じて働いてきた。

心理療法とは何かと考えるとき、私は重篤な精神病水準のクライエントとの体験を思い浮かべる。もちろん、華々しいパーソナリティ障害のケースや、発達に問題を抱えるケース、健康度の高いケース等、様々なケースで心理療法の醍醐味や意義、難しさを感じるが、重篤な精神病水準のケースは、ひと際心理療法の基本姿勢を凝縮しているような気がするからだ。シュヴィング（Schwing, G.）やセシュエー（Sechehaye, M.A.）、サールズ（Searles, H.F.）といった先人たちの偉大な業績はもちろんのこと、臨床心理士にとって精神病水準のクライエントとの体験がその後の臨床に大きく影響を及ぼすことは、多くの臨床家が触れている（例えば、渡辺雄三・総田純次、二〇〇七）。

統合失調症をはじめとした精神病状態の人と向き合うとき、自分は人としてどう生きているのか、どれだけ誠実にその人に向き合えているのかが問われているような気持ちになる。通常の人間の感覚では感知できないであろう心情をも瞬時に見抜く彼らに対し、畏敬の念を抱くこともある。そうした彼らの前で自分が臨床心理士としてどう存在するのかという課題の中には、心理療法の基本姿勢が含まれていると思うのだ。

この章では、自分の原点でもある慢性統合失調症の女性との心理療法過程を提示し、心理療法の基本姿勢について、私自身に問い直すとともに検討してみたい。

一　出会い

私が八代さん（仮名）と初めて出会ったのは、実習先の精神科病院だった。大学院二年のときに行う半年間の病院実習の一環で、統合失調症の入院患者さんと十回の面接をさせてもらう機会を得たのだ。八代さんの主治医は統合失調症の治療が得意な初老の男性医師で、「いい人だから、八代さんのお話聞いてやって」と自然な流れで八代さんを紹介してくださった。八代さんは当時四十四歳。私は二十四歳だった。

プライバシー保護のため本質を損ねない程度に内容を変更しているが、主治医から聞いた八代さんのおおまかな経過は次のようなものだった。

八代さんは看護師の仕事を辞めた二十六歳のときに統合失調症を発症した。発症当時は「尾行されている」「盗聴されている」と怯えながら夜間徘徊し、その度に警察に保護されていたという。その後家族に連れられる形で精神科病院での治療を開始するが、二、三カ月すると八代さんは通院を中断し、自らを脅かす対象から逃れるように全国各地を彷徨《さまよ》った。あるときは小さな会社で、あるときはスナックで働き、「人の道を外れたようなこともした」という。しかしその前後から自身を責める幻聴が昼夜問わず八代さんを苦しめ、「霊魂が体の半分をもっていって」しまった。次第に働くことは難しくなり、いよいよ生活に困窮した際にようやく両親に助けを求め、遠方まで迎えに来てもらう形で八代さんは親元へ戻った。発症から六年後のことだった。

その後三十二歳のときに現在の主治医に出会うとようやく治療に腰が据わり、幾度もの中断を挟みながらも困ったときには病院を訪ねてくるようになったという。今回の入院は、父親亡き後一緒に暮らしてきた母親が体調を崩して入院することになり、その間の緊急避難的な入院であった。八代さんは稲荷信仰をもち、必要最低限のスタッフとの関わり以外は、〝稲荷〟（お狐様）との会話を楽しみながら入院生活を送っているとのことだった。

当時成人女性との面接経験すらなかった私は、病院で初めて行う心理面接に不安と緊張を隠せないまま、八代さんとの初回面接に臨んだ。

肩までの髪に黒縁眼鏡をかけた八代さんに挨拶すると、八代さんはまず私に〝稲荷〟を信じるかどうか確認した後、〝稲荷〟には階級があり、良い〝稲荷〟と悪い〝稲荷〟がいるが、自分はどの〝稲荷〟も好きであると嬉しそうな表情で語り出した。人の良さそうな八代さんに私は安堵し、興味深くその話を聞いた。

〝稲荷〟は八代さんが忘れ物をすれば「姉《ねえ》やん、これ忘れてるでー」と教えてくれたり、読書中に難しい単語が出てくればその意味を教えてくれたりするのだという。十年ほど前に八代さんが関西に住んでいた頃、アパートの裏にあった稲荷神社のお稲荷さんに油揚げをお供えしたら、突然天から光がぱあっと射し込み、八代さんを温かく包み込んでくれた。それが八代さんと〝稲荷〟の出会いだった。それ以来、八代さんと〝稲荷〟はずっと一緒にいるそうだ。ときどき喧嘩をすることもあるけれど、〝稲荷〟は八代さんにとって良い存在であり、支えとなっているようだった。

ひとしきり〝稲荷〟の話を楽しそうにした後、八代さんは今回の入院の経緯と、入院生活は外出が制限されて不自由だが、かといって母のいない自宅で一人で暮らすのはとても不安でできないと静かに語り出した。

「私、昔看護師をしていたけど辞めたの。看護師の仕事は自分には合わなかった。あれが病気の原因だったのかな……。あの頃のことは思い出さないようにして暮らしているんです」

そう小さく呟いた。

「……自分の病気はもう治らないと聞いたの」

「先生、夢も希望もあるって信じますか？」

〈夢も希望も？〉

「……私ときどき〝稲荷〟がね、のりうつったみたいになるんです。……〝稲荷〟がね、話したいって言ってますけど……」

ふいに八代さんの顔から柔らかさが消え、声色が低くなる。私は息を呑んだ。

「……俺は先生と話したいな。先生は外に出てもいいけど、こいつは豚姉《ぶたねえ》だから外に出たらいかん」

「先生、俺な。姉《ねえ》やんのことずっと見てきたんだ。この姉やんには夢も希望もない。死ぬことばっかり考えてる。生きていくための夢や希望がないんだ」

八代さんの顔がみるみる曇った。

「……先生、この姉やんに力を貸してやって。姉やんに生きる希望を与えてあげて」

そう言うと、八代さんは大粒の涙を流して泣いた。

私は突然の〝稲荷〟の登場とその切なる訴えに動揺し、その場で八代さんと二人で大泣きしてしまう。夢も希望もないと泣く八代さんを前に私はなすすべもなく、二人で一緒に声をあげて泣くしかなかった。どうにか泣き止んだ私は、

〈夢も希望もあると、私は思います。私がどれだけの力になるかわかりませんが、週に一回お会いすることで

少しでも八代さんが楽になれたらと思います〉
と、何とも主観的な希望的観測を述べ、やっとの思いで面接を終えた。
面接後主治医からは、「八代さんが〝稲荷〟になって話すのは初めてのことだ。八代さんはあなたの本質を見抜いたのかもしれないね」と言われた。八代さんに自分が見透かされているようで、身が引き締まる思いだった。
初めて精神科病院に足を踏み入れた私にとって、一生治らないと言われるような病気を抱え、人生に夢も希望もないと嘆く八代さんの哀しさは、自分の想像の範疇を遙かに超えていた。〝稲荷〟という姿を借りて現れた八代さんの本心を直球で投げられ、夢も希望もないという八代さんの辛さや、実習生の自分に一体何ができるのかという不安、そして精神病という未知なるものへの強い恐れが洪水のように押し寄せ、私は取り乱して泣いたのだと思う。思い返しても自分の未熟さが恥ずかしく、けれど強烈な、忘れられない出会いだった。

二　〝稲荷〟との付き合い方を探す

初回から激しく揺さぶられてしまった私は、慌ててスーパービジョンを受けて自分を建て直し、二回目以降の面接に臨んだ。

八代さんにとっての〝稲荷〟は、八代さんが抱えきれない葛藤を代弁したり、現実検討をするもう一つの自我と考えられる。もう一つの自我である〝稲荷〟を育てていくことが、そのまま八代さんの葛藤を保持する力を育てることに繋がるだろう。スーパーバイザーや実習担当の臨床心理士の先生のこうした助言が、八代さんと会う上での自分の守りとなった。病気に対して過度に悲観的にならず、闇雲に怖れず、〝稲荷〟をはじめとした幻聴との付き合い方を八代さんと探していく。それを治療目標と理解し、面接を進めようと考えた。

二回目に八代さんに会ったときに前回の感想を問うと、「先生が〝稲荷〟のことを信じてくれて、泣いてくれて嬉しかった」と、〝稲荷〟が私に生きる希望を与えて欲しいと訴えたことはしっかりと記憶されていた。改めて、〈〝稲荷〟さんのお話を聞いて、八代さんの夢と希望を探すために、〝稲荷〟さんも交えてここで一緒に考えていけたらと思いました〉と私が伝えると、「よろしくお願いします」と八代さんは頭を下げた。

それから、八代さんと〝稲荷〟と私の三人で話をする形の面接が始まった。初回以降も面接中に唐突に〝稲荷〟は登場したが、〈今のは〝稲荷〟さん？〉と聞くと「そうやー」と返事し、標準語で話す八代さんと関西弁の〝稲荷〟が交互に登場する形で会話は続いた。

八代さんは「昔のことはあまり覚えていない」と言いながらも、看護師の仕事は人の生死にかかわると思うと重圧に感じられ、職場の人間関係にも疲れて辞めてしまったこと、夜中の海辺で手首を切って死のうとし、警察に保護されたことなどを語ってくれた。ある夜には、一人暮らしのアパートの部屋が急に闇に包まれ、霊魂が八代さんの体を半分奪っていき、それと同時に物凄く大きな音で神々の争う声が聞こえ出してとても恐ろしかったという。

「だから私の体は中身がなくて、ときどき他の人がのりうつるの。今もね、誰かが私の目を通して先生のことをデッサンしているよ」

「主治医の先生から病気は一生治らないと聞いてショックを受けたけど……でもまあ、僕ら贅沢言わんで。姉やん、今の生活でええでー」

〈〝稲荷〟さん、今の生活でもいいって言ってくれてるんだね〉

「そう。〝稲荷〟は麩菓子が大好きで、ときどき買ってくるようせがまれるのよ」

〈麩菓子、どこで売っているのかなあ〉

〝稲荷〟は八代さんが思い出さないようにしている過去を和らげるように登場し、その度に八代さんは目を細め愛おしそうに〝稲荷〟について語った。空想世界を楽しむように話す八代さんの話を逐一根掘り葉掘り聞く当時の私は、相当鬱陶しく八代さんを疲れさせる存在だったと思うが、八代さんは私の質問にも根気よく付き合ってくれた。

次第に八代さんは〝稲荷〟となって私と話すことを楽しみにするようになっていった。しかしその一方で、心理面接の中だけで現れていた〝稲荷〟は面接外でも頻繁に登場するようになってしまう。妄想を妄想として八代さん自身の内側にとどめる力をつけるため、すなわち内的な世界をしっかりと己の内部に保持しうる「内枠づくり」（渡辺、二〇〇三）をするためにも、〝稲荷〟が登場するのは心理室や診察場面だけにしておきたかった。

あるとき私が、〈〝稲荷〟さんはとても大事なことを言っている気がする。〝稲荷〟さんの話してくれた秘密はきちんと守りたいと思う〉と話すと、推定二、三匹の〝稲荷〟が出てきて相談しだした。

「どうするー？　信用する人にしか言わんほうがええんやないかー？……でもなあ？……」

しばらく悩んだ末、「やっぱり信用する人にしか言わないほうがいいと思う」と八代さん自身が結論を出すと、その後〝稲荷〟の話はできるだけ診察と心理面接の中だけにするよう八代さんは意識するようになった。

心理面接の基盤が少しずつ確かなものになっていく感触をもった頃、当初の設定である十回の面接は終わろうとしていた。私は終了によって肩の荷が下りる思いがある一方、別れに対する名残惜しさも強かった。しかし丁度その頃偶然と幸運が重なり、私はその病院で産休代理の非常勤として一年間働くことになり、期間限定の面接は延長されることになる。面接の延長を私と八代さんは素直に喜びあった。母から退院の知らせが届いた八代さんは、幸福そうに退院していった。

退院すると八代さんは家で花を育て始め、近所の英会話教室に通い出した。夢や希望が垣間見える生活になったと目を輝かせて過ごしていたが、一カ月もすると「下層民が語学なんか学ぶなと言われた」「英会話の先生が悪魔と繋がっているらしい」と英会話教室を中断してしまう。八代さんを支える存在であった〝稲荷〟も、一転して八代さんを中傷し馬鹿にするようになった。〝稲荷〟の数は無数に増え、ヨハネや八百万の神までもが次々に登場し、食事内容からお金の使い方まで細部に渡って八代さんの行動に注文をつけ始めた。現実場面で実際に、母親から生活上の苦言を色々と受けているようであった。次第に「お前は馬鹿だ」「また騙されたのか！」と容赦ない罵声が昼夜問わず聞こえ始める。これまで比較的病院スタッフに対して好意的な態度であった八代さんが、険しい顔つきで「頭がぼーっとするから」と服薬を嫌がるようになり、通院も渋るようになった。

「先生、足が痛くてもう病院に来るのも精一杯……」
「足が痛くてタクシーで来るからお金がかかる。贅沢をするなという声が聞こえる」
「病院に来るのを少なくしたい」

病院に来る度八代さんはそう口にした。

私は入院中とは違う八代さんの姿に戸惑いながらも、〈来るか来ないかは八代さんの自由。でもこの時間は八代さんの時間として、私待っているね〉と伝え、八代さんの希望通り二週から三週の通院間隔で約束し、今日は来るだろうかと不安に思いながら毎回の予約を待ち続けた。まだ初心の私は、まるで自分が八代さんに病という現実を突きつけ、病院に縛り付けているかのような妙な罪悪感を抱いて心苦しかった。

それでも、毎回のように通院を渋りながらも、律儀な八代さんは約束した日時にきちんと病院に現れた。その度に私は〈今日も来れたね〉と労い、喜んだ。

「先生あのね、病院に来るまでは足も痛いし大変なの。でも病院のほうが声が聞こえないの。なんでだろう?」

〈なんでだろうね。不思議だね〉

「今日も声が聞こえなかった。霊魂は病院には入れないのかな」

〈そうなのかもしれないね〉


そんなやりとりを繰り返し、通院間隔を遠ざけたり近づけたりしながら、少しずつ病院は八代さんにとって安心できる場・自分を助けてくれる場として認識されるようになっていった。


「私の病気は、聞こえてくる声をはねかえすバリアを強くするために薬がいるんだよね?」

〈この病気はバリアが弱くなる病気。バリアが弱くなると、外からの声をたくさん拾ってしまって辛くなる。バリアを強くするために、薬の力を少し借りよう〉


たどたどしい私の説明に、八代さんは大きく頷いた。

三　死の臭い

しかし、しばらく服薬を続けて調子が良くなれば、また薬を抜くことは繰り返された。「声」が聞こえるのは霊能者としての証であり、薬を飲むと「声」が聞こえなくなって霊能者としての力を失ってしまう。霊能者として世に出るよう、「声」から勧められている。八代さんはそう言って長期的に薬を飲むことは嫌がった。そのうち、近所の二人組みの男が自分を付け狙っているとの不安が頻繁に語られるようになり、家にいるのが怖い、眠れないと切迫して訴えるまでになる。困窮した八代さんは、初めて自分の希望で「避難のために」入院を決めた。入院すると罵る幻聴はおさまり、代わりに霊能者として世に出るよう勧める声が前面に出たが、〈そんなことしたらまた消耗しちゃう。現代医学と手を結び、力は隠して生きていこう〉と促すと、八代さんも「そうかもしれない、私は特殊な人間だからね」と同意した。二人組みの男たちの登場と入れ代わるように家出した〝稲荷〟が八代さんの元に戻ると、ようやく空想世界を楽しむ生活に落ち着いた。

あるとき、面会に来た母親が心理面接に同席したいと急に希望することがあった。私はこれまで一度も母親に会ったことはなかったが、「せっかくの機会だし、お母さんに先生を紹介したい」と八代さんも希望したため、その希望を受け入れた。髪を短く刈り上げ、はきはきとしゃべる気っ風の良い母親は、小気味よく野次を飛ばしながら私と八代さんのやりとりを眺め、最後は「よろしくお願いしますね」と挨拶をして帰って行った。一カ月ほどで退院は決まり、遠ざけていた通院間隔を毎週に戻して外来通院が再開された。

ところが八代さんが自宅に戻ると、十年以上行方不明だった八代さんの弟が自宅に帰ってきていた。弟は若くして就職した後各地を転々とし、ずっと音信不通だったという。弟との再会は八代さんにとって複雑だった。

長女として生まれた八代さんの次に弟が生まれると、両親は長男で優秀な弟ばかりを可愛がり、八代さんは「できない子」として厳しく接せられ、ときに体罰を受けていた。弟の次に生まれた妹は幼くして施設に預けられ、「女の子はいらない子」だった。貧しい田舎町に生まれ、小さな頃から手に職をつけて家計を助けるよう言われてきた八代さんは、中学卒業と同時に遠方の看護学校に進学し、病院に住み込みながら資格をとり、給料の半分以上を弟の学費のために仕送りしていた。

「お母さんは弟が帰ってきてすごく嬉しいみたい。二人で何か難しい話をしている。私にはわからない。二人は私が邪魔みたい……」

二人から障害者と馬鹿にされている気がすると八代さんは委縮し、肩身の狭い思いのまま自宅アパートの一室に引きこもった。季節は春になり、私が八代さんと出会って一年が過ぎていた。

突然の弟の帰宅から三週間後、憔悴した面持ちで八代さんが来院した。

「先生あのね、お母さんが置手紙をして出て行っちゃった。『姉弟仲良く暮らすこと、丸七年待つように』って書いてあって……」

もう一週間近く母親を探しているが、ある朝急に姿を消した母親の居所はつかめないという。

〈お母さんどこに行っちゃったんだろう。〝稲荷〟さんはちゃんと傍にいる？〉

「僕らも、姉やんのこと心配しとるんや」

〈〝稲荷〟さん、八代さんの傍についていてあげてね。私も心配している。何かあったらすぐ病院に連絡して〉

その翌週、珍しく八代さんが連絡なく心理面接をキャンセルした。八代さんの身に何が起きているのか胸騒ぎがおさまらず、その夜、私は全身の血管が突然迷路のように膨れ上がり、のた打ち回って苦しむ夢を見た。

数日後、母親の遺体が樹海で発見され、弟と一緒に引き取りに行っているとの連絡が入った。借金を苦にした自殺だった。

「先生、お母さん死んじゃった……」

「私と暮らすの、お母さん嫌だったのかな……。弟が戻って来たから、弟に私を託して出て行ったんだと思う。でも、何も死なくってもいいのにね……。妹ともそう話したの」

〈八代さん……〉

「〝稲荷〟は傍にいる。大きな気でいないといけない、と言ってくれている」

母の死後、追い討ちをかけるように悪いことは続く。母親が亡くなったことを知った自宅アパートの大家が、八代さんに一カ月以内の立ち退きを要求したのだ。母親を亡くした直後に自宅も追われ、弟もこの先八代さんと暮らす意向があるのか本心が見えない中、家探しは難航した。先の見えない状況に幻聴は活発になり、「お前も死んでしまえ！」という声が強まった。

「今日本当は病院に来るの嫌だった。死にたい気持ちがある。死んだお父さんとお母さんが呼んでいる。でも病院に来るのは矛盾している」

〈本当は生きたい？〉

「うん、そう思う……。だから今日も病院に来た」

「上流階級の人は何でもできるから助言とかしてくるけど、自分にはできない。ほっておいて欲しい。……こんな状況なら僕の知っとる奴らは死んどると思うわ……」

〈でも八代さんがいなくなったら〝稲荷〟さんも消えちゃう。私は八代さんとも〝稲荷〟さんとも会いたい。今が一番辛いけど、いざとなったら入院もできる〉

「弟が入院はお金がかかるからダメと言う。でも相談してみる」

その後、主治医の判断で入院となった八代さんは、全てのことからいったん距離を置き、空想世界に引きこもった。主治医が弟の意向を確認すると、やはり弟は同居は望んでおらず、八代さんも「弟の負担になっては悪いから」と単身生活を希望し、病院近辺のアパートへの入居を決めた。病状が安定した頃を見計らってケースワーカーらと一緒に引越しを済ませ、八代さんの生活の見通しがつくとすぐに、弟は連絡先を告げぬまま地方に仕事に行くと姿を消した。

「また一人ぼっちになってしまった」と八代さんは落ち込んだが、近郊に嫁いだ妹とは唯一定期的に電話で連絡を取り、「頑張って生きていかなくちゃいけない」と互いに励まし合っていた。「家族は妹だけになっちゃった。実は妹もこころの病気。私たち精神病シスターズなのよ」と気丈に話す八代さんだった。

この頃、八代さんを支える病院プログラムが作られる。訪問看護と作業療法が導入され、毎日何かしら病院に来るスケジュールが組まれた。毎朝病院で看護師と一緒に服薬するようになり、これは心身ともに大きな支えとなった。幾度も病院から縁を切ろうとしていた八代さんは、いつしか病院の住人になっていた。

私はその年の秋に病院を退職する契約だったが、秋以降も継続して病院に勤められることが決まり、終わりを意識せずに八代さんに会えるようになったのが救いだった。生前の母親が突然心理面接に同席したのも、おそらく私や病院スタッフに八代さんを託したかったからなのだろうと感じ、私も八代さんを支えようと必死だった。転居後も八代さんの病状は一進一退で、周期的に死をほのめかす声に脅かされたが、〈声に引き込まれぬよう用心して過ごそう〉と話し合い、母の死を乗り越えようと何とか踏みとどまっていた。

母の死から三年後、「久しぶりに働いてみたい」と清掃のアルバイトを始め、新生活が軌道に乗った頃のことだ。思いがけなく妹の訃報が届く。飛び降り自殺だった。今度こそ八代さんの生きる気力は失われた。

「死んだ両親が、妹も死んだし、お前も来いと枕元に出てくる」

「薬を全部飲んでしまおうかと思う。夢も希望もなくなった。妹はこの世から逃げ出したかったんだと思う」

「旅行に行きたいんですよ、どこかにね」

〈八代さん、どこかにふらっと行ってしまうつもり？〉

「……嘘は言えないな……。いや、何でもない。来週は来ると思いますよ」


八代さんの周りには常に死の臭いが付きまとい、ともすればどこか遠くへ失踪してしまいかねない雰囲気が漂っていた。そんな八代さんに私が踏み込み過ぎればするりと身をかわされてしまう。踏み込みすぎず、しかし決して手は離さぬよう、緊迫した面接が続いた。こうした私の緊張感も八代さんに伝わっていたのだろう。この頃より、病院スタッフに縛られたくないとの思いが頻繁に語られ、それと同時にこれまで前景化せずに済んでいた近隣住人との人間関係のわずらわしさや、生活保護に甘んじる引け目が意識され始める。築何十年にもなる古びた自宅アパートは八代さんの劣等感を刺激し、「下層民！」「貧乏人！」と罵る幻聴が続いた。作業療法はいつしか中断してしまい、関係を継続させることが難しい八代さんの問題が浮き彫りとなった。若く、それなりに生活している私への複雑な思いも抱くようになり、「先生は健常者だからね」と吐き捨てるように言ったり、「先生、もっとしっかりして欲しいわ」と〝稲荷〟が苦情を言うこともあった。


「私の自由を奪い、威張っている人がいる」

「先生に〝稲荷〟のこと話したから〝稲荷〟は位を下げられたと言っている」

「私には守護霊の男の人がいたけど、今は弱っている。前にその人に癒してもらったことがあるけど、そうすると私の位が下がる。下がっているほうが調子はいいんだけど」

「心理受けたほうがいい？　お前は病気ではないという声もある。心理もお金かかっていると言ってくる」

〈八代さんはどうしたほうがいいと思う？〉

「とりとめのない話をしている気もするし、言語障害があるから話すのに苦労するし、私は自分の考えがどんなものかわからないからそれも話すのに苦労する……。やっぱりこういう話は先生にしかできないから、続ける。辛い仕事だけど辞めないでね、先生」

夢と希望は見つからないまま、私とは付かず離れずの関係が続いていた。「幸せに暮らす健常者」に見える私の存在自体が八代さんを圧倒している事実にくじけそうになることも多かったが、時折見せる八代さんの優しさでギリギリ繋がっていた。

「私のことをしっかり見ていてくれる人がいる。その人は多分霊能者。私の言うことや考えをこうやって書いてくれていているいい人。その人たちがいるから今日の朝は生きていくのもいいなと思えた。その人たちと話しているると楽しい」

〈私もしっかりカルテに書かないといけないね〉

「少しくらいずれてもいいよ（笑）」

四　祈り

それからの数年間も波乱だった。毎年母親の命日が近づくと、「お前の血は一家離散の血だ！」「お前も死ね！」という声に苛まれ、自暴自棄になって多額の借金を作った八代さんと口論になったこともあった。入院を嫌がり院外へ逃走した八代さんを追いかけ長時間説得したこともあった。信頼していた主治医が病気で亡くなった。死ぬために密かに購入したという薬物を一緒に捨てた。面接後も八代さんの無事が気になり、こっそりアパートを見に行くことも度々だった。

生きるか死ぬかの絶望の淵を歩いている八代さんに対し、私は、どうか明日も無事でいて欲しい、生きていて欲しいと祈るような気持ちで会い続けた。一人暮らしで死をほのめかす幻聴に耐えているのは相当苦しかったのだと思う。一年の内の大半を入院している年も少なくなかった。〝稲荷〟や神々の存在は、「現実世界のものではなく、別世界の自分を癒してくれる存在」として一度はまとまりかけたものの、度重なる不幸を前に拡散し、今では漠然としたものになってしまった。八代さんの呂律は回らなくなり、記憶力は衰え、かつての生活を維持することは難しくなっている。その分、良くも悪くも昔のような深刻な哀しみや劣等感は持続しなくなった。八代さんが哀しみに持ち堪えて日々を生きていくためには、これもやむを得ない変化なのかもしれない。

八代さんの夢と希望は今も見つかっていない。それでも、幾度もの危機を乗り越え、重苦しい時間を積み重ねるうちに時間が傷に薄皮をはり、以前より死の臭いは影を潜めている。隣人と買い物に出かけ、復帰した作業療法でカラオケを嗜む今の生活は、〝稲荷〟曰く「まあ、ぼちぼちや」だそうだ。ときには霊能者として私の行く末を案じ、結婚や妊娠といった人生の転機には私を霊視して助言し、家族のように喜んでくれる八代さんだった。

その霊視内容は私しか知り得ないことを言い当て、私の生活が八代さんに見られているかのようで驚きもした。

心理面接については、開始後七年ほど経った頃から、「もう話すことがなくなった。先生のこと嫌いなわけじゃないよ。でも心理はいつまでやるの?」と問うことが増え、人間関係などで困ったことがあるとき以外は短時間で切り上げる面接に変化していた。それでも、人との関係を絶ちやすい八代さんと次の約束をしないことには、八代さんが死に引き込まれてしまうのではないかとの不安は私に根強くあり、〈うーん、でも毎週お顔は見せて欲しいな〉と粘り、短時間でもお互いの生存を確認する面接を三年ほど続け、死の臭いが薄れた頃、私が産休に入る機会に面接で会う形にいったん区切りをつけた。私の産休復帰後は正式な面接という形はとらず、外来で会ったときに話す関係に落ち着いたが、今もお互い無事で生活しているかは気になる存在であり、会えば近況を報告しあっている。八代さんと私が出会ってから、十二年が過ぎていた。

五　ともに生き残る

十二年間私が八代さんと会い続けたことは、どんな意味があったのだろう。根強い妄想をもつ統合失調症のクライエントとの心理療法は無意味で改善も見込めず、クライエントをかえって混乱させるだけだとの批判を受けるかもしれない。現実に心理療法によって八代さんの夢と希望が見つかったわけでもなく、症状や生活が改善したわけではない。しかし、たとえ完全な治癒はなくとも、病を持ちながらその人が自分らしく生きていくために臨床心理士が寄り添い、伴走者として歩んでいくことそのものに、心理療法の意義があるのではないだろうか。生きるか死ぬかの絶望の淵を歩いていた八代さんの傍らで話を聞き続け支えることが、臨床心理士として私にできる唯一のことだった。

渡辺雄三は、「自分の仕事の理想は何もしないことに全力をあげることではないかとさえ思う」との河合隼雄（一九七八）の言葉を引用し、心理療法家は統合失調症者との心理療法を通して「自己の死のイニシエイション」を繰り返し体験し、未熟な自己愛や万能感幻想を克服する必要があると述べている（渡辺、二〇〇三）。八代さんとの心理療法過程は、初回で「夢も希望もある」と言い切った私自身の未熟な万能感幻想から脱却し、八代さんに起きる過酷な現実の前には、臨床心理士はただ傍らで黙って話を聞き続ける以外何もできないという事実を受け止め、夢も希望も見えない苦しみに真摯に向き合い歩んでいく、私にとってのイニシエイションであったように思う。それは自分が本当に臨床心理士として精神科病院で働いていけるのか、諦念と奮起を繰り返しながら幾度も問い直す過程でもあった。

八代さんとの出会いを通して、私は病院臨床の世界に誘《いざな》われた。実習という終わりある関係を前提として始まった面接であったが、家族の中で唯一生き残った八代さんを支えるためにも、私自身が実習生・産休代理者という不安定な雇用の立場から抜け出し、この精神科病院の臨床心理士として生き残りたいと強く願うことになった。その私の想いと、こころの底では生きたいと願う八代さんの想いは、どこかで共鳴していたのかもしれない。もうほっておいて欲しいと幾度拒絶されても、私自身が臨床心理士として生き残るためにも、どんなことがあっても八代さんへの関心を失ってはいけないと念じ続け、会い続けた。私のその想いはときに八代さんを縛りつけ、鬱陶しい思いを抱かせもしたが、面接で生きると約束した以上、簡単には死ねないという八代さんの良心には届いていたのではないかと思う。あるいは、しぶとく夢と希望の到来を願ってもがく私の姿は、ときに八代さんのかすかな希望となっていたのかもしれない。八代さんを励まし支える、健康な自我でもある〝稲荷〟と手を結び、とにかく必死で目の前のことに立ち向かい続け、どうにか私と八代さんは十二年間を生き残った。

渡辺の言う「自己の死」は私にはまだまだ遠く、この先も更なる心理療法家の死を体験し続け、再生していかねばならないのだと思う。けれど、病院臨床のイニシャルケースとして出会った八代さんとの心理療法過程は、どんな状況にあってもクライエントの無事を祈り、関心を寄せ続ける素朴な想いを忘れてはならないと、常に私を戒めてくれている。

祈るような気持ちでその人の無事を願い、ともに人生を生き残る。それが心理療法の基本姿勢の一つではないかと私は思う。

八代さんの人生の夢と希望は見つからないが、「ぼちぼちだ」と〝稲荷〟は納得し、現在も入院と外来通院を交互に続けながら、一人暮らしを継続している。会えば互いの無事を確認し安堵するこの関係は、おそらく八代さんが病院で生き続け、私が病院で働く限り続くのだろう。そして私は、今も八代さんの無事を祈り続けている。

おわりに

事例の提供を承諾してくださった八代さんに深く感謝を示すとともに、八代さんが健やかな毎日を送られることを心から祈っています。

文　献

河合隼雄（一九七八）『新しい教育と文化の探究──カウンセラーの提言』創元社
渡辺雄三・総田純次編（二〇〇七）『臨床心理学にとっての精神科臨床』人文書院
渡辺雄三（二〇〇三）『精神分裂病者に対する心理療法の臨床心理学的研究──重篤な精神病者への心理療法的援助技法と心理療法的基本視座の考察』晃洋書房

第二章　「私は理解されたいのです」

――ある統合失調症の女性との心理療法から学んだこと

堀江章代

担当の医師、看護師、精神保健福祉士と臨床心理士である私とで、一人の患者さんの治療方針について話し合うカンファレンスが持たれた。そのときすでに私はその患者さんの心理療法を始めていた。幻覚、妄想に加え、強迫行為、過食と拒食、アルコール依存等多彩な症状のある方だった。看護師が口にした次の言葉から話を始めたい。「経済的なことは精神保健福祉士との相談になりますよね。幻覚、妄想は薬じゃないと治らないので先生に薬の調整をしてもらって。摂食障害は薬では治らないから心理療法で治すと聞きました。心理療法も続けてもらいたいと思います。アルコール依存は……」。

経済的問題、幻覚、妄想、摂食障害、アルコール依存というように、問題、症状を挙げ、それぞれに対して解決法と担当者を割り振ったのだ。私はこの患者さんの摂食障害を心理療法で治す担当者とみなされた。

こころの「病」の治療をこのように考えている人は医療スタッフに限らず世間一般にも多いのではないだろうか。「うつは認知行動療法で治す」「トラウマはEMDR（Eye Movement Desensitization and Reprocessing：眼球運動による脱感作と再処理法）で治す」等と言われたりすることも似ているかもしれない。

成田善弘（二〇〇七）は「医療の細分化と専門化が進み、身体の部分、臓器は治療されるが、病をもつ一人の人間の苦悩に耳を傾ける人はいなくなった。それどころか一個の身体全体をみる人もいなくなりつつある。患者の人格や歴史や意味や関係性は顧みられなくなってきている」と述べ「一方臨床心理学は心という目に見えぬものを対象にし、身体の部分の欠損や障害ではなく一人の人間の苦悩を扱う。人間を無名化するのではなく、一人のかけがえのない人格として扱う。つまりその人の人格や歴史、病の意味、他者との関係性といった身体医学が顧みなくなったものが臨床心理学の対象なのである」と述べている。

身体の病と同じように、こころの「病」、精神科の問題さえも症状に分け、各々に対してマニュアル化された心理療法を治療ツールとして適用し、「人間を無名化」することになっていかないだろうか。成田に従えば、先の患者さんに対して臨床心理士は、摂食障害を扱うのではなく、様々な症状に悩まされているその人を一人のかけがえのない人格として扱い、生きてきた歴史や病の意味、家族を始め出会ってきた人々との関係性を扱うということになろう。

「幻覚、妄想は薬じゃないと治らない」という発言についてはどうだろうか。自身の母親が統合失調症を発症し、その娘としての体験を持っている、精神科医の夏苅郁子（二〇一二）は「精神科医療に携わろうと考える方には、もっと人間に興味を持ってほしいのです。自分と患者さんの会話が回復への変化を起こすのだと思います。いくら薬を使っても改善しない患者さんには「人薬」と「時間」が必要だということをわかってほしいと思います」と訴えかけている。

松木邦裕（二〇〇〇）は「精神病とはおそらく、本質的には生物学的な病いだと考えられます」と述べた上で「近年の大脳生化学の進展がめざましいとはいえ、その生物学的な事実については、精神病に関する実際的な理解を深めるほどにはわかっていないのです」と言っている。そして、「「こころの病い」という言葉があるように、生物にとっての脳が、人にとってはこころとして体験されています。また、私たちが精神病の人に出会うとき、精神病の脳を体験しているのではなく、その人のこころやパーソナリティに出会っているのです。そして、そのこころが病んでいる、あるいは壊れているとしても、その病みかた、壊れかたやそれを修復するための動きには何らかの法則があるのではないか、と思うのは妥当なことではないでしょうか」と語っている。

カンファレンスの患者さんとの心理療法は残念ながら中断してしまった。その中で語ってくれたことは、「突然気が狂い、周りの世界が歪み、時間の感覚がなくなる」ということだった。また、噂されていると感じ、外出もままならない状態だった。この患者さんの過食、拒食は、一日中食べ続け飽和状態になっても止められなかったり、冷蔵庫から声が聴こえたりするような体験だった。そして、生い立ちの中には痛ましい経験があった。食行動の改善を目指したとしても、「気が狂う」ことを始めとするその人の苦悩や歴史、他者との関係性も扱わざるを得ない。

人間を「一人のかけがえのない人格として」扱おうとする心理療法は、時間と労力を要する。治療者の感情も動かされ、治療者―患者間の意識していない深い心の動きが治療を左右する。とても難しく、知識と経験と訓練を要する仕事である。

私はここで、ある一人の女性、晴子さん（仮名）との面接過程を紹介したい。十分な薬物療法を行なっても、幻覚、妄想が消えなかった統合失調症の患者さんである。統合失調症の患者さんの心理療法は、変化が緩徐で長期に亘ることが多く、ちょっとしたことが元で病状が悪化してしまうこともあり、難しい。晴子さんとの心理療法は、それでもそれが意義のあることだと感じることのできた経験であった。初心の頃からのつながりで私にたくさんのことを教えてくださった患者さんである。

尚、晴子さんという「一人のかけがえのない人格」とその心理療法をありのままに表現したいと思ったが、晴子さんとそのご家族のプライバシーを守るため、名前は仮名とし、あいまいな表現にとどめた箇所がある。またこの面接の一部は第二十一回日本心理臨床学会で発表した。

一　初心の私と晴子さんとの出会い

私が初めて晴子さんと会ったのは二十代のときである。入職して間もなく、春の日の古い精神病院の一室だった。この日から、晴子さんとの面接は週一回三十分、十二年間続けることになった。当時晴子さんは六十代だったので、私たちには親子ほどの年齢差があった。晴子さんは小柄で知的な印象を与える女性だった。彼女は初対面の私に対して、顔中で笑顔を作った。

統合失調症の患者さんに対する心理療法が初めてだった私は、緊張と怖さと戸惑いでいっぱいだった。晴子さんとの面接を長く続けた前任の臨床心理士が頼みの綱だったが、引き継ぎも早々に退職された。「大丈夫。患者さんが教えてくれるから」と言われたのを憶えている。折に触れ、その言葉を思い出しながら臨床を続けてきた。前任者の最後の面接で、私は晴子さんに紹介された。そのとき彼女は前任者に向かって「私は終わりとは思っていませんから。退院できたら会いに行きます」と言っていた。そして、治療者交代後、頼りなさそうであったろう私に対して、まるで前任者が姿を変えて目の前に現れているかのように、親しみと信頼を向けた。私にはそれが、ホッとするような、私が私でなく使われるような、いつかボロが出てしまうような居心地の悪さとして感じられた。

アリエティ（Arieti, S., 1974）は統合失調症の患者との関係を作る段階で、コンタクトを持たれることの恐怖を取り除き、次のように頼りにできる人として認められるようにすると言っている。つまり「うわべを装わない、洗練されていないが正直で単純な人物、無分別な状態を受け入れることができる人物、いかなる苦境にある人であっても、その人の尊厳を無条件に尊重する人物として、自分を明確にしなければならない」と。前任者との関係が十分にできていたためか、晴子さんは、私との間でこの作業をしないまま、私を頼りにできる人とみなしたようだった。

面接についての希望を聴くと「先生の方で決めていただいて結構です」と言い、前任者とは「私があったことを話して先生の方から正解を教えていただいていました。ドクターと私のことについて話し合っていただいたり、家族が来るときには私の意志を伝えていただいたり」と言われた。私はこのとき荷が重く感じた。

今思うと、最初から晴子さんは自分のなさを露呈していた。木村敏（二〇〇一）は「分裂病患者が世界をあるがままにあらしめることをえないのは、個を捨てて個に徹するということが困難になっているためと解せられる。自らの個別化が疑わしいものとなり、我を圧倒し否定しようとする彼我の力が次第に増大していくにつれて、分裂病者は次第に世界から身を退いて自閉的な態度をとり、あるいは逆に自然な一貫性を欠いた意志的な努力的な仕方で、我を世界に向かって主張しようとするのであるが、このような分裂病特有の自閉性が形成されて行くにあたっては、その最初から、分裂病特有の個別化の危機の様相が明らかに認められると思うのである」と述べている。

晴子さんも「個別化の危機」の状態にあった。そして、出会ってすぐに「我を圧倒し否定しようとする彼我の力」の話を始めた。兄弟である《政男》（仮名）のテレパシーでひどい嫌がらせをされ弾圧されている、裁判を起こしたいという話だった。また、《良隆さん》（仮名）という晴子さんが当時「ジャッジの人」「カップルの人」と呼んでいたある有名病院精神科医とされる人物の話もされた。話はあちらこちらへ飛び、現実なのか妄想なのかわからない話、難解な言い回しや主語や目的語がはっきりしない話も多く、ついていけないことが続いた。そして、同じような話が繰り返された。

機械で性を感じさせたり、嫉妬させたり、体を痛めつけたりする嫌がらせにしても、優秀な精神科医が晴子さんと結婚するということにしても、初心の私にはどう考えても「あり得ない話」だった。難解な話し方も手伝って共感しづらかった。しかし、妄想を否定したり議論したりしてはいけないという知識はあったため、何もできないまま聴き続けるしかなかった。

晴子さんは地方の田舎町で生まれ育った。父親は律義で几帳面、信心深い人で「道に外れたことだけはするな」とよく言っていたらしい。母親は晴子さんの幼少期に病気で亡くなり、その後は継母に育てられている。兄弟は異母兄弟含め十人ほどいる。

幼少期の晴子さんは理屈っぽく変わった子だったらしい。家の手伝いを嫌って読書に熱中し、反抗心が強く、よく継母に叱られていたようだ。成績は良く、高校時代は女性教諭にかわいがられ、交友関係はほとんどなかったという。文学に憧れ小説を書いて投稿し入賞したこともある。

高卒後就職した会社で好きな人ができたが、その人には別に好きな人がおり、失恋したことがあったそうである。二十代半ばである政党に入党し、やがて、「皆さんを幸せにします」「会社の人が私の悪口を言う」等と言い、字が書けなくなり、疲労感を訴え、ボーっとしていたり、奇妙な手紙を書くようになり、三十代前半で初めて半年間精神科に入院した。晴子さんの初回入院の年が私の産まれた年と同じであることに強く印象づけられた憶えがある。

退院後は父の信仰する宗教の本部で働いたが、「電車に乗ると人間嫌いになったような異常な感じがする」「恋愛的な意味の言葉で男女が何か言っている」「道路に出るとバスの音に混じって何かが聞こえてくる」等症状が再燃し、三十代半ばで二回目の入院となり、三年後に退院した。退院後は一カ所で五年働き、他に事務員もしたが「スロー」と言われ半年で退職。四十代半ばで通院を中断し、突然有名大学のゼミに出たり、遠方へ行ったり、

「殺される」等と言うようになった。この頃父が病気で亡くなったが、晴子さんは後に面接で、自分が家出したときに父が亡くなったので、自分のせいだと思っていると語った。徘徊しているところを警察に保護され、一年間ある有名病院に入院した。地元の病院に戻り通院したが、翌年、「自分が入院したのは兄弟の謀略」「精神科医と結婚する」「海外で挙式する」等と言い、「電波が入って来る」と警察に手紙を出したりするようになり、四回目の入院となった。

私と晴子さんとの出会いは四回目の入院中である。入院日から十六年後のことだった。薬物療法を継続しても活発な妄想状態は続き、妄想に動かされて病院を抜け出す恐れがあり、病棟内の人間関係や退院の話が出ることによって病状が悪化し、隔離室に入室するなど病状は長期化していた。

二　統合失調症の患者さんとかかわる難しさ

晴子さんは私のことを「人間の心の深い所まで知っている」「もう少しで先生と会えると思ったら楽になった」等と持ち上げると当時に「スーパーエゴ、エゴ、イドは知ってみえるでしょう」等と張り合ってきた。

晴子さんが《政男》からの「インプット」「弾圧」と表現するものは、性を「インプット」したり、妬みから体をだるくしたり、自殺させるようにしたり、集中して書物を読むことを邪魔し、考えられなくしたりするものだと語られた。そして「それを跳ね返す力は残っている。その力は《良隆さん》の力」「《政男》は上層の《良隆さん》と組んでいることも許さない」と語った。「本当は裁判にかけたいけど、主治医が裁判に訴えるより自分の中でそれを何とかしていくという考えなので従っている」とも言っていた。

私との心理療法開始から半年ほど経った頃、事実かどうかわからない家族内の事件について話し、晴子さんは

「継母《はは》と兄弟がでっちあげている」と捉えた。家族宛に書いたという手紙には過去のことや妄想の入り混じった奇妙な内容が書かれていた。その頃の面接で「自分の考えが自分のでなくなっていく」と苦しみ、「『うぬぼれ』と言ってくるので『私だってうぬぼれないようにしているんだ』と言ったら少し楽になった」と言った。そして、「あの人（友人である他の患者さん）はしっかりしていて私とは違って健康な人だと思うと『うぬぼれ』と言ってくる」と話した。晴子さんは「思いやりなのに『うぬぼれ』と言ってくる、間違ってる」と《政男》を攻撃した。晴子さんが「健康な人」と思った相手の患者さんは、実際には病状が悪化し、依存的で病的な状態にあった。病状の悪い友人に対して、「自分とは違って健康な人」と思ってあげることは「思いやり」なのに、《政男》はそれを「うぬぼれ」と言うので間違っているというのが晴子さんの主張だった。私は、晴子さんがあまり《政男》を強く批判すると、さらに「弾圧」が強まるのではないかと思い、「間違いというより勘違いしちゃってるのかな」と言い換えた。すると晴子さんは「喉が渇いた」と言い、「《政男》が嫁より私が優れるのは許せないから私を間引きしようとしている」と怯えた。

主体が希薄で、自分の力というものをまるで信じていないように思われた晴子さんが、「私だってうぬぼれないようにしているんだ」と自分を主張し対処したことを、私は好意的に評価したが、一方で、《政男》を強く攻撃することを和らげようとした。この発言が、晴子さんには満たされない飢えとして感じられ、私は一気に迫害者である《政男》の側の人間として体験されたようだった。今考えると、晴子さんが自分のことを「しっかりしていて健康な人」と感じると「うぬぼれ」になってしまうので別の患者さんに投影したのかもしれない。人より自分が優れていると思うことは、晴子さんにとって、徹底的に否定しなければならないことだったのだろう。当時の私にはそのような理解がなかった。

晴子さんはその後不穏となり、隔離室に入室した。私は自分のかかわり方でここまで患者さんの病状を悪化させてしまうことに驚き、怖いと思った。

その直後、晴子さんは「もう《政男》のことは恨んでいません」「先生のおかげです。下心ないしあまり踏み込まずに助けてくださるから。嫌われたら困ります」と言った。さらに、薬の増量によって便秘になり、便秘の改善のために服用した下剤によってひどい下痢が続き、そのことを「《政男》が殺そうとしている」と妄想的に意味づけた。一方で「自分の中心は狂っていない」「先生たちがノーマルな愛情でやってくれるからそれにしがみついて退行している」「赤ちゃんのようにすくすく育つことはできないので這い上がるしかない」「こんなにしっかりしているのは《良隆さん》のおかげ」とも語った。

三　内的現実として聴くこと、自分の輪郭がはっきりしてくること

晴子さんの話を聞き続けるうちに、私は《政男》も《良隆さん》も晴子さんの心の中では実在する存在であり、晴子さんの心に由来する存在であるという視点を持つようになった。妄想も晴子さんの心にとっては本当の話である。

松木（二〇〇〇）は「私たちが「妄想」というレッテルを貼るのは、その人のこころのなかの世界が当人によって外界そのものと思い込まれている状況にある時なのです」と表現している。

そのような視点を持つことで、そこに偽りのない世界が展開していると感じられた。「あり得ない話」を否定せず繰り返し聴かなければいけないと思っていたときよりも、余裕を持って晴子さんの話を聴けるようになった。その上で、強烈に痛めつけてくる《政男》の言葉や行為を真に受けすぎないように、《良隆さん》には力を借りつつも、実際に会いに行ったりするようなことは避けられるようにという姿勢で言葉をかけた。

渡辺（二〇〇三）は妄想を聴くことの危険性を承知した上で「患者が訴える「妄想」なるものは、心理療法家によって聴き取られねばならないと思う。この世にたった一人だけだとしても、一人だけならなおさらに、患者の訴えを内的現実として耳を傾けるものが存在すべきであり、それが心理療法家の重要な役割であろう」と述べている。

あるとき、晴子さんから「あの人（同室の患者さん）が看護師さんに怒られて私の前で泣いたのは、同情をかいたかったから、という気持ちが出てきたけど、それは《政男》がやっていること」と話された。私は「泣いたのは同情をかいたいからだ」という気持ちが自分の中にあることが、晴子さんにとっては認めがたいために、《政男》が機械で自分に入れてくるというふうに体験されていると捉えた。そして私は「そういう気持ちが出てきても自然なことではないでしょうか。本当に晴子さんにいたわって欲しかったかもしれないし」と言った。すると晴子さんは「受容してくださってありがとう。そういう言葉は感謝します」と私の言葉を受け容れた。

過去の家族の話や発病、再発のときの話が多くなり、面接開始から一年ほど経った頃、晴子さんは人権擁護委員会に《政男》の弾圧をやめさせて欲しいと訴えた。弁護士から「証拠がないと何とも言えない」と言われ、晴子さんは弁護士に見せた自筆の病歴を私に預って欲しいと手渡した。

その後、「《政男》と《良隆さん》が話し合って、『私は私のままでいいでしょう』と言った」「《政男》がインプットしてこないように《良隆さん》がインプットしてくれている」と言い、守られている意味合いが強くなってきた。そして、「悪を排してしまうと世の中がおかしくなってしまう。悪を排するのではなく善に変えていかなくてはいけない」と言い、その後の面接で《政男》に対し、「戦うのではなく解きほぐすようにしている。《政男》に残っている良心を」と変化がみられた。また、「本を読むと《政男》が何か言ってくるがそれは他の兄弟が私のことを優れていると言うからだ」と説明し、「何か自分の輪郭がぼんやりはっきりしてきました」と述べた。

治療関係では私個人への関心が高まり、私のことを「研究所に勤めていたが院長が引き抜いた頭の良い人」と言ったり、好みの男性のタイプなどを聞かれるようになってきた。私が言葉を濁すと晴子さんは「私がやっかむから？」と言った。その後幻聴で「心理の先生がお前のことを嫌っている」と聴こえたり、面接で話そうとすることを言えなくする等、《政男》が面接に干渉した。

面接開始から一年半ほど経ったこの頃、晴子さんは、発病のきっかけとして、政男（妄想対象となっている実在の兄弟）の勧める縁談の相手が知的な人ではなかったため断ったこと、それから毎晩誰かに体をいじられるような感覚や夢を見たことなどを「秘密」として語った。そして「先生の栄養になるから。私もずいぶん先生から栄養をもらった」と、金子みすゞの詩集を貸してくださった。晴子さんは金子みすゞの不遇な生涯に共感するとも話していた。

面接開始から二年半経った頃、「《政男》は余計なことを言ってくるけどかわいいところがある」と言い、一方で「『吐け吐け、昔のことを吐け』と言ってくる」と訴えた。そして「本当はこの日以外にも先生と話したいときがある」と依存的になる一方で、「先生の顔を見ると元気になるので来たいけど《政男》が締め付ける」と報告し、おどおどした様子で私を見て「先生の笑顔を見ると怒ってはいないと思いますけど」と言った。その後「体がピクピク震える。ムンクみたいに」「二人の自分がいるみたい、健康な自分と怯えた自分」「脳が全部吸い取られる気がする」と訴え、自ら希望して隔離室に入り、心理療法以外の病棟での活動を全てやめてしまった。病棟での人間関係も競り合うようになってしまい、うまくいっていなかった。その一週間後の隔離室での面接で、晴子さんから渡されたものは、新聞記事の切り抜きだった。そこには、タオイズムの視点から「共存・共生と棲み分け」と題して書かれたものがあった。

この時期、二人の妄想対象、私に対する依存と嫉妬、張り合う気持ち、距離の近づき、病棟での同世代患者とのライバル関係が展開し、面接の中では発病と関係した過去の話、家族の話が語られた。晴子さんは苦しみの中で「共存・共生と棲み分け」という一つの解決策を見出したのではないかと思う。記事の中には荘子が紹介され、動物がそれぞれの環境に対して適合した棲み場所を持ち、それぞれ等しい生存の権利と存在の価値を持っているということ、「万物ハ道（宇宙の根源的真理）の前デハ斉《ひと》シク同じ」ということが紹介されていた。晴子さんの好きな金子みすゞの詩「私と小鳥と鈴と」にも通じている。

その後晴子さんは「《政男》が《良隆さん》と三人でお茶を飲もうと言ってきた」と話した。さらに、「《政男》の弾圧の具合と家族の気持ちを聞いて退院のことを考える」とも言い、自身の衰えを「弾圧」と意味づけず、「老化かもしれない」「青春時代から一気に死ぬ前になってしまった」と語り、「私も大学に行きたかった」等とこぼすことさえあり、晴子さんの現実感は増してきた。そして、「《政男》が気にするので《良隆さん》が援助を遠慮している」、「《良隆さん》が《政男》の側に立っているので《政男》がおとなしい」と報告した。

四　治療の進展とその危険

その後晴子さんは、「未婚で読書や勉強をしているのは兄弟の中で自分だけ」、「家の近所には自分の受け皿がない」、「家事や裁縫ができて生活していくという自分の家の価値観での普通の人になれなかった」と家族内での自分の存在について洞察するようになり、「退院のことは慎重にしたい」と言った。また「《良隆さん》のことを話すと家族が震えたり忘れさせようとする」と言い、現実的な葛藤が話された。

この頃印象的なやりとりがあった。開始から三年ほど経った面接でのことである。「《良隆さん》が自分にとって幸せで生きがい」と言う晴子さんに、私が「忘れさせられたら楽しみがなくなってしまう」と言った後だった。晴子さんは「はい……人格が崩壊する」と言った。「人格の崩壊」という言葉はこれまで何度も目にし耳にした言葉だったが、このとき晴子さんの口から出た言葉はぞっとするような響きがあった。私は《良隆さん》の存在が晴子さんの人格の崩壊を守っているのだと実感した。

　このやりとりのあった同じ面接で、晴子さんはこの面接のことを「困っていることを聴いてもらって言葉をもらう、それから話して安定する」と言い、当初あいまいだった面接に求めるものを言葉にすることができた。そして、それに続けて晴子さんの口から出てきた言葉に私は驚いた。晴子さんはこう言った。

「私は理解されたいのです。理解されることで安定するのです」

　その翌週の面接では、初めて夢が報告された。それは、病院に地下鉄が敷かれていて驚き、「危ない」と思ってパジャマのボタンをしめて飛び起きたというものだった。晴子さんは「同じ夢を三回見た、《政男》が幻覚を見せている」と言っていた。

　振り返ってみると、晴子さんはこの頃、「共存、共生と棲み分け」や詩などのメタファーを使えるようになってきていた。それと並行してより現実を感じることが増してきた。出会ったときに露呈していたような「個別化の危機」の状態とは異なり、「私」というものがよりまとまった形を帯びて浮き上がってきていた。面接に求めるものも、「あったことを話して正解をもらう」ではなく、「困っていることを聴いてもらって言葉をもらう。話して安定する」に変化し、「私は理解されたいのです。理解されることで安定するのです」という言葉につながった。治療的には進展だった。しかしそれは、晴子さんのような重い病理を持った人にとっては、「良かった」「治療が進んだ」と喜んでは済まされない。主体である自分がまとまり、他者に理解されたい思いが形をなした途端、心の深い所で閉じていた通路が開通してしまい、侵入され犯される恐ろしい危険に身をさらすことにもなる。

五　よくなることと喪失の悲しみ

その後も《政男》からの弾圧は続いたが以前ほど圧倒的なものではなくなり、《良隆さん》の守りも以前ほど絶対的でなくなっていった。私のことも「主治医と心理の先生に頼ってやっていけばいいと思うんですけど頼られる方が負担ですよね」「私が暗い話をするので先生が悩んでしまって病気になってしまう」と以前よりも自分とは別の他者として認識されるようになってきた。

開始から四年ほど経った面接で、以前隔離室に入ったときのことを、「友人（ライバル関係にあった女性患者さん）が他の患者さんに服を買ってあげて、『私がお母さんだからね』と言った。そのとき自分はやきもちとも何とも思わなかった、それから皆とやっていけなくなってニル・アドミラリになってしまった」と話した。「ニル・アドミラリ」は、当時私は晴子さんの造語だと思っていたのだが、「何事にも驚かない、動じない」というラテン語の言葉だった。晴子さんはやきもちをやくことは自分が死ぬほどの状態だと言った。そして「それは《政男》のしたことでなく私の自然な状態かもしれません」と症状に対する洞察が語られた。しかしその後話が混乱した。

この頃、主治医から退院の話が出たが、晴子さんは「来月退院する」、「ワーカーさん（精神保健福祉士）がアパートを用意してくれている」と先走り、「退院したら《政男》が犯すと言ってくる」等、幻聴も盛んになった。ときを同じくして、私は晴子さんの妄想対象ではない同胞と面接した。面接は先方からの希望だった。同胞は、晴子さんをこのまま病院に入れておくのはかわいそうだ、恋愛妄想の対象については主治医に言われているので否定しないようにしていると話した。私は、晴子さんの話を内的現実として聴いてきたこと、「人格が崩壊する」という言葉を聴いたときの実感を元に「現実的ではないけれど晴子さんの世界の中では存在が大きくて、守ってくれている」と伝えた。すると同胞のその方は「要するにその存在をとってしまうと大変なことになるわけですね」と理解してくださった。

その翌週の面接で、晴子さんは「私はもう年なので結婚も就職も無理、《良隆さん》とはお互い心の支えで良い」と言った。しかしその翌週には「《良隆さん》の家に来ればシェフがいるので料理の心配は要らないと言ってくる」と揺れた。そして、晴子さんは失恋の歌だというシューベルトの『冬の旅』を歌った。かつてはもっとのびやかであったろう晴子さんの声は、しゃがれ、かすれて途中で消えてしまいそうだった。それが一層物悲しく寒々しく響いた。

晴子さんはその面接で「私には主体というものがないのです。自分のことを何でもぶつける人もいますけど、私は心の中にこもる方なので。ありのままの姿でしかおれない」と言った。私が「それで良いのだと思う」と伝えると「そうするしかないので。自分にも他人にも裏切らずに」と言った。

逆説的だが「主体がない」と言ったこのときの晴子さんの「主体」は以前よりもずっとはっきりと浮かび上がってきていた。幻聴や妄想は残したままだったが、晴子さんは回復の道を辿っていた。

アリエティは治療終結について、「自己同一性がかなり明確になっていなくてはならないし、内的価値の自覚が増大していなければならない」「現実が、あまり脅かしたり侵害したりするものとしてではなく、体験されなければならない」「もはや患者は大きな受動性の感じを経験することはない。（中略）社会の他の人びととは別個に考えたり、行動したりする一個人であると思うことができるようになるだろう」「仕事や対人関係、そして特に親密な対人状況のなかで、活動的で満足な役割をうまく保っていかなければならない」と述べている。

晴子さんの心理療法は終結にはまだ遠かったが、そのような方向に向いていることが感じられた。しかし、ここで我々が気をつけないといけないのは、本人にとってそれは辛いことでもあるということだ。晴子さんの歌に表現されたように、寒々としたもの悲しい喪失の体験でもある。晴子さんが勧めてくださった金子みすゞの詩（二〇〇九）が思い浮かぶ。

大漁

朝焼小焼だ
大漁だ
大羽鰮《おおばいわし》の
大漁だ。

浜は祭りの
ようだけど
海のなかでは
何萬《まん》の
鰮《いわし》のとむらい
するだろう。

六　晴子さんのその後

その後、晴子さんは退院した。面接開始から五年後、二十一年間の入院の末の退院だった。晴子さんの退院に際して多職種での話し合いが持たれ、私の勤める病院では長期入院患者の単身生活の先駆け、モデルとなった。幻聴は続いていたが以前ほど激しくはなく、生活できなくなるほどではなかった。継母や同胞が様子を見に来てくれたり、読書や美術館、観劇、クラッシックのコンサートなどに足を運び、他の患者さんとも距離を調整しながら交流し、父とは別の宗教の教えを学び、家事も行ないながら生活した。晴子さんは、退院支援にかかわったスタッフに、力を合わせて長期入院の重篤な患者さんの幸せに貢献できたという喜びを感じさせてくれた。

私との面接は退院後外来で七年継続し、私の産休をきっかけに中断した。その頃には幻聴も少なくなり、人間関係をより現実的に悩めるようになっていた。ときどき外来で顔を合わせると、「また先生の心理が必要です」と言われることはあったものの、実際に再開することはなかった。

高橋哲郎（二〇〇四）は統合失調症の患者について「安心できる信頼関係をもてない彼等は助けを借りることも難しく、只一人で生きるしかない。その生き方が人々には無為と映るのである。患者が安心して信頼できる治療者との関係をもつことができた時、彼等は助けを借りて、自分を見つめることができるかもしれない。そしてその自覚に基づいて自分を変えようと思うかもしれない」と述べている。晴子さんと関係を作り、手助けをしたのは私だけではなく、前任の臨床心理士や主治医、病棟の看護師や精神保健福祉士等の力があったが、我々の力を借りて晴子さんは自分を見つめ、自分を変えようとしたと思う。

退院から十一年経ったとき、晴子さんは脳梗塞を起こして言動にまとまりがなくなり、再入院した。私は、担当の精神保健福祉士から、晴子さんが末期癌になり、緩和ケア病棟のある病院へ転院することを聞いた。私は、これが晴子さんに会う最後になるかもしれないと思い、病室を訪ねた。晴子さんは、面接していた頃と同じ笑顔で私を迎え、腰掛けていたベッドの隣のスペースを私のためにあけてくださった。その仕草も当時と同じだった。ときを超えたかのような一瞬だった。しかし、私が腰掛けたベッドのシーツには血が滲んでおり、晴子さんが深刻な身体の病を患っていること、あれから年月が経ってしまったことを物語っていた。晴子さんは脳梗塞のために言葉を正確に紡ぎ出せない状態だった。「明日病院を変わる」という内容のことを言うのに、様々な語で言い換え、ずいぶん時間がかかった。短い時間を共にし、私たちは「じゃあまた」という感じで別れた。その翌日晴子さんは転院し、四カ月後に息を引き取った。ひどく混乱したりすることなく、穏やかな最期だったと聞いている。

七　晴子さんとの心理療法から学んだこと

晴子さんは迫害的な幻聴に悩まされていたが、薬物療法だけではどうにもならなかった。心理療法は前任の臨床心理士から私へと引き継がれ、長期に亘りその変化も緩徐だったが、晴子さんの回復に貢献したと思う。かつて、家族の価値観から疎外されていた読書好きな晴子さんは、家族の支えを得ながら一人で暮らし、読書や文化的な活動を楽しむ生活を手に入れた。友達のいなかった晴子さんが病院でできた友人と距離を取りながら交友を続けることができるようになった。

夏苅の言う「人薬」と「時間」を必要とした治療だった。もしも晴子さんの幻聴を「脳」の問題とだけ捉えていたらどうなっていただろうか。カンファレンスの看護師の言うように「幻覚、妄想は薬じゃないと治らない」と考えていたらどうなっていただろうか。

臨床心理士の大事な仕事は「聴く」ことであるが，妄想の入り混じった話を真に聴くことは簡単なことではない。私は，晴子さんの妄想を晴子さんの心の中の本当の話として聴く視点を得，晴子さんの心の中の様々な感情とその受け入れられなさ，そして晴子さんがこれまで体験してきたこととのつながりを考えながら，精一杯聴くことに努めた。成田の言うように「その人の人格や歴史，病の意味，他者との関係性といった身体医学が顧みなくなったものが臨床心理学の対象」だと思う。

そして，晴子さんからもそれに対する反応があった。言葉だけでなく，私に向けられた様々な感情，精神状態の悪化，新聞記事や詩，歌がそれであった。そのようなやりとりを続けていく中で，晴子さんの「個別化の危機」とも言える自分のなさは変化していき，「私」が形をなしてくるようになった。そして「私は理解されたいのです。理解されることで安定するのです」という発言に辿り着いたのである。かつて統合失調症患者は「了解不能」と言われていた時代がある。晴子さんのこの言葉は印象深く私の心に焼きついている。

晴子さんの幻聴は消えないまでも圧倒的ではなくなっていった。こころの「病」の治療というときに，症状がなくなることを良しとするのが通例であるが，重い病理を抱えた人ほど，それは危険でもあり喪失の悲しみでもある。晴子さんの心理療法でそれは，洞察を得た後の混乱，「理解されたい」と言った直後に見た地下鉄の夢，シューベルトの『冬の旅』を歌うということで表現された。医療の中で「大漁」に描かれた海の中の弔いに目を向けられることも臨床心理士の大切な仕事ではないだろうか。

晴子さんは，私がまだ知らない死の扉の向こうへ旅立った。晴子さんから大切なことをたくさん教わったという思いは残っていたが，こうしてまとめるまで，それがどういうことだったのか，漠然としていた。晴子さんとの心理療法をもう一度辿り，形にすることができた今，私の中で，晴子さんが身をもって教えてくれたことが息を吹き返したように感じられる。

文　献

Arieti, S. (1974) interpretation of Schizophrenia, Second Edition, Grosby Lockwood Staples.（殿村忠彦・笠原嘉監訳（一九九五）『精神分裂病の解釈Ⅱ』みすず書房）
金子みすゞ（二〇〇九）『きょうの私にさよならしましょ』小学館
木村敏（二〇〇一）『木村敏著作集　第一巻　初期自己論・分裂病論』弘文堂
高橋哲郎（二〇〇四）「統合失調症に対する力動的精神療法とその有効性」『精神分析研究』第四十八巻第三号、六一-六九頁
夏苅郁子（二〇一二）『心病む母が遺してくれたもの　精神科医の回復への道のり』日本評論社
成田善弘（二〇〇七）「精神科臨床の多面性」渡辺雄三・総田純次編『臨床心理学にとっての精神科臨床——臨床の現場から学ぶ』十四-三十頁、人文書院
松木邦裕（二〇〇〇）『精神病というこころ　どのようにして起こりいかに対応するか』新曜社
渡辺雄三（二〇〇三）『精神分裂病者に対する心理療法の臨床心理学的研究——重篤な精神病者への心理療法的援助技法と心理療法的基本視座の考察——』晃洋書房

第三章　〈自分〉を追い求め続けた女性との心理療法
──弥勒（ミロク）の世界と日常とのあいだで

白井聖子

一　日常と非日常

はじめに

ここに記すのは、〈自分〉を追い求め続け、確かな手ごたえを得ようと必死に生き抜いてきた女性との九年間の心理療法過程である。彼女が追い求めてきた〈自分〉とは、とてつもなく壮大で、底知れぬ深い世界として体験されるようなものに感じられた。私が出会ったときにはすでに精神病症状を発症した後であったため、このような印象を強く持ったのだろう。

しかし、面接を終えてからも彼女が追い求めてきた〈自分〉のことが、私はどうしても気になった。単なる病的なものとして片づけられないものを感じた。当時、私自身の中にそこに近づけるだけの水路がなかっただけで、そこには豊かなイメージが眠っているように今では感じられる。やっとそう思えるようになったのは、彼女の年齢に私が近づいてきたからかもしれない。

彼女が心理療法を通して行なってきたことを振り返ると、そこには日常と非日常の世界を生き続けることこそが、彼女の求めてきた〈自分〉であったことに気づかされた。日常と非日常の世界、そのパラレルワールドをどちらかの世界に偏るのではなく、その曖昧な境界を行き来し生き続けることこそが、彼女自身の〈自分〉を生きたことになっていたのだろう。

〈自分〉をめぐってのその日常、非日常の世界を両立させることの難しさを認めつつ、〈自分〉を追い求め続けていくためには、その両面に開かれていることが必要であると考える。それは、次元の違うこころの部分に足を踏み入れることになるのだが、そのような曖昧なこころの多層性を生きることができるのが、「心理療法の場」ではないだろうか。

臨床心理士の仕事として、この両面を面接の中で共に生き続けることとは一体どういうことなのか。彼女との面接過程をもとに、精神病圏の重篤なクライエントにとって「確かな存在として治療者が居続けることの意味」を明らかにしていきたい。

（尚、個人情報保護のため、本人が特定されないように内容には配慮し加筆したことを付け加えておく）

1　生い立ち

谷本ユミさん（仮名）は二人姉妹の次女で、父親は建築士、母親は専業主婦の四人家族の中で育った。専門職であった父親は、かなり厳格で過干渉的な人だった。昔気質の性格で、跡取りのために「次は男を」と強く望んでいた。谷本さんは、「自分が女であったことで親をがっかりさせてしまった」と長年気にしていた。そのこともあってだろうか、幼少期は一つ上の姉と比べて、内向的でおとなしい子であった。父親はお酒をよく飲む人だった。なかなかお酒がやめられず、ときどき家族に暴言を吐くことがあった。そうした父親に母親はかなり手を焼いていた。母親は控えめな人であったが、心配性で常に何かをしていないと落ち着かない人だった。家ではあれこれ家事に勤しみ、いつも忙しく動いており、そんな様子を見ていると「家でも落ち着かなかった」と谷本さんは述べている。両親は若い頃金銭的に苦労してきたようで、「自立しろ、自立しろ」とよく言っていた。姉は大学進学時、早々に家を出たのだが、谷本さんは実家に残り、地元の文系の大学に進学した。

大学卒業後は、一度会社勤めをしたが職場に馴染めず、その後は雑貨店に転職した。その店は、母親の年齢に近い二人の女性が経営していた。谷本さんは朝早くから夜遅くまで働き、その女性経営者の期待に応え人一倍頑張った。そして仕事にどんどんのめり込んでいった。

一方、両親からは長年「自立しろ」といわれ続けてきたため、転職して数年後に初めてアパートでの一人暮らしを始めている。それからはますます仕事にのめり込み、その女性経営者に肩入れしていった。

経営者に対しては、「女性同士だけれど、一人が母親で一人が父親のよう。家族のような雰囲気で、今までにない体験ができた」と理想的な職場であったと語っていた。そして話の節々から経営者に強く惹かれていたことが感じられた。

雑貨店で働き始めて十年目の三十九歳のとき、職場でのある些細な人間関係をきっかけに、谷本さんは経営者や他のスタッフに対して、被害感を強く持つようになった。仕事の疲れもたまっていたのか、不安定な状態が続き、久しぶりに会った父親に対し、急に「うるさい」と怒鳴ったり、ケラケラ笑いだしたりした。そして、人の目や音に敏感になり、不眠状態が続いたため、両親に付き添われ精神科クリニックを受診。そのときの診断は「心因反応」であった。谷本さんはその頃の様子を書き残している。それを一部抜粋する。

【発病から初診までの状態について】

その日の朝、雨が降っていた。窓を開けたり閉めたりするのが面白く、何度もやっていた。遠くの駐車場で人が車に乗っているのになかなか動かないので、変だなあと思い傘もささずに走って行ってみると、バッテリーが上がって動かないということだった。「近くのガソリンスタンドにバッテリーコードを借りに行きましょう」などと言って、人に対して必要以上に親切にしていた。自分がとても偉い教祖様になったのではないかという妄想があった。

ずぶ濡れになって帰った後、無性に部屋の掃除をしたくなり、隅々まできれいにせずにはいられなかった。また、机の上の物や飾ってある物の位置や数に非常にこだわり、気が済むまで縦にしたり横にしたり並べたりして扱いまわした。

仕事に出かける時間がとっくに過ぎてもさらにキッチンまわりもきれいにせずにはいられなかったので、上司に電話して遅くなる旨伝えた。しかし、それは許されなかったので、仕方なく仕事場に出かけることにした。二、三日前から鍵をかけてもいろんな宗教団体の人が合鍵で入ってきて、部屋の中の物を扱っていたずらされている様に感じ、鍵をかけても仕方ないと思い、お金を入れている引き出しと玄関のドアに『何も触ったりしないでください』と朱筆した紙をはり、鍵は閉めずに出かけた。途中、すれ違う人達にじろじろ見られている気がしたので、傘を盾にしながら早足で店に向かった。いろんな人が宗教団体の人に思えたし、私を見はっているような気がした。それが気になり、何度も勝手口から外に出たり入ったりして確かめずにいられなかった。そのとき、五台ぐらい連なった自転車が通り、その人たちの来ているシャツがとてもカラフルで強い色だったので、あの人たちも色にこだわった宗教の人たちかもしれないと強く感じた。（途中、省略）

翌日、両親に連れられて先生にお会いしたとき、先生もまた宗教団体のまわし者で私を見張っているのではないかという疑念が沸き、「この人は宗教団体の人かもしれない」と真偽のほどを確かめたくて、じっと先生の眼を見つめていた。先生が何か質問されたが、宗教団体の人かもしれないので、答えたくなく鼻歌を唄ってごまかしてみたが、先生の態度を見てやっぱり違うかなと思い、最後は正直に答えた。

谷本さんは一カ月間仕事を休み、クリニックに通院し治療を続けた。

その後仕事は再開したが、翌年四十歳のとき、再びお店の仕入れや業務のミスが目立つようになり、明らかに行動に落ち着きがなくなっていった。今度は拒食、拒薬状態になり、眠れない日が続き、高揚した状態になっていった。精神病症状の悪化、舌を噛み切ろうとするなど自傷の恐れ、全身衰弱状態のため、クリニックから当院に紹介され入院となった。

不穏状態が続いていた頃、谷本さんは助けとなるものを追い求め、宗教関連の本をたくさん読んでいた。そしてその中の一つである「ミロク信仰」の本と出会い、そこに書かれていた教えに強く影響を受けていった。そして「自分が救われるためには、自分の身を清めなければならない」と強く思い込み、本人の語るところによると、多額の貯金を著者に送ったりしたようだった。

クリニックの紹介では「統合失調症」と診断されていたが、入院時の主治医の診断は「心因反応」であった。一時的に精神病状態を呈していながらも、その後の人格は保たれ比較的安定した生活を送ることができていた。また、精神病症状の悪化は状況因による反応性として捉えられること、そして熱中性（仕事熱心）、几帳面、信心深いなどの病前性格につけ加え、村上靖彦（一九九〇）の言う「魔術的世界の親和性」が強く、精神世界にのめり込みやすいという特徴などから、筆者は非定型精神病の範疇ではないかと考えている。

一カ月ほどの入院治療で状態は安定してきたため、仕事に戻ったもののペースをうまくつかむことができず、すぐに調子を崩し二回目の入院となった。主治医と話し合い、仕事は退職することに取り決めた。そして代わりにデイケアに通い始め、本人の希望により心理療法が開始された。

2　谷本さんとの出会い

アイロンをきちんとかけた白いシャツとチノパン姿で谷本さんは外来に訪れた。ショートカットで化粧っけがなく、中性的な雰囲気を漂わせ、どこか隙のないような感じであった。

面接室での谷本さんは、こちらの反応をうかがうようにこれまでの経過を語った。語り続ける谷本さんを前に、治療者はどこに波長をあわせればいいのか掴み難く、何とも言えない間合いの悪さが面接後まで残った。

それ以降も、面接中急に黙ってしまうことがあった。それに対し治療者は「何か要求しているのか」、「それとも試されているのか」と必要以上に緊張していた。谷本さんが何を求めているのか、いま一つ分からなかった。今思えばこちらから確認すればよかったのだが、それをするとここでの細い糸が切れてしまいそうに思われ躊躇われた。

毎回このようなやりとりが続くのであれば、いずれ面接は中断になるのではないかとさえ思った。ぎくしゃくした感じは相変わらずであったが、心理療法は毎週一回、五十分（途中隔週になったりしながら）、曜日や時間を変更することなく続けられた。

そして第四回では「自分は同性にしか惹かれない。ずーっと隠してきた。恥ずかしいことだけど、私の本質的な部分。そこを話していきたい」と自分が同性愛者であることを語った。治療者をしっかりと見つめる谷本さんを前に、この面接では性に関することが重要なテーマになるのだろうと覚悟した。

実際のところ、谷本さんは学生時代から同性に惹かれ、恋人未満のような関係になったことがあると語っている。そのことも踏まえ、「自分は同性愛者」といっていたが、治療者はそこにはエロス的な要素よりも、より深い次元での依存や一体感を求めているものがあるように感じられた。恋愛対象となる人には「母と重なる」と述べていたことも一つにある。その点に関して谷本さんと十分に話し合ってはいないのだが、谷本さんが求めて止まないものには、「母なるもの」といえるような大きなものが潜んでいるように思われた。それを一途に追い求め続けてきたのだろう。その飽くなき思慕は谷本さんを突き動かし、また突き動かされる体験として繰り返されてきた。

その突き動されるものに関して、いくつかエピソードを語っている。

谷本さんは「小さい頃から自分は業が強い人間だった」と言っていた。欲しいものは必ず手に入れたいというところを強く持っており、「三歳のころ、どうしても欲しいキャラクターの手帳があり、それを万引きしてしまった」と語っている。また、大学時代の恋愛では「私はセックスしたいという思いが強い。でも、相手はそうでもなくて。強引にキスをしようとして相手を傷つけてしまった」と述べている。自分の内側にうごめくものに突き動かされやすい面があり、その抑えきれない強い「何か」にその後も向き合い続けることになっていた。

母なるものへの一体感と恍惚とエロス。その自分の中でうごめくものに近づいていくことこそが谷本さんが求めていることであり、同時にそれが生きる原動力となっていた。

二　面接での時間

1　谷本さんの語り

主治医との診察では日記を持参し、日常生活の出来事を一週間分読み上げるというスタイルであった。一方心理療法では、今話したいことを自由に話すという時間になっていた。これは渡辺雄三（一九八八）の言う「治療者のつかいわけ」がなされていたと言えるだろう。渡辺は「つかいわけ」をした統合失調症者の症例をあげ、「それがオモテとウラ（土居）という自我の二重構造を確立していくための有効な心理療法的方法になり得るのではないか」とその意義を述べている。谷本さんは最初から思うように話せていた訳ではなかった。沈黙が続いたり、ぎくしゃくしながら「この時間は自分を表現するために必要なんだと思う」（第四十九回）と言っている。谷本さん自身が診察と心理の面接を自ら「つかいわけ」していったのだった。

面接を始めて三年目に入った頃、「自分の話を録音したい」（第五十六回）と急に言い出した。治療者はあまりにも突拍子もない提案にどうしようかと迷ったが、おそらく、「自分がこの場で自由に話しているこの体験を、家に持ち帰りたいのだろう」と理解し承諾した。それは「録音」という形で、「自分の語り」をそのまま切り取り手元に置きたかったのだろう。日常の中で埋もれてしまいがちなこの感覚を、少しでも自分にとって「確かなものにしたい」という強い願いが感じられた。

特にこの頃の谷本さんの語り方は独特であった。ときには目を閉じゆったりと語った。「ここに来る前に神社に寄って来る。いつも財布の中に五百円。五百円がパッと目についた。神様の前でケチっちゃいけないと思い、毎回五百円。一方で百円に両替しておけばと思ったり。自分の中に二人いて、常識的な自分と羽目を外す自分。羽目を外す方に合わせるとうまくいく。「今日はあなたに任せます」としたら、百十円だった」（第五十一回）。

「何か話すことがあるかなあ……。デイケアに行きました。前はスポーツしか楽しくないと思って出なかったけど、今はみんなと話すのが楽しい。毎日行くと誰かが私に話をしにくる。私は聞き役といった感じ。負担はない。私が何か意見をいう訳でもないし、私の方がこれまで悪いことをいろいろしてきた方なので……。ただ、大きな流れに逆らわずにいられたら……というのが私の理想。自分を信頼することが目標」（第六十二回）。

まるで講演会で話しているかのようだった。目の前の治療者に語るというよりも、もっと大きな何かに向かって語りかけているように感じられた。普段は人と話すことがほとんどなく、家では自室にこもり一人で過ごすことが多いと聞いていた。少なくともここで誰にも否定されず、自分のことを話すということが、今までに体験したことがないような時間であったのは確かである。その谷本さんが自分のことをここで治療者に滔々と語ることは、今まで長く固まった手足をゆっくり緩めていくかのように、まるで自分自身に血を通わせるようなそんな意味合いがあったのだと思われる。帰り際に「こんな話が出てくるとは思わなかった」と言うこともあった。

しかし谷本さんの語りのあり方は、あまりにも谷本さんの世界そのものであった。

2　試練

谷本さんと治療者との関係が少しずつかみ合い始めた頃、谷本さんの左胸にしこりが見つかった。乳がんだった。面接を始めて三年目の夏のことだった（第六十八回）。

谷本さんは躊躇いもなく乳房を切除することを選んだ。そして、その執刀医であり主治医でもある女性のB医師に想いを寄せるようになり、強い恋愛感情が生じてきた。

乳房を失ったその衝撃を受けとめる間もなく、谷本さんの中では、原初的とでもいえる一体化を求める力が発動されていった。内なる想いに掻き立てられるかのようにB医師を追い求めて走り出す勢いは、誰にも止めることができないほど凄まじかった。治療者はその激しさを初めて目の当たりにすることになった。

「手術の傷痕、私は気に入っている。上手に一本線になっている。B先生に会えるのがうれしかった。神様のよう。守られているように感じる。会えるだけでありがたいなあと思えた。乳がんになった人は落ち込むのだろう。でも私はその前にもっと大変なことを経験したので、「これぐらい！」と思った。精神的な病いの方は、やっぱり二年近くは受け入れられなかったから。今はまわりを変えようとは思わず、自分の考え方次第と思っている。自然といい方に流れて行っている。今後は人のために役立つ仕事ができたらいいなあと思っている」（第七十五回）。

自分の病んだ身体を医師に預け、まさに身を任せるというのは途轍もないことではある。しかし谷本さんの場合、医師と患者という一般的な関係をはるかに超え、「自分の身を救ってくれた大きな存在」として深い部分でのつながりを感じ取っていた。まさに身体ごと相手に委ね、受け止めてくれたという体験である。その熱い想いはそのB医師に流れだしていた。それは救いを求める姿であった。

そのようなときに、B医師の転勤が決まった。

「B先生が死んでしまって別れるような感じがした」（第八十回）と苦しそうに語った。そしてすぐに転勤先の病院に自分も転院することを決め、遠くの病院まで時間をかけて通うことになった。そのことが益々谷本さんの気持ちに拍車をかけ、B医師への想いをしたためた手紙を持参し押しかけた。

そして、「B先生に会いに行ってきた。何か特別なことを話すわけでもなく、沈黙でも私は心地いい。前までは人に関心がなく、話したいとも思わなかった。でも、少しずつ自分のことが好きになっていったことで、人にも関心がもてるようになったのはうれしい」。

このときの谷本さんは、まさに「恋する乙女」のように治療者には感じられた。

「B先生の前では子どもっぽいし、ここでは見せないような態度をとっている。母は心配していたが、私は自然にやれているし、客観的に見れている」（第八十九回）。

面接ではB医師への想いを熱く語り、ときには恥じらいながら身をよじらせ、どれだけ彼女を求めているかを語った。恋愛の楽しさと切なさを語り、そしてB医師が執刀した乳房の傷痕を「愛おしい」といい、二人だけの秘密の証のように治療者に話した。B医師に対する恋愛感情はあくまでもプラトニックなものだったのだが、谷本さんの深い情動が動いていることは明らかだった。

しかし、だんだんエスカレートする谷本さんの一方的な想いは、ある時点で急に反転する。

「B先生の所にはもう通うのをやめにします」。

「先月血液検査をしたけど、納得がいかない。診察のときに尋ねたら「必要だから」と返事。診察室には看護師さんもいるし、それが嫌だった。窮屈。暑中見舞いに「会いたい」と書いて送ったが、会ってくれなかった。私は検査のことはどうでもいい。先生とは医者と患者ではなく、ひとりの人として話したい。でも、それが叶えられないのなら……。決めるまでは泣きましたよ」（第九十回）。

あるとき、ぷつっと受診を止めてしまったのである。あまりにも突然な展開であった。また、出されていた薬まで「必要はない」と飲まなくなった。治療者は再発のことを心配し何度も勧めたが、「ガンの薬は必要ない」とB医師との関係と同様に薬まで頑なに拒んだ。

ますますエスカレートしていく行動に、精神病症状が悪化していかないかと治療者は注意していた。しかし、そのような心配をよそに、デイケアにはきちんと通いトラブルはなく、日常生活は保たれていた。今回のこの結末は少々手荒な方法ではあるが、B医師への想いを諦め、以前のような静かな生活に少しずつ戻っていくのだろうと治療者は楽観的に考えていた。

しかし、急展開していく。

「実家を出て一人暮らしをしようと思う」（第九十一回）。すぐにアパートを決めて家を出てしまった。

一体化を求める動きから、一変して「自立」に向かって動き出す勢いは止まらなかった。

今にして思えば、これは雑貨店で働いていた頃と同じパターンであった。

あるカリスマ的な女性への想いが激しく動き、一体化を求める。しかし、それが叶わないという現実に直面したとき、想いは一気に「自立」へと逆流する。案の定、その反動ともいうべく急な自立は谷本さんをひどく疲弊させ、精神病症状の悪化という道を辿ることとなった。このときはアパートで「アダルト・ビデオのいやらしい声が聞こえてくる。私に聞かせようとしている」など、性的な被害妄想が現れ、眠れなくなってしまった。結局三回目の入院となった。この状態まで来てしまうと、入院という形で現実の世界に引き戻し、鎮まるのを待つしかない。面接を始めて五年目のことだった。

3　谷本さんとの時間

三回目の退院後、少しずつ落ち着きを取り戻していった。睡眠は安定し、被害妄想はおさまり、静かな生活に少しずつ戻りつつあった。

一人暮らしのときのことを「実は、アパートの水道やガスを止めていた。漏れ出ているように思えて」（第百十八回）と語った。水道やガスの漏れとして表現されているが、谷本さんの体験としては、「自分の何かが漏れ出て行ってしまう」という自我漏洩的な危機状態であったのだろう。

退院後は、あらためて面接構造を確認し直した。面接という枠をきちんと提示し直したこと、そして治療者との関係が安定していたこともあり、アパートは引き払い実家に戻ることを決断した。

「退院後にアパートに戻ったとき、またアダルト・ビデオの音が聞こえてきて、『もういやだー』と思った。アパートを一周して、音の出ているところをつきとめた。三十代の男性の部屋だった。その後、親に話をして了解してくれた。『この世は幻想』という考え。それに縛られていたが、自分の生活とは分けて考えないといけないと思った」（第百二十七回）。

実家に戻ることになり、少しずつ面接の場でも落ち着いていき、谷本さんは再び自分を語り表現することができるようになっていった。

六年目のあるセッション。

「当たり前に思っていることも考えてみると、違う面が見えてくることもあるなあとときどき考える。素朴な疑問で、私はどうして生まれてきたのかと考える。〝死〟についても。もっと完全な人間を作り出せていたなら、こんなことは無縁になるのにと思ったりする。哲学的なことですよね。もっと先生に分かってもらえるように話せるといいのになあと思った」（第百五十八回）。

「……ふと一人になったとき、あれこれ考える。言葉にならないが、何とも言えない感じ。自分は空気になりたいと思ったりする。この世が夢なら、夢のまま早く終わらないかなと思う。自分でもよく分からないが、何か不安な感じがあったりするのかなあ。一人だなあと思ったが、聞いてくれて理解しようとしてくれるのは助かる」（第百七十八回）。

「夢の中ではこれが夢とは気づいていない。この世のこともこれが夢とは気づいていないだけではと思った。本当はないのかもしれない。ただ、先生は現実の生活も大事にと言われたが、バランスが大事なのかなあとは思った。調子の悪いときは、まわりはテレビのようだった。まわりの人たちは私の心のもち方一つで変わるのだなあと思えた。私の心が変わったから、相手が変わったように見えるのかもしれない。実際に相手も変わってきているのかもしれない」（第百九十一回）。

このような谷本さんの語りに寄り添っていると、治療者の意識水準が低下し、まるで無意識に引き込まれていくかのようだった。そして眠気が生じてきた。「寝てはいけない」と眠気を払いつつ話を聞き続けることにとても苦労した。

しかし不思議なことに、面接終了間際になると、治療者の意識は現実感を取り戻していった。自分の輪郭がぼんやりするような深い世界から、「時間という枠」によって意識の側に引き上げられるかのようだった。言葉にならない余韻に浸りつつ、身体は疲れを感じていた。谷本さんはそのような治療者を気にする様子もなく、「不思議ですね。話すことがこんなにあるのですね」と満足そうに帰って行った。

まさに意識と無意識の領域。そこを行き来するような面接とでもいえるのだろう。

この面接の時間が「非日常性」として強く感じられるようになったのは、ずいぶん後になってからのことだった。その当時は何が起こっているのか分からなかった。

4 輝く球体の夢

面接を開始してから七年目ごろから夢を報告することが増えていった。例えば、「普段は感情を表現することが苦手」という谷本さんが、夢では理不尽なことに対して腹を立てていて（立てることができていて）、それをいい感触として体験していた。また、大学の卒業式に出席し、好意を寄せていた人を探している夢、昔の職場で楽しく働いている夢などが報告された。これまでわだかまりとなっていた相手への感情がやわらぎ、心の傷をそっと覆ってくれるようなものに治療者には感じられた。夢にはこのような機能があるのかと、夢のもつイメージの豊かさを改めて感じた。

一方で、夢には深い体験を喚起させる力があることも同時に体験した。それは、谷本さんが発症する前に見たという「輝く球体の夢」についてであった。とても印象的な夢である。

夢：「大きな丸い球。キラキラ光っていてきれいで、その周りにモヤーッと渦のようなものがある。抽象的だけれど、こんな風になりたいなあと強く思った」（第四十七回）。

「まだ病気でなかった頃、輝く球体はあまりにも美しくて感動した。この夢を見てエクスタシーを感じた。他の人にとってそれはセックスに近いのではないか」（第二百二回）。

谷本さんにとってこの夢は、明らかに特別なものだった。「エクスタシーを感じた」というように、一瞬自分がなくなるような忘我の体験であったと思われる。谷本さんはそれをセックスに例えているのだが、それは、融合体験の象徴として捉えられるだろう。

渡辺（二〇一五）は「対立するものの結合（聖なる結婚）」として、融合体験（溶解）の意味を解いている。そこには「「私」と「私ならざるもの」を巡る、多彩多様な象徴が投影されている」とし、その一つであるセックスについては、「生々しい性行為を超えて、生々しい性行為を通して、「私」と「私ならざるもの」との対立と結合のプロセスが、そしてその果てにある〈私〉という存在への秘かな希求が、投影されている」と述べている。

谷本さんはこころの奥深くで、他者と一体になることを強く求めていた。しかしそれは「対立するものの結合」というより、それ以前のプリミティブな段階としての「渾然一体」状態のように思われる。

ノイマン（Neumann, E., 1971）は意識の発達的視点から、この自と他が未分化な混沌とした状態について、「自我の誕生以前の時期、無意識のまま守られている時期」と述べている。それは、自然界における生命の営みの根源的なものとしてもとらえられるだろう。人間を含めたあらゆるものの生命の起源であり、原初的体験とでもいえるのではないだろうか。母親が胎児を宿したときに感じる母と子（胎児）との間で生じている体験もその一つであろう。それは個人的体験であり、同時に普遍的でもある。

「原初の完全性を表すシンボルの一つが円である」とノイマンは言っているが、谷本さんの夢に表れた「輝く球体」もそこに重なる。そしてそれは「対立物を包含している完全なるものであり、始原であり終末である」と言うように、「ウロボロス」の象徴的なイメージに読み替えられる。

この「ウロボロス」とは、自らの尾をのみ込む自足の蛇としてよく知られているが、ユング（Jung, C.G., 1958）は、「己自身を孕み、己自身を産む」と定義している。ここには常に動きが伴うことに注目したい。自らが存在するためにはこの「生と死の円環」運動が必須であり、そこを通してこそ新たな〈自分〉を生成し続けることができるのである。

先にも述べたが、心理療法の場で語られた谷本さんの「輝く球体」の夢は、この「原初の完全性」の象徴体験としてとらえられる。そして、谷本さんは何かに突き動かされるかのように、混沌とした世界に身を置き、そこから誕生する新しい真実の〈自分〉を体験することを求め続けてきたと言えるのだろう。求めていたものは「母胎」のイメージに近いのかもしれない。自他が融合するような体験を「ミロク信仰」に重ね、その理想の世界が絶対的なものになっていった。

三　谷本さんにとっての弥勒の世界

1　「ミロク」と「弥勒」

谷本さんは「ミロク信仰」に大きな影響を受けている。最初の発症の契機にもなっているのだが、なぜそこまでこの弥勒（ミロク）に惹かれていったのだろうか。

「弥勒」といえば、京都の広隆寺の菩薩像が有名である。柔らかな曲線を描く仏像で、女性的で慈悲深い顔立ちが観るもののこころにすっと入り込んでくる。仏陀が入滅して五十六億七千万年後にこの世を救うものとして信仰されていることから、「救世主」のイメージがより強く浸透している。そのため、救いを請い求める人々の気持ちを強く掻き立てられる菩薩である。これほど魅力的な菩薩像であるからこそ、われわれのこころの奥深くに存在する「求めてやまないもの」に触れ続け、今でも根強い信仰が続いているのだと思われる。

谷本さんは特にある宗教を信仰していたわけではなかったが、三十代の頃に「ミロク信仰」の本と出会い、その世界にのめり込んでいった。しかしそれは一般的に知られている「弥勒」とは異なり、著者独自の「ミロクの世界」が説かれているものであった。

この著者の教えでは、「自分を今すぐ改めれば、すぐに救いは訪れ新たな自分になれる」とされていた。そして「この教えを疑うこと自体、すでにあやまちを犯している証拠である」と繰り返し述べられていた。このような文面を読み進めていけばいくほど、自分の判断が不確かなものになっていき、主体感が曖昧になっていく。この大きな渦のような教えに谷本さんは新たな自分を育む「母胎」を感じ取り、融合体験を求めていたのではないだろうか。

当時の谷本さんは「この本を読んで〝これだ〟と思った。二千年を迎えるのにあたって、『魂が汚れていてはいけない。自分の大事なものを捨てなさい』と書かれていた。それで私は〝お金だ〟と思い貯金を送った」。

家族が止めるのを振り切り、教えの流れに従い続けた。そしてそのまま引き返すことが出来ず、谷本さんはその後発症し、仕事も辞めることになってしまった。そのときの谷本さんの体験は、純粋に「魂を清めること」しか頭になかったのだろう。自分自身を清め、あちらの世界に丸ごと身を投じることで「完全なるもの」へと近づけるのだと確信していた。

このときの谷本さんにとっては、その本に書かれていることこそが「真実」であったのである。この話を冷静になって聞いていれば、「現実離れしたこと」「意味のないこと」という想いがよぎる。治療者の理解できないことは率直に伝え、安易に分かったふりをしないことが、日常側に治療者が踏みとどまるためにも重要であると思われる。そのような現実、非現実の間を揺れながらも、少なくとも心理療法でかかわる臨床心理士だけは、クライエントが語る内容がどのようなものであったとしても、本人が「真実」としてそこに捧げてきた「想い」に対しては、真摯に耳を傾けたいと思う。

2 渾然一体としての体験

では「弥勒信仰」とは、いったいどういうものなのだろうか。そこまで谷本さんが引き込まれていったのは何だったのだろうか。

白洲正子（二〇〇七）は、「飛鳥の仏像には、弥勒菩薩が圧倒的に多い。何十億年か先に生まれる仏の思想を、どれ程理解していたかわからないが、大きな夢を託したことは事実であろう。もしかすると、物いわぬ自然の神々に、弥勒という神秘的な存在を、重ね合せて見ていたのかもしれない」と述べている。「弥勒」は飛鳥時代から信仰されており、日本人のこころの奥深くに存在し、知らず知らずに日常の中に根づき、いまでも私たちの支えになっていると思われる。

例えば、目の前に繰り広げられる悠久な大自然と対峙したとき、圧倒的なその壮大さに引き込まれ、大いなる自然と自分がつながっているかのような感覚におそわれるときがある。そして、ときには言葉を失うほどの心を震わせるような一体感が生じ、この〈自分〉は畏怖の念と共にその「神聖なるもの」に埋没し融合する。この日常を遥かに超えたコスモロジーとの出逢いこそが、白洲の言う「弥勒」として捉えられるだろう。

自他との区別がなくなるようなこの瞬間。このとき私たちは、自明とされる身体の感覚を超える新たな衝撃に遭遇する。自分の内側の広がりや深遠さは外側の大いなる自然と重なり、同化した感覚として味わい浸ることになる。言葉にならないこの大きな感覚は、偶然にも、外の世界と自分の内側はつながっているのだと気づきをもたらす。それは、自分の外側には想像を遥かに超えた無限に広がる宇宙があり、その世界に入り込めば込むほど、自分の内側の捉えどころのない無意識の世界の茫漠さを同時に体験することとなる。そのとき、外と内との境界そのものに「立つ」のである。

これらの象徴として現れたのが谷本さんの「ミロク」であり、「輝く球体の夢」であったと考える。そして、それに身を任せれば、渾然一体となった溶け合う感覚が生じ、この恍惚とした世界は自分にとっての「唯一の世界」として浸ることができる。大きなものに包まれた完全なる〈自分〉である。「これが〈自分〉だ」という瞬間の真実として体験されるのだろう。谷本さんはそれを追い求めてきた。

しかし、自他との区別がなくなるような渾然一体状態を急ぐあまりに、この恍惚さにすべてを投げ出したくなる。本来は、そこには現実感を伴った自我の力が必要となる。その自我の働きが脆弱な場合は、自我境界を巡って緊迫した状態が続き、一歩足を踏み外せば一転してそれは精神病的妄想にスライドしてしまう。意識と無意識の微妙なバランスを保つためには、やはり現実感を伴った強い自我の力が必要となる。

無意識の世界に開かれつつも、意識との境界に踏みとどまり続けること。この微妙なバランスを保ち続けるためには、確かな他者の存在が必要であった。谷本さんは心理療法の場で治療者に繰り返し語り、治療者は谷本さんの語りに耳を傾け続けてきた。それこそが、意識と無意識との境界に立ち続けることであり、こころの多層性を生きることになっていたと言えるのであろう。

3　追い求める深い世界

だんだん谷本さんの日常に変化が生じてきた。これまで朝の体操や家事など毎日の細かな決まり事に縛られた生活から、少しずつ自由になっていった。テレビドラマを観たり、編み物や手芸を楽しんだり、デイケアの人たちと旅行にでかけるなど、これまで「俗的」として自ら排除してきたものを楽しめるようになっていった。

そして「ここは非日常の場。自分を自由に語れる場」と面接の意義を強く感じるようになり、そのことをよく言葉にされた。そして「周りの人にカウンセリングを勧めています。その良さをもっと伝えたい」と語った。

主治医は安定した谷本さんの様子を見て、診察の間隔をあけ、引き続き日常をサポートしてくれていた。「前よりずいぶん話しやすくなった」と印象の変化を述べられた。

家では家族と過ごす時間が増えていった。クリスマスのときには母親に珍しくケーキをねだったと報告。素直に甘える谷本さんと母親との関係を治療者は微笑ましく感じた。家族は今のままの谷本さんを受け入れてくれていた。

一方、心理療法の時間では、「自分は地球の一部なんだろうと思う」と語ることは続いていた。谷本さんは、引き続きあちらの世界とこちらの世界を面接で語っていったのである。

毎回谷本さんの話に耳を傾け続けることは、まさに二人のあいだで螺旋階段を降りては昇るというような作業であった。内容は意識のレベルでは理解し難く、カルテに記載することもままならなかった。しかし、治療者の感覚は少しずつ変化していった。

そして、面接を始めて八年目。治療者は夢を見た。

夢：「小さな男の子が一人でいる。よく見ると泣いている。男の子は小さな声で『切ないなあ』とつぶやき静かに泣いていた」。

自分は「ひとりである」こと。この絶対的な孤独を全身で感じ、泣きながら目を覚ました。

それは治療者の夢であるが、谷本さんが語ろうとしていたものであることがすぐに分かった。敢えて言葉にするならば、人がこの世に生まれてきたことで背負わなければならない切なさ、悲しさであろうか。

その夢での体験が治療者の中に確かなものとして立ち現れたことで、谷本さんの語る内容がより深く響いてくるように感じられた。

心理療法における意識と無意識の境界を巡っての「渾然一体」状態について述べてきたが、心理療法においての到達すべき地点として示したいのではない。治療者と共にそこを巡って、何度も繰り返し体験し続けることこそが必要であるのだと筆者は考える。

実際の面接場面では、渾然一体となった状態には必ず「終わり」は訪れる。面接時間という構造の枠が、そこに大きな力として働く。時間の「終わり」があるからこそ、その境が〈自分〉の生成の「始まり」となる。そして、一体感の「終わり」と「悲しみ」を同時に体験するのである。

この〈自分〉を巡っての「終わり」と「始まり」の繰り返しを通して、谷本さんは〈自分〉を体験していったのだろう。面接を通して治療者と共に何年も取り組んできたのであるが、その導き手は、あの夢の体験であり、光り輝く球体のイメージであったといえるだろう。

最後の一年ほどの面接では、治療者の身体は眠気に覆われながら、だんだん気持ちが緩む感じになっていった。「これこそが人としての本来の姿ではないか」、「私たちはその本質に触れているのではないか」とさえ思うこともあった。まさに二人で非日常の時間を共有していた。

しかし、終わりの時間になるとふっと日常の時間に戻っていった。彼女は外来受付に戻り、料金を払い帰る。私はカルテに記入し、次の面接の準備をし、現実の世界にそれらは埋もれていく。

この心理療法で流れている時間こそが「谷本さんの弥勒の世界」だと思われる。面接室では毎回繰り返し他者である治療者に語り続けてきた。そして無意識の世界に一方的にのみ込まれることなく、意識を軸に無意識の世界に比例した超越的な世界に触れ続けたことによって、自分だけの「弥勒の世界」が生成されてきたのだろう。

その証ともとれるようなエピソードがある。十五年前に読んだあの「ミロク信仰」の本を古本屋で見つけたのだった。どうするのかと治療者は心配したが、「その本を百五円で買った。そんな値段になっていました」と笑いながら話されたのだった。

そして、九年目の第二百八十二回ではこう語った。

「前はパートナーが欲しかった。今は性的欲求が減ってきて楽になったと思う。三十九歳で発病。四十代で調子を崩したり、乳がんの手術を受けたり。どうしてこんなに自分にはいろんなことが起こるのかと思う。もう、生まれ変わりたくないと思っていた。そして、ある本に『今までのツケを清算するためにいろんなことが起きている』と書かれていて、納得した。それを受け入れている。今は流れに逆らわず、治療を続けていくつもり」。

「女の人を好きなことも、三歳のときの万引きのこともここでは話してふっと楽になった。今まで自分の内側を止めようとして窮屈だった。今は少しずつ解放できている。一人でやっていけそうかなあと思いここで一区切りしたい」。

この第二百八十七回のセッションで心理療法の終わりを谷本さんは自ら決断した。九年間続けてきた心理療法に、ひとまず終止符を打つことになった。治療者は少々残念な気もしたが、初めて自分の意思で関係を離れることに意味を感じた。今までは向こうから切られる体験ばかりであったのだが、そう思うと、このこと自体も谷本さんの主体的な決断として大きな体験になると思われ合意した。

その後は外来で数回顔を合わせるほどだった。診察には定期的に通っていた。

そして、面接を終えたその年の春にがんの再発が見つかった。外来で偶然会うこともなく、主治医から話をときどき聞く程度であった。

そして、病状には逆らえず、しばらく厳しい闘病生活を送った後、翌年の夏の初めに谷本さんは亡くなった。五十一歳であった。

夏の暑さが本番を迎える頃、この地域では大きな祭りがある。夜明けの街を勢いよく駆け抜けていく神輿。熱気に包まれる沿道の人たち。その躍動感がぶつかりあう姿を前に、この心理療法で感じてきた生きることの強さと儚さが重なりあうのだった。

文　献

Jung. C.G.（1958）Die Psychologie der Übertragung. 林道義・磯上恵子共訳（一九九四）『転移の心理学』みすず書房

村上靖彦（一九九〇）「非定型精神病の初期診断と治療的対応」『精神科治療学』、第五巻第六号、七四一-七四七頁、

Neumann. E.（1971）Ursprungsgeschichte Des Bewusstseins. 林道義訳（二〇〇六）『意識の起源史』紀伊國屋書店

白洲正子（二〇〇七）『道』新潮社

渡辺雄三（一九八八）『心理療法と症例理解──病院心理臨床の実際』誠信書房

渡辺雄三（二〇一五）『自己実現と心理療法　夢による〈私〉の探求』創元社

第四章　こころを多面的にみていくこと

――主体性を見失っていた女性との心理療法を通して

中村道子

はじめに

われわれ臨床心理士は、さまざまな仕事を行っている。精神科病院に勤める私にとって、その仕事の中核となるものの一つに心理療法がある。

心理療法は、いったん始まるとクライエントの抱える問題に一定の改善がみられたと合意に至らない限り、普通、臨床心理士側の都合により途中で止めたり、投げ出すことはできない。そして、クライエントに一定の改善がみられるまでには、多くの場合に長い時間が必要となる。そのため、一人の臨床心理士が心理療法を受け持つことができるクライエントは、精神科病院で治療を受ける人々の中のごく一部でしかない。このような効率の悪い仕事ではあるが、私の所属する精神科病院においては、医師やコ・メディカルらの理解と協力があり、心理療法を治療の有効な一つの方法として活用されることが少なくない。

心理療法は、クライエントの抱えるこころの問題を整理し改善を計る、クライエントのためのものである。そして、心理療法における臨床心理士の役割とは、専門的知見からクライエントのために役に立つ仕事をすることであろう。この専門的知見として重要なものの一つに、理論や技法がある。私は現在、精神分析的な心理療法の理論に信頼を置く立場にいるが、いかなる理論であっても、それはクライエントについての理解を深めるために用いられるものであり、臨床心理士は状況に応じてその理論をいつでも手放し、修正できなければならないと思う。もしも、臨床心理士がクライエントとの間に生じている意味を丁寧に吟味することなく、クライエントを理論に当てはめ、理論に忠実であろうとするならば、その理論はクライエントのためのものではなくなり、心理療法においてクライエントのこころは取り残されてしまうことになる。

心理療法は、クライエントと臨床心理士との深い情緒的なかかわりを通して進められていく。そのため、臨床心理士は理論によって防衛することなく、目の前のクライエントと向き合い、クライエントの内的世界に触れ、クライエントに必要なことが何であるかを感じ取っていくことが大切であると思う。そして、クライエントの内的世界を理解しようとするとき、より重要なことは、臨床心理士が自分のこころに目を向けることなのではないだろうか。自分が気づかずにいる未知の部分を知ることで、クライエントの生き生きとした内的世界に身を置くことができ、ここで初めて理論を生かすことができるように思う。臨床心理士が臆することなく自分自身の未知、クライエントの未知に向き合おうとすることで、クライエントは安心して自分の未知へと開かれ、自分のこころの問題へと向き合い、整理していくことができるのではないかと思う。

私はこれまで、このような考えを踏まえて臨床を行ってきたつもりであった。以下に述べる瞳さん（仮名）との心理療法も、クライエントのこころと自分のこころに目を向け、理論を用いるようにしていた。しかし私は、面接経過の中で立ち行かない経験を繰り返した。そして、理論を脇に置き、クライエントの未知、自分の未知のこころと向き合うことの難しさを体験していくこととなった。

ここでは、六年間にわたる瞳さんとの面接経過を振り返り、臨床心理士がクライエントの未知、自分の未知のこころと向き合うということは、どのようなことなのかを考えてみたい。尚、事例の提示に当たっては、ご本人から承諾をいただいた。登場する個人やその関係などが特定される恐れがある事柄については、大幅な変更を加えたことをお断りしておく。

一　出会い

瞳さんは、夫と二人の子をもつ二十代の女性である。瞳さんは、第二子を出産後に不眠、抑うつ気分が出現し心療内科を受診した。うつ病と診断され投薬治療を続けていたが、半年後に大量服薬をし、私の勤務する精神科病院へ入院となった。入院治療中は希死念慮が長く続き、退院を機に母親が主治医に心理療法を依頼、本人も同意し紹介となった。

初めて私のもとを訪れた瞳さんは、抑うつと希死念慮に苛まれていたにもかかわらず、愛想がよく鷹揚に構え、私の話を丸ごと受け止めようとする姿勢が印象的だった。心理療法の動機について、「母親の勧めです」と笑顔で答える瞳さんに自身の意向を尋ねると、慌てるように「今は自分がやりたいと思っています」と答えた。

アセスメント面接で語られた生育歴では、瞳さんは、共働きの両親のもとに一人っ子として生まれ、幼いときからいつも良い子であるよう厳しく躾られた。学生時代は勉強にも運動にも努力を惜しまず、両親の期待に応えてきた。家庭の外では、友人たちからしっかり者として頼られ、相談役になることが多かった。大学卒業後は企業に就職し、仕事は忙しかったがやりがいはあった。同僚だった現在の夫との交際も順調で、充実した毎日を過ごしていた。結婚後は、夫の希望で仕事を退職し、まもなく二人の子に恵まれた。しかし、この頃から家事や育児を頑張っても努力が足りない思いに駆られ、気持ちの落ち込みや不眠が続くようになった。瞳さんは、変化に気づいた母親に連れられ心療内科を受診した。彼女の子どもたちは、母親の判断で母親が面倒をみることになった。瞳さんは，母親が子育てや家事，仕事に奔走する姿をみて，役に立たない自分は死んだ方がいいと思うようになった。

両親は，瞳さんが小学生の頃から夫婦喧嘩が絶えず，瞳さんはいつも両親の間を取りもつようにしていた。彼女は両親から向けられる期待に応えようと努力を怠らなかった。しかし父親には，結果がでなければ評価されることはなく，さらに上を求められることが常だった。そして母親は，瞳さんにとって完ぺきな人で，瞳さんの努力は何事も当たり前とされ，口答えは決して許されなかった。また，母親の意に沿わないと，頬が腫れるほど叩かれることもあった。要求水準の高い両親とは異なり，瞳さんの夫は物静かで優しかった。しかし，家のことは全て瞳さん任せで，世話のかかる人だった。

経過を話した瞳さんは，「今の自分の状態は周りの期待に応えることに無理をしたから」と話した。その一方で，自分より相手の喜ぶことが嬉しいとの思いから，「自分のことはどうでもよくなってしまう」と語った。私は瞳さんの話を聴き，「今も人から良い子を求められているように思い，人の役に立たないと自分の存在価値がないと感じているのではないですか」と伝えた。瞳さんは同意しながら「嫌なことでも求めに応じてしまうところに自己嫌悪もある」と話した。そして今後について，「人の世話をするばかりで自分をみつめることがなく今まで来てしまった。自分の思いを口にしないところを変えたい」と語った。

これまでの瞳さんの話から，私は，彼女の面接動機が母親の意向に従おうとするもので，主体的なものではないであろうと思った。また治療目標についても，こちらを意識した模範的な印象が感じられた。しかし，主体的な思いよりも相手の意向を優先してしまうあり方が，瞳さんの中核的な特徴なのであろうと理解した。そして私は，瞳さんがこれまで口にすることのなかった自分の気持ちを言葉にしていく力はあるように思い，週一回五十分の心理療法を導入した。

二　行き詰まり

面接を開始すると、瞳さんは「小さい頃からいつも聞き役で、自分のことを口にしてこなかったから」と自由に話をすることへの戸惑いを示した。そして、「自分より人が喜ぶにはどうしたらよいか考える」、「人に喜んでもらうことがしたい」と話した。瞳さんは、自分の気持ちよりも目の前の私の意向が気がかりなようだった。それを伝えると、彼女は「望まれていることに応えられていないと思うと申し訳ない気持ちになる」と答えた。このような瞳さんに、私は彼女の不安な気持ちを繰り返し扱った。そして彼女は、我慢することが多かった幼児期の思い出を少しずつ話すようになっていた。私が、「ずっと我慢ばかりさせられてきたという思いがある。でも自分の気持ちを出すことは悪いことだと思っているようですね」と伝えると、瞳さんは「自分を出すと親が傷つく。良い子であることを裏切る罪悪感がある」と話した。そして彼女は、小学生のときから料理や洗濯を頑張っても母親に当たり前とされたことや、親や教師に甘える同級生を我儘だと軽蔑し、疎ましく感じていたことなどを話した。

面接開始から二カ月が過ぎ、瞳さんは要求の多い両親の身勝手さについて、よく話をするようになっていた。これまで控えていた外出も増え、彼女は活動的になっていった。そのような瞳さんに対する母親の監視の目は厳しく、彼女は「自分を壊したくなる」と訴えた。その一方で、「家族の役に立たないと、生きているだけで迷惑をかけている感じがする」と話し、瞳さんの気持ちは大きく揺れ動いているようだった。私は、瞳さんがこれまで抑えてきた母親への不満を積極的に取りあげ、彼女も自分の中にある怒りに気づいていくようだった。

しかし、その後の面接の中で、瞳さんは意識を失うように寝てしまった。声をかけ、目を覚ました瞳さんは、二週間前から汚物清掃の仕事を始め、仕事がきつく身体を傷つけることで乗り切っていたと告白した。そして、「母親がハードルを上げてくるから、お金の面だけでも役立つようにと思って」と話した。私は「人の役に立てずにいる自分を抱えてとても苦しいのでしょう。でも今大切なのは、親のためではなく瞳さんが幸せになるために治療に専念することではないですか」と話した。彼女は同意したが、翌週も仕事で疲弊し薬を飲んだ状態で現れた。「仕事の収入で母親をもてなし、泣いて喜んでもらえた」と語る瞳さんに、私は、「母親の期待に応えなければという思いに駆られてしまうのでしょう」と伝えた。彼女は、「病気は治る出口もみえない。それなら自分が壊れても相手の役に立ってあげたい。自分はどうにでもなれと思っている」と答えた。彼女の話を聴きながら、私は裏切られたような気持ちとなり、「苦しさをお金で解消しようとしない方がいい。どうにでもなれでは面接が続けられなくなってしまいますよ」と厳しく伝えた。瞳さんは「本当は仕事も辞めて自分を取り戻したい」と答え、激しく泣いた。私はその泣く姿を目にして、自分が彼女の支配的な母親のようになり、彼女を傷つけてしまっていることに気づき、言葉を失った。

翌週、瞳さんは仕事を辞め、面接への意欲を語った。一方で、母親に叱られ「どうせ私が悪いんでしょう」と反発したことや、家族に対する失望感を話した。これらは、私が彼女の苦しみを受け止めず、気持ちを押さえつけたことに対する怒りや失望であろうと理解し、一つずつ伝えていった。こうした中、瞳さんは夢を語った。死ぬ気で道に飛び出しても車に避けられてしまう内容に、瞳さんは「私には死ぬ権利もない」と連想した。私は、「誰も自分のことを理解してくれないと思い、死にたくなるほどの気持ちでしょう」と伝え、希死念慮の高まりに注意を払った。その後しばらくすると、彼女の苦しみは次第に父親へと向かい、要求ばかりする父親のせいで病気になったのだと瞳さんは父親を責めた。彼女の訴えに父親が態度を改め、瞳さんは自分の力で父親が変わったことを嬉しそうに報告した。

この面接の五日後、瞳さんは自殺未遂を図った。一報を聞いた私は、これまでの私のあり方では駄目だと、瞳さんが命を懸けて迫ってきているように感じた。瞳さんは、意識が回復し退院した後、「父親が努力し上昇していくのをみて、変わらない今の自分を受け入れられなかった」と話した。そして、「気遣うのは自分の役割。それなのに父親に気遣いをされ、私は何もせず主張ばかりしている状態が耐えられなかった」と語った。瞳さんの話に耳を傾けながら、私はこれまで彼女を理解するために知識を頼るばかりで、目の前の瞳さんの気持ちに向き合ってこなかったことに思い至った。私は、瞳さんの中の分からない部分に気づいていながら、それをみないようにしていたことに、このときようやく気がついた。そして私は、分からないままの状態に身を置き、腰を据えて瞳さんの気持ちに集中していくしかないのだろうと思った。そこから、私は瞳さんの気持ち一つ一つを取り上げ、丁寧にみていくことを心掛けていった。

このとき、こころの変化は、瞳さんにも表れていたようだった。彼女は、父親の変化に一喜一憂しながらも、その自分を客観的にみたり、自分の気持ちを考えるようになっていた。また、自分を見失わないようにと慎重に行動したり、所在のなさに無理して居場所をつくることを止めようとする気持ちを話すようになっていた。

三　螺旋のような歩み

それからの一年間、瞳さんは周りの要求に応えずにいる不安を抱えながら、自分の気持ちと向き合うことの努力を積み重ねた。彼女は、母親から子どもたちを引き取ることを考え始めたが、自分の納得する答えがみつかるまで、その時期を待つことを大切にしていた。

この間、母親から瞳さんへの干渉は激しく、そのことに彼女は苦労していた。しかし、子どもたちとの新たな生活が始まると、瞳さんはその楽しさを語ることが増え、母親の話題は少なくなっていた。私は、瞳さんが母親との問題に触れないことが気になりながらも、いつしかその問題は蓋をしたまま終結してもいいのかもしれないと考え始めていた。そのことに気づいた私は、「私に良い話をすることを求められていると思うのではないでしょうか」と尋ねた。瞳さんはそれに対し「面接の中で気持ちを整理したり、自分で気づいたりすることはまだ通過点で簡単なことじゃない。でも母親はもう普通の状態と思っているみたい」と答えた。

その翌週、瞳さんは「いろんな感情があふれ出てきてしまった」と、母親に対する思いが収まらなくなっていることを話した。彼女は、小学生の頃から母親の理不尽な説教に、黙っていると怒られ、自分の考えを言えば余計に叱られ混乱していたことを思い出した。成人してからは、母親の愚痴や怒りをいつも聞かされ、自分は汚いものが次々と投げ入れられる便器のようだと語った。そして、思い通りにならないと大声で泣き叫び、「どうせお母さんが悪いのでしょう」と言う母親を、彼女は「ズルい」と話した。

毎回の面接で、瞳さんは母親に対する自身の怒りの大きさに圧倒され苦しんでいた。そして「湧き出てくる感情がこれほど苦しいのなら、自殺を図ったときに誰も助けてくれなければよかった」と涙した。私は、彼女の感情と向き合い、じっと耳を傾けるようにしていた。しかし時折、彼女の苦しみに私も圧倒され、瞳さんと母親の対象関係を説明したり、母親に分かって欲しかったであろう思いを割り込むように伝えた。それに対し瞳さんは、「この感情は今出てきたものじゃなく、今まで押し込めてきたもの。これは避けて通れない。向き合っていくしかない」と言って踏みとどまった。

私は瞳さんの気持ちから、彼女がこれまで母親のために存在することが自分の役目だと思ってきたようであること、その母親を否定すると自分の存在がなくなると感じてきたようであることを理解し、それを伝えた。これらのことは瞳さんの中でも、少しずつ目が向けられているようだった。そして瞳さんは、母親の考えとは違う自分の意思が決して間違っておらず、自分が母親から独立した確かな存在であることに気づき始めていた。しかし、母親からの理解は諦めざるを得ないことに、割り切れない思いもあるようだった。

数カ月の苦しみののち、彼女は気持ちに変化があると話した。瞳さんは、「母親の事をずっと考え苦しんだけど母親は変わらない。でもそう気づいたことで、母親は変わらないんだと思うようになって、自分の考えも変えなくていいと思うようになった」と話した。そして、子どもの頃のことを、「自分が悪かったわけじゃない、自分のせいじゃないいんだと思う」と力強く語った。

この頃から、瞳さんは少しずつ関心が外へと広がっていった。人との関わりの中で、彼女は自分の考えに気づいたり、支配のない関係を発見しているようだった。瞳さんは、たくさんの子どもを抱えながらも幸せそうな女性や、器が大きく安定したママ友について熱心に語り、「今自分が望んでいるのは、物ではなく家族と幸せでいられること。そう思って彼女たちをうらやましく感じた」と話した。私は「瞳さん自身が、今、幸せや安定を感じていて、その自分を彼女たちの姿に重ねてみているのではないですか」と伝え、瞳さんは少し恥らいながらも、「そう思う」と答えた。このような瞳さんの変化に対し、母親は彼女を病気の再発として扱った。彼女は自分らしさを否定する母親について、「私はこれまで、耐えるか離れるかのどちらかで、寂しかったり腹が立つのはいけないような感じがしていた。でも今は色々出てくる感情を受け止められる強い自分でいたい」と話した。私は、「母親に寂しさや怒りを受け止めてもらえず、寂しかったり腹が立つ自分が悪いと思わざるを得なかったのでしょうね」と伝え、瞳さんは同意した。そして彼女は、自分を木のイメージに例え、「風に揺れたり、雪で枝がしなっても跳ね返す感じの木。これが自分の中にある限りは大丈夫だと思う」と語った。

安定した時期は二年以上続き、瞳さんは家の大がかりな整理を始めた。その中で、彼女は多くのものを処分し、「今の生活を穏やかで幸せと感じる。でもこのまま幸せでいいのかと考えることがある」と話した。瞳さんは、不安を感じる理由を探っており、私は瞳さんと一緒に、彼女の中の不安についてじっくりと考えていった。

しばらく経った頃、瞳さんは発病当時のことを語り始めた。彼女は生きる意欲を失っていたことを「過去はどうにもならない。自暴自棄になっていたことは自分の責任だから」と話した。そして彼女は、「これまで葛藤と向き合わず、ごまかして逃げてきた」と自分を責めた。瞳さんは、自分の存在意味がないと思うほどに苦しむようになり、それは長く続いた。私は、「過去を受けとめきれない自分、母親のせいだと思う自分を悪いと思っているようですね」と伝え、彼女はその思いによる苦しみを語っていった。そして、過去の自分が母親から逃げるすべがなく、自分を傷つける以外道はなかったことを受け止めようとしていた。私は彼女に、「そろそろ自分を許し、解放してあげてもいいのではないですか」と伝えた。彼女は同意したが、そこから連想は進まなかった。私は、自分の介入が不必要なものだったと思い、立て直した。その直後、彼女は、「結婚前に夫の求めに応じて仕事を辞め、家庭に入ったときが苦しみの始まりだった」と話した。瞳さんは、自分の努力を正当に評価されていた仕事を続けたいと願っていた。それを母親から間違っていると一蹴され、瞳さんは「自分が間違っているんだと思うことで、自分の気持ちから逃げてしまった」と語った。私は、「自分の気持ちを大切にしてもらえず否定され、とても傷ついて、辛かったでしょうね」と伝え、瞳さんは「ずっと苦しかった」と、溢れ出すように涙した。

四　新たな一歩へ

その後しばらくして、彼女は「病気で子どもたちとの生活ができなかった時間の遅れを取り戻したい」と話すようになった。そして、「もうそろそろ遅れている思いを手放して、自分を許してもいいのかなと思う」と語り、これまでの自分を受け入れ始めているようだった。瞳さんは遠慮がちだった子どもたちとのかかわりを、「子どもたちに厳しいと思われてもいい。良さを伸ばしていきたい」とたくましく語った。私は、「瞳さん自身も子どもたちを通して、自分の良さを伸ばしていきたいと思っているようですね」と伝えた。

面接が六年目に入る頃、瞳さんはもう一度仕事をしたいと、資格のため学校に通うことを決め、「大きな変化のとき」と表現した。また、子どもたちの学校行事にも進んで参加するようになり、忙しくも気負わず生活しているようだった。母親との関係にも変化が表れ、彼女は孫に対して干渉する母親を嫌悪しながらも、「別の側面から母親をみてみると、母親なりに孫を大切に思っているのが分かる。こういう見方をするようになって、楽に母親とかかわれるようになった」と話した。私は、瞳さんの変化に対し、面接の役目が終わりに近づいてきているように感じていた。こうした中、瞳さんは子どもたちとの日々のかかわりから、「子どもを育てるのって本当に大変なことだなって思う。特に優れた子にしようとしている訳でもないのに」と語った。私は「大変だと思うのは、子どもたちの成長を待ち、見守り続けているからでしょう。そして、瞳さん自身も、自分の成長を待ち、見守り続けていると感じているのではないですか」と伝え、彼女は、「本当にそうだなと思う」としみじみと答えた。

これから先、瞳さんは自分の力で自分を育てていくこころづもりができているようだった。私はしばらく考えた末、瞳さんに「面接を終える時期が近づいているように思いますが、どう思われますか」と問いかけた。瞳さんは、次の面接までじっくりと考えた上で、終結への自分の意思を時間をかけて語り、三カ月後を目安に終了することを希望した。そして瞳さんは、「いつ頃からかこころの中に先生の存在があって、こころで対話をしながら色々なことに気づいたり、考えを整理したりするようになっている」と話した。

終了の日が近づいたとき、瞳さんは、「これまでは自分の経験の中だけで人を一面的に理解しては行き詰って、何度も失敗してきたと思う。でも失敗して始めて、人にはもっと多くの豊かな面があることに気づく。一面的に人を理解するこだわりを手放すのはとても大変なことだと思う。だけど、この先も気づくことを受け入れられる自分でいたい」と話した。私は、「瞳さんがこれまで自分の気持ちと辛抱強く向き合ってきたことが、人の豊かな面に目が向けられる今に繋がっているのでしょう」と伝え、「そうだとしたら嬉しい」と、瞳さんは微笑んだ。

最終回、私は瞳さんに事例発表についての相談をした。彼女は、「ときどき、昔入院していたときに同じ病棟にいた人たちのことを思い出す。病気の重い人もいたけど、彼女たちと私とは何も違いはない。私はこうして治ることができて恵まれていた。彼女たちのような人が一人でもこういう時間を持てたらいいなと思う。そのために私のことが役に立つなら是非使ってほしい」と言い、最後に挨拶をして、心理療法は終了となった。

五　こころの柔軟さを模索する

瞳さんとの面接の過程は、彼女自身が面接終盤に気づいた「一面的なものの捉え方に目を向け、手放し、こころを多面的にみていくこと」、そのものであったように思う。瞳さんは、面接当初、これまでの一面的な捉え方から動けずにいた。瞳さんはそれによって何度も失敗し、行き詰まりを体験した。このことで彼女は自分のあり方に目を向け、不安を抱えながらも一面的なあり方を少しずつ手放すようになっていた。そして瞳さんは、自分の意思や新たな考えに気づき、自分を貫く強さを身につけていった。

「こころを多面的にみていくこと」とは、瞳さんのことだけではなく、面接の中での私のプロセスでもあったように思う。面接当初の私は、瞳さんに対する一面的な捉え方から動くことができなかった。臨床実践を始めてまだ日の浅い私は、僅かな知識に忠実であろうと瞳さんを導こうとしており、それを手放すことは考えにも及ばなかったように思う。

瞳さんと初めて出会ったとき、私は「自虐的世話役」（北山修、一九九三）という言葉を思い浮かべていた。瞳さんは、自分の性格を面倒見がよく、人のためならば自分が犠牲を払うことは厭わない世話役として自らを語っていた。それに留まらず、彼女には周りからの要求に苦しみながらも、応えることに生き甲斐を見出すといった部分もみられた。

アセスメント面接を通して、私は、瞳さんが幼少の頃より母親を求めながらも、それが満たされることはなく、母親の意向に従わねばならなかったようであると感じられた。そして、母親に向けられた瞳さんの不満は母親には届かず、悪いものへと意味を変えられてしまっていたようだった。そのため、愛情欲求を持つ瞳さんは罪悪感を背負い、母親の欲求を満たすことでしか自分の存在価値を見出せなくなってしまったのであろう。このように、私は見立てをした。これによって私は瞳さんのことを理解できたかのように思い、面接を導入することを決めた。

ケースメント（Casement, P., 2002）は、セラピストがクライエントに出会うとき、理論や臨床経験はクライエント理解を助けるが、これに頼ることでクライエントを知らないにもかかわらず、あたかもすでによく知っていることのように錯覚してしまう恐れがあることを論じている。面接当初、私は理論に基づいた見立てにすっかり頼っていた。それは、瞳さんが抑うつと希死念慮に苛まれ希望を失っており、私は、一刻も早く瞳さんとの関係を築き、面接を希望につながる場にする必要性があると感じたためだった。私は理論によって、瞳さんに希望をもたらすものが何であるかを知っているかのように錯覚することで、瞳さんの危うさを回避しようとした。そして、私はこの錯覚により、瞳さんの気持ちを言葉にする場にしようとする私の主導が働いていることに気づくことなく、心理療法を導入した。

面接を開始すると、瞳さんは自分の気持ちを表すことに不安をみせた。そして、私の意向に従うことが、面接での役割と思っているかのようだった。私は、彼女が自分の欲求を優先させることを許されなかった母親との対象関係を、私との間で表しているのだろうと考えた。そして、彼女の不安を解釈することで、瞳さんが抑圧してきた母親に対する陰性感情の表出に繋がっていくのではないかと推測した。藤山直樹（二〇〇三）は、臨床を始めた当初の転移・逆転移の理解を、「転移が白紙の「スクリーン」としての私・治療者の上に投げかけられ、それを私が読み取るという体験のされ方であった。（中略）そのような前提に立つとき転移はあくまで「ひとごと」であり、その理解は本質的に間違ったものだと述べている。このときの私は、瞳さんにとっての「白紙のスクリーン」であろうとしていた。それがクライエントのための仕事だと思っていた。私は、瞳さんの言葉を読み取り転移解釈をしようと、自分のこころを中立で整然とした状態でいることに頭を使っていた。これにより私は、瞳さんの感情表出を待ち構え、瞳さんを導こうとする支配的な関係を再現している「白紙のスクリーン」ではない自分にも、それに従う瞳さんの気持ちにも目が向かなくなっていた。

その後、私は瞳さんの語る母親に対する不満を、正当な怒りとして積極的に扱った。これにより、瞳さんは母親の顔色を優先するのではなく、自分の意思を優先させることへ意識を向けるようになっていた。その一方で、瞳さんの不安はますます大きくなっていくようだった。このとき私は、それまで彼女が抑えてきた不満や怒りといった否定的な感情を表すようになったことについて、治療が進んでいるものと考えていた。しかし、瞳さんは怒りの表出を私に促されているように体験し、その支配に従っていたのかもしれない。私は、自分が失敗をしている可能性を吟味することなく、瞳さんの不安を彼女の問題としていた。そのため瞳さんは、母親への反抗と自立へと向かう不安を、自分を傷つけ母親へ奉仕する行動によって解消するしかなかったのではないかと思う。

渡辺雄三（二〇一一）は、セラピストがクライエントを傷つけることはさけたいとした上で、「心理療法においても、セラピストが失敗してしまうことはさけられないが、しかし、心理療法を完ぺきに行おうと反省するよりも、むしろ、セラピストが失敗したときには、できるだけ早くそれに気づき、オープンな態度でクライエントと話し合い、クライエントとの関係の中で修復することの方が、心理療法として、またクライエントのためにも、ずっと大切である」と述べている。瞳さんが自らを傷つけることで苦しみを表したとき、私は彼女がそこまで混乱してしまっていたことを改めて知り、大きく気持ちが揺れ動いた。しかし、私はその自分の気持ちにも、彼女の苦しみにも向き合おうとせず、その瞬間の自分の感情を優先した。私は、彼女の気持ちを押さえつけ、傷つけてしまったことを反省し、不安定になった面接状況を立て直すことに気がいってしまっていた。私は、自分の逆移を、クライエントから投げ込まれた内的母親を私が演じてしまったと知的に理解することで、面接状況を見慣れたもの、分かっているものにしようとした。そして、彼女が自虐的な行動へと向かった切実な思いについて語る機会を奪い、瞳さんの語る母親への怒りや失望に対し、私は「白紙のスクリーン」のような転移解釈を重ねた。

六　こだわりを手放していく

瞳さんの死への衝動は、私には、彼女から命を懸けて面接の失敗を教えられているように感じた。それは、これまでの馴染ある方法にしがみついている不安な私自身の姿を、瞳さんに突きつけられたような感覚でもあった。私は、自分の知らない瞳さんの感情に出会うたび、それが分からないという思いを知的に解決しようとし、瞳さんの気持ちを見失っていたことを振り返った。そして、この分からないままでいることに耐え、目の前の瞳さんの気持ちと向き合おうとする以外、今の自分にできることはないという覚悟をした。

私の気持ちの変化と連動するように、瞳さんも、分からないままの自分の気持ちに目を向けていくしかないという、覚悟のようなものが芽生えているようであった。瞳さんは、不安に駆られる気持ちと向き合い、これまでのように親に服従するか、服従させるかの二つしかない選択肢に頼ることなく、待つということを意識するようにしていた。そして、少しずつ瞳さんは独自の考え方・生き方をみつけていくようになっていった。そこでは、彼女の以前の捉え方や新たな考えを、瞳さんと私との間で一つ一つさまざまな角度からみていく作業を行っていった。瞳さんにはゆとりが生まれ、母親から子どもたちを引き取った後は、新たな生活に生きがいを見出していた。希望を失っていた面接当初の面影はもうなく、彼女は生きる意欲にあふれていた。試行錯誤ではあるが、瞳さんは自分の気持ちを言葉にすることもできるようになり、私は面接が終結へと向かっていると思うようになってしまっていた。

その後の瞳さんが母親に対する葛藤と取り組むに至ったのは、彼女がこれまでの過程でこころの強さを身につけていたからであると思う。そうであっても、この体験は彼女にとって恐ろしく、苦しいものであっただろう。それは、私にとっても先のみえない長く苦しい時間だった。彼女の激しい感情に、私は何度となく圧倒され、大きくこころが揺さぶられた。そして、私は彼女にとって必要のない介入をし、失敗に気づくことで、瞳さんの中の分からなさに目を向けるよう立て直した。これを繰り返しながら、私は、瞳さんが思うままに振る舞っても、面接初期のように彼女を支配し、導くことは必要のないことだと感じるようになっていた。また瞳さんの方も、以前のように自分の考えを撤回して私に合わせようと調整することなく、自分の考えを貫くようになっていた。

瞳さんは葛藤のプロセスを生き抜き、自分自身を肯定的に捉えることができるようになっていった。彼女は、これまでの母親の価値観を脇に置いて、瞳さん独自の自然な感情を大切にするようになっていた。そこから彼女は、過去の自分と向き合う作業へと進んだ。瞳さんは、過去から逃げようとする自分を許さず、責め続けていた。私は、そのような彼女を苦しみから引き離したい思いに駆り立てられた。しかし、瞳さんは私が導こうとしなくても、自分自身に向き合い、自分の力で答をみつけ出そうとしていた。そして、瞳さんは過去の自分を労わるように受け入れ、前を向いて歩んでいくようになっていった。

七　こころの豊かさに目を向けること

面接の終結に向かい、私は、自分からの終了の提案によって瞳さんの主体性が揺れることを危惧し、慎重であった。しかし、瞳さんは私からの提案に対し、自分の考えを私との間で十分に話し合い、自分の意思として終了を決断した。瞳さんは、これまでのように自分を殺し、相手の思い通りになることも、相手を自分の思い通りにさせて自決することもしなかった。私は、瞳さんが自分も相手の思いも大切にした上で、自分の考えに責任を持つ主体的な生き方をしていることを、終結にあたって改めて知ることとなった。そして私自身も、自分の考えに責任を持ちながら、彼女との間で答えをみつけていこうとすることが大切であり、必要があれば自分の考えを手放せる自由で柔軟なこころでいることが、自分らしい臨床心理士としてのあり方なのだろうと思うようになった。

このようにして面接の経過を辿ると、「一面的なものの捉え方に目を向け、手放し、心を多面的にみていくこと」は、瞳さんと私との間でパラレルに進んでいったことのように思う。

面接当初、私は瞳さんを理論に基づいて導くことを自分の支えにしていた。私はこの一面的なあり方によって、何度も瞳さんを見失い、自分の固まった考えから抜け出せず行き詰まった。そこから私は、「白紙のスクリーン」であろうとし、自分の考える枠の中で瞳さんを理解しようとしている自分に気づくこととなった。そして、理論や先入観にすがる自分を手放していくことによって、瞳さんの豊かな感情に出会い、私は新たなあり方を発見していくこととなった。

一方、瞳さんも母親に服従し、母親が混乱せぬよう自分を調整するのが当初のあり方だった。彼女は、この一面的なあり方から動けず、もがいては混乱し行き詰っていた。ここから瞳さんは、母親に同一化することで自分の存在を見出そうとしている自分に気づいていくようになった。瞳さんは、この慣れ親しんだあり方を時間をかけて手放し、それによって、彼女は親に服従せず、自分の意思に従っていける自分らしさを発見していくこととなった。

このことは、私が瞳さんを導いた結果ではなく、また、瞳さんに私が導かれたのでもない。瞳さんと私がお互いに模索し、影響を与え合いながら、それぞれの自分らしいあり方をみつけて行こうと、共に歩んでいった道のりであったと感じている。

面接の経過を振り返り、自分自身の一面的な捉われに気づき、それを手放していこうとすることは、自分の未知のこころと向き合う作業であり、クライエントである瞳さんの未知のこころと向き合うことでもあったのだろうと、私は思う。

おわりに

松木邦裕（一九九一）は、ケースメントの著作の訳者あとがきの中で、ケースメントが「私は患者について follow いきます。私にできる最善をつくして。そして、それがどんなところに私を連れていこうともです」と語ったことを紹介している。私がこの言葉の意味を僅かながらにでも理解するようになったのは、瞳さんとの面接を終え、経過を検討し始めてからである。面接当初の私は、クライエントについていくということを、臨床心理士がクライエントの後ろから支えながらも導いていくイメージで考えていたように思う。

瞳さんは、面接の中で次々と新しい自分をみつけていった。気負うことなく堅実に新しい自分へと目を向けていく彼女のことを、私はいつも感心してみていた。そして、彼女が新しい自分に出会うとき、瞳さんは、私の知る彼女の一歩も二歩も先をみているようであった。今、改めてケースメントのこの言葉の意味を考えると、一歩も二歩も先にある瞳さんの未知の部分を私も一緒にみていたという感覚は、クライエントについていくということに少し近いことなのかもしれないと思う。

クライエントにひたすらついていくことは、私にとって決してたやすいことではない。臨床実践を重ねる毎に、一面的に捉える自分が次々と現れ、失敗を繰り返している。しかし、自分自身の未知に、そしてクライエントの未知の部分に開かれていようとするならば、クライエントのために、自分の力量の中での最善はつくせるのではないかと思う。

文献

Casement, P.（2002）Learning from our mistakes. Paterson Marsh Ltd. 松木邦裕監訳（二〇〇四）『あやまちから学ぶ──精神分析と心理療法での教義を超えて』岩崎学術出版社

藤山直樹（二〇〇三）『精神分析という営み──生きた空間をもとめて』岩崎学術出版社

北山修（一九九三）『見るなの禁止──北山修著作集　日本語臨床の深層第一巻』岩崎学術出版社

松木邦裕（一九九一）「訳者あとがき」Casement, P.（1985）On Learning from the Patient. Tavistock Publications. 松木邦裕訳（一九九一）『患者から学ぶ──ウィニコットとビオンの臨床応用』二五七－二六四頁、岩崎学術出版社

渡辺雄三（二〇一一）『私説・臨床心理学の方法──いかにクライエントを理解し、手助けするか』金剛出版

第五章　生まれ出てくるものへの恐れと生み出すことへの渇望
──思春期女性とのイメージを活かした心理療法

山内恵理子

ボクだけの幸せが欲しくて　愛を失うのがこわくて
ずっと独りで彷徨ってきたんだ
悲しくて虚しくて　消えたくなる時もあった

独りが好きなわけじゃないし　認めてもらえるとうれしかった
やっとこの頃気づけたんだ
ボクらが生まれて生きること　ああ　なんて描けばいいのだろう

幾度も尋ねてみたけれど　答えはまだ見つからない
だからボクは船を出すんだ
色のない街を離れて　朝焼けに染まるあの海へ

（「七海」第二百六十八回）

はじめに

これは、本章で紹介する七海さん（仮名）が、生きる意味を見失い自殺を図ったときから二年後、自らの名前「七海」というタイトルをつけて創作した詩の一部である。七海さんは絵を描くことが好きで、女性像を好んでよく描いていた。この日の心理療法では、官能的な女性、刀を持ち戦う少女、ゆるキャラ、神話の女神等、様々な女性像を描いた。それらの様々な女性像を「どれも私の分身だから一つに選べない」と語り、描き分けるのを楽しんでいた。そして詩「七海」を朗読し、「まだ答えは見つからないけど終わりじゃない。これからも探していく」と、未知なる人生への思いを表現した。

誰かに尋ね、何度確認しても、生きるための満足いく答えは見つからない。「あの海」とは、果てしない心の海（内的世界）であり、これから歩む未知なる人生でもあるのだろう。人生の航海でさらに船を進めるにはどうしたらよいか。七海さんは、自らの航跡を眺め、自らを支えてくれるものに気づくことで進み出した。はたしてその航海において、心理療法や臨床心理士はどのような存在となればよいのだろうか。

一　七海さんの素描（デッサン）として

長年に渡る七海さんとの心理療法過程を記すにあたり、まずは、その概要を紹介することとしたい。私の勤務する精神科病院の外来に、初めて七海さんが訪れたのは十二歳のときだった。当時の七海さんは、小柄ではあるが眼光は鋭く、勝ち気な少女という印象であった。七海さんは、自分の鼻水や顔の脂が肌に残っているのが嫌で、何度も手洗いをしたり、家族にタオルの洗濯を執拗に求めたりした。次第に、パニック状態となり泣きわめくことが何時間も続き、当院を受診した。主治医は強迫性障害と診断し、薬物療法と並行して心理療法を始めることとなった。

七海さんは、多忙な両親と漁業を営む母方祖父母の下、次子として誕生した。父親は快活であるが上昇志向が強く、七海さんのしつけや学業成績に対して、母親以上に意見を言っていた。母親は几帳面な性格で、七海さんの態度や服装に対して小言を言うことが多かった。母親は仕事のため帰宅時間が遅く、七海さんと共に過ごす時間は母親よりも父親のほうが長かった。七海さんも父親に懐いており、父親の言う通りに勉学にも部活動にも熱心に取り組む自分に対して、誇りを持っていたのである。一方で、七海さんは幼少期から絵を描くことが大好きで、時間と紙があれば、何か描いているような少女であった。

自分にしか描けない絵を描きたいの。絵描きになれなければ死ぬ。

七海さんはこの言葉を強い口調で何度も語った。この言葉は「他の誰でもない、私が生きる意味はあるのか」と、七海さんから問いかけられているように、私には聞こえた。今までは親（特に父親）の言葉に従うことで、七海さんの心の安定は、表面的には保たれていた。彼女が自分の世界を作り出そうとしたからこそ、七海さんの心は大きく混乱し始めたのだと考えられる。実際の経過の中では、家族の問題や学校でのいじめ、受験での挫折等、幾つもの苦難が生じ、強迫症状や抑うつ症状が悪化して、自殺未遂や精神科に入院する事態に陥いることもあった。

彼女の中であるべき姿として強固に確立していた父親像が、心の中で徐々に揺らぎ始めた頃（当時十八歳）、父親の金銭問題が発覚する。七海さんはその事実に動揺しつつも、心理療法の場では、自らの生い立ちや内に秘めた感情を今まで以上に掘り下げて見つめ、表現するようになっていった。父親に支配されていた世界が崩壊していく中で、七海さんは試行錯誤しながら絵や詩の創作を続け、そうすることで揺れながらも着実に、彼女自身の世界を形作っていったのである。

七海さんは、自分の体内から出てくる脂や鼻水による汚染を恐れ、そして今までに意識したことのない心の動きが自分の中に生じてくることにも恐れを抱いていた。一方で、自らの感性やアイディアを基に、自分にしかできない芸術を生み出すことを渇望していた。彼女の作風は、同じモチーフを執拗なまでに繰り返し描くものであった。なぞるように線を描き連ねることで、そのものの形を捉え、質感を捉えようとしていたのだと考えられる。同じモチーフの反復から、圧倒的な存在感を表現する芸術家としては、草間彌生がよく知られている。塩崎裕（二〇〇二）は、草間の創作について「幻覚や幻聴を形ある作品に描きとどめる事で、強迫観念からの解放と自己を確認しようとする行為」と解説する。七海さんも、絵を描く工程の先に、揺るがない自己像や生きる意味を見出そうとしていた。それゆえに、作品創作の工程を支え、生きる意味を模索する過程を支える心理療法が必要であったと考える。

七海さんは箱庭でも絵でも、自身の創作物にタイトルをつけることが通例であった。以下、開始から八年目までの心理療法過程を四期に分けて報告するが、四期それぞれで彼女が語った言葉をタイトルとして使用することとしたい。彼女の創作物は、臨床的にも芸術的にも、多くの人に見てもらいたいような魅力的なものばかりである。だからこそと言えばよいだろうか、この場では、彼女の創作物をそのまま資料として掲載するのは避けることにした。創作の工程で生じた七海さんと私の心の動きに焦点を当てて、感じたものを語らい、考えることにこそ、心理療法の意義があるからである。

二　獣たちの戦い

七海さんは、脂や汗、鼻水といった自分の身体から生じる液体が、皮膚や触れた場所の表面にまだあるのか、もう（乾いて）なくなったのか、それは汚くはないのか、気にしなくていいのかと、毎回のように繰り返し私に確認した。家庭で同じ質問をしても、母親には「一回洗えばもうきれいになったから、洗うのはやめなさい」と怒られるので、「どうしたらいいかわからないまま、何も言えなくなってしまう」と語っていた（第二回）。

心理療法場面で、七海さんは数多くの絵や箱庭を作成することに集中した。その中では動物の決闘が次々と表現された。それを彼女は「獣たちの戦い」と呼び、「生きるために必要な戦い」だと、自分にも私にも言い聞かせるように語った。

第四回では、初めて強迫症状が出現した小学五年生の頃を「色々わかったとき」とふり返った。色々わかったというのは、「自分が人からどう見られるか」を考えるようになって気づいたことがあるのだと話を続けた。少しルーズな子が人気を集め評価されやすいということ、逆に、真面目に努力するだけでは認められないことに気づき、その不公平さには今も怒りを感じると語った。そして学校でいじめや怠惰な行為が蔓延することへの憤りと恐れを語り、授業中に騒ぐ男子らを「あいつらは屑の集まり」と激しくののしった。このような言葉は、父親の言葉の模倣でもあった。父親は近隣の暴走族や低学歴低収入の人を見下し、「同じような人間になるな」と日頃から七海さんに話していた。

この回に七海さんは、アフリカのサバンナをイメージした箱庭を制作した。箱の中にライオン、ゾウ、キリンなどの動物を点在させ、中央にシマウマを置いた。七海さんが手に取ったライオンは中央のシマウマに向かって走ってきて、シマウマの首をめがけて噛みついた。そしてシマウマが死に絶えるところまでを表現し、彼女は次のように語った。

これは、アフリカのジャングル。ライオンは動物を殺すけど無駄じゃない。生きるためなんだよ！　死んだ動物は食料になり、他は土になったり植物になったり。人間は病院を作って人を助けることもあるけど、戦争の時には面白半分で人を殺す。人間の方が残酷なことをしてる。獣たちは生きるために戦って殺すんだ！

彼女の語りは、野生動物（獣）の立場から自らの命を維持するため、他の動物の命を奪うことの正当性を主張するものだった。それに比べて人間は表面的には正しいようでも、実は残虐で狡猾でもあることを痛烈に批判した。聞いている私は、七海さんの有無を言わさぬ断定的な表現に、かえって不安を感じた。そして、ライオンに噛み殺されるシマウマや、戦って傷を負うライオンの苦しみを思い、彼女に伝えた。七海さんは、「先生は甘い！　それじゃ生きていけないんだって！」と私を叱りつけるように言うのだった。彼女はライオンで、私はシマウマだった。

その後の心理療法でも、私は七海さんの描く物語に入り込み、登場人物の気持ちとなって連想を述べた。そして描いている七海さんの様子を言葉にした。私は、彼女の描く世界を共に眺め、彼女の物語についていくことに集中した。絵や箱庭の中の血なまぐさい戦いは、七海さんの言う「生きるために必要な戦い」であり、七海さんが自分の衝動と格闘している心的現実そのもののように感じられた。ここまで激しい表現を彼女がせざるを得ないのはなぜか、家族背景や幼少期のことを尋ねてもしっかり話し合うことはできなかった。「表現の必然性が個人の経験の強烈さから生まれる」ならば、「なによりもまずこの混沌を創造的に表現しなくてはならないだろう。混沌が克服されなくては、その背後にあるものは姿を現さない」と、ノイマン（Neumann, E., 1959）は述べている。七海さんの現実世界で何が起きているのかを掴めない中で、私は彼女の表現の激しさ、苦しさに圧倒されそうに感じることが多かった。そう感じながらも、彼女が作りだす混沌とした戦いの世界に、私は身を置くことを続けた。気がつけば、七海さんと出会ってから二年半の月日が過ぎようとしていた。

三　強くてたくましい女性像への憧れ

十四歳になった七海さんは、「強くてたくましい女性（第六十一回）」が理想だとして、神話の女神を多数描いた。特にインド神話に惹かれ、本やインターネットで調べたインドの神々の特徴について、彼女は私に説き示した。

中でも、殺戮の女神カーリーの絵を度々描いた。七海さんが描くカーリーは、自分の身体よりも大きな槍を持ち、今までに殺した動物の頭蓋骨を首にぶらさげていた。そして、血のしたたる舌を出し、こちらを不敵な目で直視していた。非常に鮮やかな色彩で、ブレスレットやサンダルといった装飾品、そして風にたなびく髪までを七海さんは描いていく。七海さんと私の目の前に、殺戮の女神カーリーが、今まさに姿を現した。そんな感覚に襲われることがあった。カーリーの姿は猟奇的で狂気を帯びてはいるけれども、人知を超えた力強さに満ちあふれ、どこか頼もしい姿として私には感じられた。それを七海さんに伝えると、彼女はカーリーの魅力について教えてくれた（第六十七回）。

カーリーは獣と戦って、その獣を丸飲みしてさらに強くなるの。
カーリーはね、自分を信仰する人に戦いの心を与え、もう一つの手で恐怖を取り去るの。

「獣」と戦い、その「獣」を丸飲みにして、おのれの恐怖を取り去ること。それは七海さんが求める理想の姿であった。「相手とぶつかって、闘って、そこから生まれるのが本当の調和」と岡本太郎が語るように（岡本敏子、一九九六）、七海さんは自分が恐怖する「獣」に真っ向から挑むことで、心の調和を得ようとしていたのではないだろうか。私は、七海さんが戦っている「獣」とは何かを考えていた。それは、意識でコントロールできない本能や無意識かもしれないし、ほとばしる感情や生命力を指しているのかもしれない。渡辺雄三（二〇一五）は、意識と無意識との対立に触れながらも、人間の成熟とは「「私」と「私ならざるもの」との緊張関係を、終生にわたって生き抜いていくこと」であると指摘する。七海さんはカーリーを繰り返し描くことで、「獣」と呼びたくなるような原始的な感情や無意識と、どう折り合い、生きていくかを模索していたのではないかと考える。「感情と血って似てる。私の心臓から出てくる（第六十五回）」と、七海さんは語った。彼女は、扱いがたい感情や衝動に苦戦しながらも、少しずつそれらを理解し、受け入れようとしているように、私には感じられた。

七海さんは、常識ではタブーとされるものを認めるところが、インド神話の魅力だとも語っていた。「浮気とか性器崇拝とか、タブーとされていることだけど、私も先生も、それでこの世に生まれてきている（第六十五回）」と熱く語った。七海さんの家庭ではほとんど触れられずにタブーとされてきた性への興味が、彼女の中で意識され始めたときでもあった。しかし、女神たちの奔放さや力強さを絵にすることはできても、実際の七海さんは、焦りと不安にかき乱されていた。今まで戦う相手であった男子を恋愛対象として意識する自分自身に困惑し、「恋愛は勉強の妨げになる」と排除しようとすることもあった。それでも溢れてくる恋心を「絶対に秘密にして」と、七海さんは私に確認し、心理療法の場だけでひっそり話し合うことが続いた。

あるとき、「シヴァ神は、殺戮と繁栄の両方の神なの。「いい」と「悪い」が一緒になってる！　でもそれが本当！」と、まるで大発見をしたかのように、目を丸くして七海さんは語った（第六十三回）。神話は「私たちに、苦しみにどう立ち向かい、どう耐えるか、また苦しみをどのように考えるか」を語るのだと、キャンベル（Cambell, J., 1988）は述べている。当時の七海さんは、多様な特性を持ち、破壊と繁栄を繰り返しながら存在する神話の神々の姿から、七海さん自身が生きる道を必死に探っているようであった。

中学三年生になると、父親からは「受験勉強を優先すべきだ」と自宅で絵や詩を描くことを制限されてしまう。七海さんは「私の絵と話を聞いてくれるのなんて、ここしかない（第七十回）」と、面接時間ぎりぎりまで絵を描きながら話をするようになった。入試が近づくにつれて、さらに苛立ちが目立ってくる。学校では男子らに、カッとなりやすい性質を「噴火菌」とからかわれるいじめが続いた。好きだった絵も、人物の全体像が描けなくなり、ごく微細な部分を描いては消すようになった。小さい頃から絵だけは人に認められ、将来絵描きになることを宣言してきた七海さんであったが、純粋に描きたい絵を描くことができなくなってしまっていた。描きたい絵を描くことよりも、有名高校や有名美術大学に進学し、絵を通して名声や収入を得ることに意味があると七海さんは断言した。それは父親の考えに基づく理想像だと思われたが、彼女自身もそうあるべきだと語った。第百十回では、絵仏師良秀が娘の焼け死ぬ場面で絵筆を握り、鬼気迫る地獄絵図を描いた物語（『宇治拾遺物語』より）を私に語った。そして「良秀こそが本物の絵描きだ」として、「本物の絵描きになるなら、私には恋愛も結婚も必要ない」と言い切った。実際の学校場面でも、必要以上に強気に振る舞い、男子からも女子からも反感を買うことが続いた。

七海さんは、抑えようとすればするほど、感情のコントロールが効かなくなることに苦しみ、葛藤していた。

私は、七海さんが表面的には強気で堂々とした態度を取ることで、ますます自らの不安や孤独を強めてしまっていると感じた。そこで、彼女が「恋愛も結婚も必要ない」と語った次の回で、「七海さんの絵は技術だけで描かれていない。生身の七海さんから色んな気持ちが湧いてきて、それで生まれる絵だからこそ魅力があると思うのだけど」と、私は思い切って伝えてみた。彼女は目を伏せたまま頷いて、母親が思春期に読んだという初恋を綴った詩集を見つけて、こっそり読んでいることを話した。「（この詩集は）かわいくて優しくて、すごく好きな世界。私だって普通の女の子になりたい。素直に優しくなりたいんだよ（第百十一回）」とうつむきながら涙をこらえて語った。「勉強も恋愛もうまくいかない。私が苦しんでいる間に、人は簡単に幸せになっていく。みじめなのは私だけだ（第百十三回）」と嘆き、心理療法の場で、涙を流すことが増えていった。

四　ライオンのふりをしていたシマウマ

この節では、心理療法を開始して約四年目から六年目の出来事を記していく。高校受験で第一志望の高校は不合格となり、七海さんは気乗りのしない高校へ進学することとなった。今の心境を七海さんに尋ねても、同級生のことを「低俗な人間だ」と軽蔑する言葉を並べるだけで、彼女は自らの挫折に触れることができないでいた。入学してすぐに、クラスでは孤立無援の状態となり、強迫症状は悪化した。脂や鼻水の確認だけでなく、写真やカレンダーを見て、絵や字の形を確かめ続ける「見て確認する強迫」や、机や自分の身体を指でなぞり続ける「触れて確認する強迫」にまで拡大した。その確認のために朝まで眠れない日が続くようにもなる。このような状態になっても、父親からは「絵描きは売れてなんぼ（第百二十三回）」「病気じゃない、甘えだ（第百二十五回）」などと言われ、七海さんはさらに追い詰められていった。七海さんが言葉で語らなくても、深く傷ついていることが、私にはひしひしと伝わってきた。私が休むことを勧めても、彼女は「もっと勉強して大学受験は成功させる」と強い口調で繰り返した。当時の七海さんを、「抜け殻」や「亡霊」のイメージが脅かすこともあった。七海さんは、失恋した男子生徒を「抜け殻」と呼び、いじめの主導者だった女子生徒を「亡霊」と呼んでいた。空想や夢の中に、実在しないはずの「抜け殻」や「亡霊」が幾度も現れ、七海さんを無視したり嘲笑ったりして、彼女を脅かし続けていた（第百三十五回）。

呼吸をするように自然に絵を描いていた七海さんの手は止まり、この時期の彼女は、全く絵を描けなくなってしまった。かわりに苦しい思いの詰まった詩を書き、心理療法の場で朗読するようになる。ある日、朗読した詩の一部にはこう書かれていた（第百三十七回）。

私は目を削ぎ落としました　何も見たくなかったから
私は舌を削ぎ落としました　何も言いたくなかったから
私は私を削ぎ落としました　何もかもなくしたかったから

七海さんは、上記の詩に書いたように、感覚を削ぎ落とすことでしか、この苦痛に満ちた日々を生き延びることができないと考えたのかもしれない。しかしその瞬間も、涙が頬をつたい、肌触りやぬくもりが膝をなぞる指先から伝わるのを、七海さんは感じていたにちがいない。彼女が繰り返し自分の身体をなぞる行為には、肌の上のささやかだけれど確実に存在する質感を確かめ、自らの感覚や感性を回復させていく意味もあったのではないかと考える。

作成した箱庭の「ライオンに喰い殺されそうなシマウマ」を指さし、彼女は言った（第百三十八回）。

先生、わかるでしょ、これ（シマウマ）なの……。

私、ライオンのふりをしてた。本当は力なんてないのに。

箱庭の前で立ったまま、幼児のように、七海さんは泣きじゃくった。私は彼女に、「ライオンになろうとしたんだね。ふりをしてるならやめていい。次が見えてこないのなら、そのときは休んでいい」と伝えた。その後の診察で休学が決まったことにより、七海さんは落ち着きを取り戻したかに見えた。

しかし安心したのも束の間、彼女は死のうとして、早春のまだ冷たい海に飛び込んだ（その後自力で岸まで漂着した）。その直後の心理療法で、小学校のときに書いた夢あふれる作文を見返していたら、急に死にたくなって海に飛び込んだのだと語った（第百四十七回）。そして、「私には絵しかないのに描けないし、志望校に落ちた自分は親の期待も裏切ってしまって、生きる価値がない」と七海さんは泣いた。この日、いつも同伴する親の姿はなく、祖母に連れられて彼女は来院していた。両親は映画を見に行っているのだと七海さんから聞いて、私は、彼女の両親に対して強烈な怒りと見捨てられ感を感じた。海から這い上がってきた七海さんは、両親の助けを得ることもなく、かえって孤独の中に突き落とされてしまったのだという思いが、私の中で渦を巻いていた。

しばらく経って七海さんは、強迫症状を治したいと考え、今まで拒んでいた入院治療を希望した（第百五十九回）。「愛する家族を失っても入院して治したい。先生、一緒に親に話してほしい」と私に求めた。入院の話をしている間も「今、このカレンダーは見なくていいんだよね？」「見ても見なくても、どっちでもいいんだよね？」といった確認が止まらない。私はそんな彼女に「愛する人に守られながら、病気をよくしていく。そこは外来も入院も変わらない」と繰り返し伝え、七海さんは初めて精神科に入院することとなった。

入院中の両親を交えた合同面談で、七海さんの母方祖父は昼間から酒を飲み、身勝手な振る舞いを続けていたということが、初めて七海さんの両親から語られた。両親が仕事に行っている昼間には、彼女だけが悪態をつく祖父の対応をしてきたこともわかった。面談の席で、「これからは何としても七海を守る」と父親は語った。母親は「自殺未遂の後、平静を保とうとして、見て見ぬふりをしてしまった」と言葉少なに後悔の情を語った。その場にいた私は、七海さんの家庭に漂う影の部分がようやく垣間見えた気がした。一方で、両親の言葉を聞いた七海さんの嬉しそうな表情を見て、彼女は両親から本当に見放されたわけではないのだと感じた。そして、その場で思いがけず、私は泣いてしまったのである。

すぐに私は、クライエントの前で感情を露わにするという、セラピストとしてのタブーを犯してしまったと思い、自分の未熟さを恥じ、自己嫌悪した。松木邦裕（二〇〇五）は精神分析における逆転移の意味に触れ、セラピストが自分の感情を吟味することの重要性を述べている。自分の感情を吟味し、その感情が「クライエントの内的対象が投影された逆転移であるのなら、中立の位置を忘れず、その感情をこころに抱き続けるようにこころがけていくこと」が必要だと指摘している。私は当時の自分の感情を思い起こし、どうしてあんなにまで感情的になったのかを振り返った。七海さんが海に飛び込んだときの私は、取り巻く状況が絶望的に見え、セラピストである私自身も先が見えなくなるような思いに陥っていた。この気持ちが七海さんの気持ちなのか、私の気持ちなのかわからないくらいに、心細くてしかたがなかったのを覚えている。

二週間の入院を経たのち、七海さんが退院する頃になって、ようやく私にはあるイメージが浮かんできた。七海さんが自殺未遂をした直後に私が感じた激しい怒りや心細さ、そして合同面談での私の涙は、七海さんが嫌がり恐れた鼻水や脂のようなものと似ているのではないか。この抑えられない感情は、七海さんが「獣」と表現したものと近い感覚なのだろうか。そのような私の感覚と七海さんの感覚とを彼女と語り合い、共有するまでには、その後数カ月の時間が必要であった。成田善弘（一九九四）は、治療者の理解が患者の抱える非安全感と孤独感に到達すると、「それまで患者の硬い強迫の殻を外側から「壊したい」と感じていた治療者が、患者の内側から患者の目で世界をみる」ようになり、それを機に強迫症状の解消が促されることがあると述べている。成田が指摘するような機会となったのか、このときを境に、七海さんの強迫症状も明らかに軽くなっていった。

「絵描きになれなければ死ぬ」、こう繰り返す七海さんに、私は七海さんがなろうとしている絵描きとはどんなものなのかと何度も問いかけた。彼女は絵を通して収入や名声を得ることが重要だと、父親の弁を借りて断言することもあった。しかし、父親の言うとおりにしたくない気持ちも出ており、自分の気持ちに沿って、恋人を作り、絵を描くことを楽しんでもいいのではないかと、迷うようになっていた。十七歳の誕生日を迎えた七海さんは、絵描きになりたい気持ちを「自分の心のきれいなものも、汚いものも表現し、それを形にしたい（第百八十五回）」と語った。そして、それは幼い日から今まで、七海さんがずっと続けている価値のあることなのだと二人で話し合えるまでに、彼女は変わっていった。

五　うちの愛犬マーブル

休学を続け学校場面から離れていることで、七海さんの感情の波はさらに穏やかになり、再び絵や詩などの創作ができるようになった。多くの強迫症状は減少したけれども、字をなぞったり膝や腿をさすったりして「触れて確認する強迫」は変わらず存在した。性への興味は高まりを見せ、実際に好きな人と触れ合いたい気持ちになることを恥ずかしそうに語ったり、水着姿の官能的な女性を描いたりすることもあった。かと思えば、「女性である私を壊したい。女性器をなくせばスッキリする（第二百二十四回）」と自らの官能的感覚を削ぎ落とそうと考えるときもあった。小説『月と六ペンス』で主人公の作家が「美感が性本能の親戚で、野蛮さを共有しているな妖艶の美と感じる部分とがあり、葛藤していた。

この時期の七海さんは、自らの出生時の様子や名前の由来など事細かに親に尋ね、自らの名前にちなんだ詩や絵を幾つも創作した。両親の思春期の頃に流行ったアイドルを調べて、絵にすることもあった。また、両親の留守中に両親の寝室に入ってクローゼットを物色したり、両親と共にベッドで寝たりすることが度々あった。七海さんの興味は、父親と母親はどんな人物で、どのように結婚し、そしてどうやって自分は生まれたのかという、自らのルーツに向かっているようだった。

七海さんの父親は普段から、母方祖父母のように漁業や農業中心の生活をする人々のことを「教養がない人間」として、父親自身や父方親族の優秀さと比較をしながら、彼女にだけこぼしていた。ある日、母方祖父のように酒に溺れる人や暴走族のことを「人間の誤差」と父親が軽蔑するのを聞き、「私には父親の血も母親の血も流れている。悪しき血が流れているのか？　私も誤差なのか？」と七海さんは涙を流した。一方で、父親自身が家庭でも職場でもうまくいっていないのではないかという疑問を語るが、実際には父親にその疑問をぶつけることも、父親の意見を否定することもできないでいた（第二百五十六回・第二百五十七回）。

七海さんの家には雑種の犬が一匹おり、白と茶が混ざりあった毛並みからマーブルと名づけられていた。マーブルは七海さんが安心して触れ合える存在であり、初めて海に飛び込んだ後、ずぶ濡れの彼女をいちばんに迎えてくれたのもマーブルだった。七海さんの中で、愛犬のイメージが自分自身に重なり、自分も愛すべき存在だと徐々に感じられるようになっていく。マーブルは七海さんの絵のモチーフとしてよく登場していたが、そこではマーブルの愛らしさや和やかさが描かれていた。ある日の心理療法で、マーブルが丸まって寝そべる姿をユーモラスに描く七海さんと、次のように語りあった（第二百六十四回）。

七海さん「雑種だから、どういう模様で形なのか、説明しないとわからない」
私「かけがえがない」
七海さん「うん、かけがえがない。うちのマーブルだけ」

そう言って彼女は微笑んだ。初期の箱庭のように、「獣」と人間と両極端に分かつのではなく、親しみがある愛おしい存在として愛犬マーブルを表現した。マーブルを慈しむ眼差しを通して、七海さんは、父親の血と母親の血が混ざり合う自分を受け入れ始めているようだった。そのことを七海さんに伝えると、彼女は次のように静かに語った。

自殺未遂をしたとき、先生に犬や猫は自分から命を絶ったりしないと言われて、はっとした。
今の私を想像もできなかったけど、私は死ねなかった。
生きたいという力が私にはあって、それが勝った。

誰かの言葉を借りたわけでもなく、誰かのふりをしたわけでもない、七海さんの生きようとする気持ちが、確かなものになってきていると私は感じ、七海さんと語り合った。現実の彼女の世界は、休学中に始めたアルバイトと最近復学した高校生活とを軸として、悩みながらではあるけれども、着実に広がりを見せていた。

心理療法を始めて六年を経過した頃から、以前より七海さんを追い詰めていた家族背景が次々と明らかになってきた。母方祖父母と父親の軋轢や両親の夫婦問題など、七海さんの一家にとって、これまでタブーとして触れずにきたテーマが、時間をかけて浮かび上がってきたように思われた。触れずにきたけれど、そこにはずっとあった問題が（七海さんが恐れていた顔の脂のように）浮かび上がってきたのである。
そして、父親の金銭問題という、誰も予想だにしなかった衝撃的な事実が発覚する（第三百二十四回）。今まで、家の中で頂点に立っていた父親の権威は急落した。七海さんは大きく混乱したが、それでも自分自身を見失うようなことはなかった。この時期の彼女は、家庭内に漂っていた影の部分をすでに感じ取っていたようだった。それに、父親とも母親とも違う、七海さん自身を実感できるようになっていたのである。「私はお父さんの望むような頭のいい子じゃなくて、馬鹿でできそこない。でもね私にはね、物事の本質を追求して考える力があるんだって、この半年くらいで気づいたの（第三百五十五回）」と語った。そして、第三百六十八回の心理療法では、心の統合過程をイメージさせる次のような印象的な夢を報告した。

みぞれのような雲行きの海。漁船で漁師みたいな人が黙々と仕事をしている。私は海岸を誰かと歩いている。海の真ん中には西の塔という名の塔がある。そこまで歩いていく。夢だから、海の上をぴちゃぴちゃと歩いて行けちゃって。西の塔まで歩き続けて、その上に乗って二人で抱き合っている。

彼女は「いい感じがする夢」と最近交際が始まった恋人を連想し、こう続けた。「今の私はやっぱり絵を描きたい。絵の勉強もしたい。でも周りの人を捨てて一人で生きていくって思わないんだ」と語った。夢に出てくる「西の塔」は、心理室のある建物の通称「西の棟」と重なり、夢が心理療法について語っているように私には感じられた。果てしない広い海のような彼女の内界において、一つの指標となる地点、メルクマールが心理療法の場ではないかと連想した。そこでは未知なる対象と出会うが、その対象は外界からやってくるものばかりではなくて、自分の内界から生まれてくる対象との対面でもある。そのような未知なる対象を、七海さんは「獣」と表現することもあった。体内から勝手に出てくるものとして、自らの感覚や感情を恐れもした。心理療法を始めてから八年が経ち、二十歳になった七海さんは、自らの多様な側面を以下のように言葉にした（第三百二十一回）。

確かに私には、狂犬のような恐ろしい一面もあるかもしれない。けど、神話の女神のように、優しい部分もできつつあるんじゃないか。色んなことに本当は傷ついて、今になってその痛みがわかる。それが、優しさの証なんじゃないか。

「（意識は）それまでに意識しなかった内容に相対」し、「自ら統合しようと努めるなら、拡大される」と、ユング（Jung, C.G., 1916）は述べている。七海さんは心理療法を通して、ときには「生」を脅かすこともあるけれども、「生」を潤し支えてくれる様々な対象や感覚と対峙し、自ら抱えていけるように変化していった。彼女にとって、絵を描くこと自体が、「それまでに意識しなかった内容」に触れ、その輪郭や形を捉えていく行為となっていたのだと考えられる。

以上、七海さんとの心理療法の初回から八年目までの流れを記述した。その後の彼女は、仕事や友人関係にまつわる悩みと格闘しながらも、絵の創作を続けている。心理療法は十年目から、フォローアップ面接を三カ月に一回程度実施し、十三年目には終了した。

おわりに──心がやわらかくて良かった

「言葉以前や言葉を超えた世界に注目し、それをイメージによる心理療法により対応していくことは、苦悩する人にとっては意義深い新たな生きる体験」となると、亀井敏彦（二〇〇三）は述べている。この章では、七海さんとの心理療法の事例から、強迫症状に苦しみながらも、絵や詩などを創作することで、自身のイメージの力を活かし、自らの人生を生きる力を獲得していった過程を記述した。

成田（一九九四）は、強迫の病を抱える患者との治療において、「感情にせよ衝動にせよ不完全性にせよ、「あるものはある」」と認め、「面接場面が、おのれの弱点（人間性）を露呈しても安全だと体験される」ことが望ましいと述べている。成田が「弱点」に（　）をつけて「人間性」と表現しているところが興味深い。七海さんも、成田の言う「人間性」を削ぎ落とすことで、家族が避けてきた影の部分にも、不意に生まれ出る不安や衝動にも屈しない自分を築こうともがいていた。その中で七海さんは、豊かな感性と想像力を支えに、人が避けたくなるような痛みや狂気の部分にも、絵を通して向き合っていったのである。

七海さんとの心理療法では、臨床心理士である私も、彼女のイメージの世界に共に入り、語り合うことを大切にしてきた。同時に、彼女のイメージするものの意味を考えることと、彼女が示す強迫症状の意味を考えることを続けてきた。本事例では、便宜上「目で見て確認する強迫」や「触れて確認する強迫」と七海さんの強迫症状を表現した。このような確認を生み出す心の動きは、自分の感覚機能を生み出し、確かめたいという心の動きでもあったのではないだろうか。自分の目で物を見て、その物の質感や実体を自分で確かめるという、自己の身体機能の回復を支えることは、心理療法における一つの重要なテーマであると言えるだろう。

最後に、七海さんが好きだったやなせ・たかし（一九八一）の言葉で、この章を締めくくりたい。

父親のやわらかく傷つきやすい心　母親の負けず嫌い　それはたしかにもらった
ぼくは負けず嫌いなのに　すぐ傷つく　しかし、これがぼくなのだ
ぼくは立派な人間にはなれそうもない
でも　心がやわらかくて良かった
と思うときがある

（「感謝」より抜粋）

「やわらかな心」の質感を感じながら、私たち臨床心理士は、クライエントの心に、クライエントと共に働きかけていかなければならない。やわらかな心の形は容易に変わってしまう。だからこそ、何度もなぞるように確かめながら、クライエントがその手ごたえを得られるように、進めていくものであるのだろう。

（自らの心に真摯に臨み、本質を求め、考え続ける七海さんの姿勢から、一人の人として生きるために大切なことをたくさん学ばせていただきました。七海さんは、私が出会うずっと前からほんものの絵描きでした。長い心理療法過程を共に歩み、その過程を公表することを承諾してくださった七海さんに、深く深く感謝いたします。）

文献

Cambell, J. with Moyers, B.（1988）THE POWER OF MYTH. Apostrophe S Productions, Inc. 飛田茂雄訳（一九九二）『神話の力』早川書房

Jung, C.G.（1916）The Tavistock Lectures;On the theory and Practice of Analytical Psychology. CW18, esp. Lectures, PP.135-182. 松代洋一訳（一九九六）「超越機能」『創造する無意識』一一一－一六二頁、平凡社
亀井敏彦（二〇〇三）「イメージと心理療法――魂を描き・形作り・置くことについて」横山博編『心の危機と臨床の知第4巻　心理療法――言葉／イメージ／宗教性』三－三三頁、新曜社
小林保治・増古和子校注・訳（一九九六）「宇治拾遺物語巻第三第三十八話　絵仏師良秀、家の焼くるを見て悦ぶ事」『新編日本古典文学全集50』一一四－一一五頁、小学館
松木邦裕（二〇〇五）『私説対象関係論的心理療法入門　精神分析的アプローチのすすめ』金剛出版
Maugham, W.S.（1919）THE MOON AND SIXPENCE. 土屋政雄訳（二〇〇八）『月と六ペンス』光文社
成田善弘（一九九四）『強迫症の臨床研究』金剛出版
成田善弘（二〇〇二）「強迫性障害の力動的精神療法」『精神療法』第二十八巻第五号、五六二－五六八頁、金剛出版
Neumann, E.（1959）Art and the Creative Unconscious. Routledge & Paul, K. 氏原寛・野村美紀子訳（一九八四）「芸術と時間」『ユング心理学選書6　芸術と創造的無意識』九一－一五四頁、創元社
岡本敏子（一九九六）「ファイティング太郎と同行五十年①太陽の塔の季節」『芸術新潮』第四十七巻第五号、一一－一九頁、新潮社
塩崎裕（二〇〇二）「解説」『草間彌生――魂のおきどころ』一一－一三頁、松本市美術館
やなせ・たかし（一九八一）「感謝」『やなせ・たかし自選詩集愛する歌』三二－三三頁、サンリオ
渡辺雄三（二〇一五）『自己実現と心理療法――夢による〈私〉の探究』創元社

第六章　考える存在として、居つづけること

――「世話役」として生きる青年期女性との心理療法をめぐって

田代由希子

はじめに

住宅地の一角にある小さな心理相談室。交通量の少ない一方通行の道路に面した一戸建てで、夕方には学校帰りの子どもたちの賑やかな声が聞こえてくる。そこが心理相談室であることを示す目立った看板はなく、それと知らなければつい見過ごしてしまう。心理相談室は、医療機関ではないため医師はおらず、主宰をはじめ非常勤の臨床心理士が在籍する開業心理相談室であり、私はそこに非常勤スタッフとして籍をおき心理療法を行っている。

相談室には、子どもから大人まで様々な年代の方がなんらかの悩みを抱え、その解決を求めて訪れる。クライエント自ら心理療法を求めて相談室に辿り着く方もあれば、医師やスクールカウンセラーなど専門家から紹介されることもある。子どもであれば、親御さんがなんらかの兆候を心配して連れて来られることもある。いずれの場合においても相談室で出会うのは、生きるうえで生じた困難や躓きに対する意識的な、あるいは無意識的なその人なりの頑張りの果てに行きづまりを感じるようになった人たちのように感じる。

臨床心理士の仕事は、主訴と呼ばれるクライエントの悩みの中心に耳を傾け、話を聞くことから始まる。児童

精神科医のレオ・カナー（Kanner, L., 1964）は、子どもの引き起こす症状をどのように理解すれば良いかについて、症状そのものよりもその背後にあるものを検討することの重要性を指摘している。大人から見れば問題だとみなされる子どものいわゆる問題行動も、その子どもなりのそうせざるをえない理由があり、それは言葉にならない精一杯の表現なのかもしれない。カナーの指摘は、子どもの問題行動や医学的な症状にとどまらず、クライエントによって語られる主訴においても共通だと言える。主訴は専門家と出会うためのきっかけとなり、クライエントが自分自身を省み、そこで何が起きているのかをみつめ、新たなやり方を模索するための糸口となるものだと考えられる。クラエントと出会うとき、臨床心理士はクライエントから語られることに耳を傾けつつ、その背後でクライエントが潜在的に何に困り助けを求めているのか、そのクライエントにとっての症状や悩み、こころを病むことの意味に目を向け、どのような手助けができるのかを考えていくことが重要であると思われる。

ここでは、食事ができないことを主訴に医療につながり、精神科診療所から心理相談室に紹介された優子（仮名）という二十代女性との心理療法プロセスを通して、こころの「病」の意味や臨床心理士の仕事について考えてみたい。ただし事例は、その本質を損なわない程度に、複数の実例を一つに加工し、修正を加えたものである。

一　「世話役」としての生き方

私が優子と初めて出会ったのは、私が臨床心理士として仕事を始めて間もない頃である。優子にとって私は二人目の治療者で、優子の心理療法を半年間担当した前任治療者の退職にあたり、私が引き継ぐこととなった。

優子はすでに母親を亡くし、父親と年の離れた二人の妹との四人家族であった。以前は総合病院の事務員として働いていたが、調子を崩し、退職してからは仕事をせず生活していた。優子の一日は、早朝の家族の弁当作りに始まり、掃除や洗濯、料理など家族のために家事をすることを生活のすべてとし、父親には妻、妹たちには母親のように細やかに世話をやいた。優子には自分の楽しみの時間は一切なく、仕事を退職して以降、人目が気になることを理由に一人で外出はせず、交友関係を絶っていた。小さな決定も一人ですることはできず日常のあらゆる判断を父親に委ね、週末は父親とともに過ごしたが、父親の機嫌をうかがい些細なことで怒らせたのではないかと不安がった。

引き継ぎ後、初めての面接において私は、改めてアセスメント面接を行うことを意図し、優子に「今困っていることはどんなことですか?」と尋ねた。優子は、家族のために家事をすることへの不満について話し始めた。それは前任治療者と終結直前まで話し合われていた内容の続きのようであり、前任治療者の記録からうかがえた担当が代わることへの不安は微塵も感じられず、あたかも担当の交代がないかのようであった。結局、アセスメント面接を十分行わないままの導入となった。そのため私は、経過の中で優子が語ることを通して、優子を理解するための情報を少しずつ拾い集めて行くこととなった。

優子は、銀行員の父親と専業主婦の母親との間に第一子として生まれた。両親ともに遠方の出身で近隣県に親戚はない。優子が年中のときに長妹、年長のときに次妹が生まれたが、優子にはその頃やそれ以前の記憶はない。

優子が小学二年生に進級する頃、母親に悪性腫瘍が見つかった。母親はまだ元気だったが、病気が見つかったことをきっかけに優子に家事を教えるようになった。小学生の優子は朝早くに起き、掃除をしてから学校へ登校し、友達と遊ぶ間もなく帰宅すると夕食の準備を手伝った。母親は優子に厳しく家事を教えた一方、妹たちにそれを手伝わせることはなかった。また姉妹げんかになると、母親は理由を問わず優子のみを叱責し、裸足のまま冬の夜の戸外へと追い出した。父親は優子を庇い、暖かな家へ入れてくれる存在だったが仕事に忙しく、連日帰宅は深夜になり不在がちだった。

次第に母親の容態は悪化し、優子が高校に入学した年に他界した。それ以降、優子は一人で家事や妹たちの世話を担うようになった。高校を卒業すると、優子は専門学校に進学し、総合病院の事務員として就職した。仕事に慣れ始めた頃、職場で組織変更が行われた。上層部のやり方に不満を抱いた同僚たちは次々と退職したが人員は補充されず、優子の仕事は瞬く間に増え、やがて一人ではこなせないほどの量になった。優子は自分が切羽つまった状況にあることを周りに悟られぬようこっそりと残業や休日出勤を重ねて仕事を片づけた。昼食時間も惜しんで仕事をする生活が続く中、優子は食べ物が喉を通らず、食事を抜くようになった。見るからにやせ細り、些細なことで泣き崩れる優子を心配した上司に付き添われ、優子は勤務先内の内科を受診し、近隣の精神科診療所を紹介された。優子は父親に説得されるかたちで退職を決めた。心理療法が有効だと判断した精神科医は、優子に心理相談室での心理療法を提案し、前任治療者との心理療法が開始された。医師からの紹介状には「摂食障害」という診断名が記載されていたが、私が優子の心理療法を引き継ぐ頃には、標準的な体型に回復していた。

私との心理療法が開始すると、優子は遅刻やキャンセルをすることなく予約日には必ず来談し、自ら話題をみつけて多弁に語った。話題は、一週間の出来事の報告と、家事を手伝わない家族への不満であった。優子は、自分が時間や労力のすべてを家族のために使い家族に尽くしている一方、父親と妹たちがそれぞれ気ままに過ごし、優子の大変さを省みないことへの不満を溢《こぼ》した。優子はそのような家族に対し苛立ちや寂しさを募らせ、家族が外出して一人になると大声を上げ、紙を破る等して発散したが、そのような自分を家族に見せることはなかった。「三人（父親、妹）とも、ほんと好き放題だよ。全然家のことしない」「イライラして寂しかったから、新聞ビリビリにしちゃった」。面接でそのように語る優子はにこやかで、語りは軽くどこかコミカルでもあった。私は優子の語る家族への不満に「それは大変ですね」「家族にも少しは協力して欲しいですね」と同調した。

優子はたびたび私に「ここは何でも話せてスッキリする」と述べた。このような優子との面接は、臨床心理士としての仕事を始めたばかりで、他のクライエントとの面接において度重なる中断やうまく行かなさを経験していた私を良い気分にさせるものであった。

このような面接が半年ほど続いた。優子は毎週きちんと来談して話をしたが、家族について語る内容や家族の世話をやく生活は変わらないように見えた。優子に同調する私のかかわりも変わらなかったが、私の頭の中は疑問でいっぱいであった。それは、優子はなぜここまで家族の世話をやくようになったのか、なぜこんなに不満を感じながら、それを手放せないのだろうか。そして優子自身の「自分（主体性）」はどこへ行ってしまったのだろうか、というものである。あるとき、私はその問いを優子に投げかけた。優子は「お母さん厳しかったから、いまだに家事をすることが染みついている」と今の自分をかつての厳しかった母親と関連づけたが、これらの疑問は消えずにその後も私の中にあり続けることとなった。

またもう一つの疑問として治療関係についてのものがあった。優子にとって心理療法や治療者である私はどのような存在なのだろうか。治療者である私を良い気分にさせる優子。私は、優子は家族との関係と同じように、私との関係でも世話する役割を担っているのではないかと思い至った。しかしそのような気づきはありながらも、私は優子との関係を変えられないでいた。

ここで一度立ち止まり、優子について考えてみたい。

職場で膨大な量の仕事を一人で引き受けることになった優子は、食事ができなくなりやせ細った体で専門機関に繋がった。食にまつわる症状は比較的早期に改善し、私が出会った頃には標準的な体型に回復していたが、家族のための家事を生活のすべてとしている優子は、自分のために何かをすることがなく「自分」を失っているようであった。

優子はなぜ自分を手放し、人のために生きる「世話役」になったのだろうか。優子には早期の記憶がなく、そのような優子がいつから存在するのかは分からない。だが優子の語った生育歴から、優子が世話役を担い自分を手放すに至った経緯に、優子のこれまでの歴史、とりわけ母親の病気やそこでの母親との関係、またその後の死が関連しているのではないかと想像された。しかし詳細は分からない。それはその後の心理療法でみていく作業となるだろう。

私との心理療法において優子は、自分の大変さを省みない家族への不満と、家族のいない所で寂しさや苛立ちを発散していることをくり返し語った。当時、私はそれをそのまま家族への不満として聞いていたが、この語りにはそれ以上の意味が込められていたのではないかと以下のように振り返る。母親の死後、家事を一人で引き受けてきた優子は、調子を崩した際にはこなせないほどの仕事を一人で抱えていた。いずれも優子は誰にも頼らず、抱えきれないほどのものを一人きりで抱えているが、それは家事や仕事といった労働にとどまらず、そこでの優子の気持ち、寂しさや怒りや不安、悲しみを誰にも見せず一人ぼっちで抱えてきたのではないだろうか。気づいて欲しいのに気づかれない。そこに優子の苦しみがあるのかもしれない。

「人の世話をやく一方、自分の苦しみは見せず一人で抱える優子」は、私との治療関係においても同様であったと思われる。にこにこと自分からよく話をし、「ここは何でも話せてスッキリする」と述べる優子との面接は、仕事を始めたばかりで自信のない私を良い気分にさせるものであった。同時に、にこやかにコミカルに語る優子の本当の寂しさや悲しみを、私は汲み取ることができていなかったのだろう。自分の大変さを省みない家族への不満として語られていたことは、同時に治療者である私にも向けられていたものだと考えられる。

精神分析において、クライエントが生活史での体験を治療関係に持ち込む現象を「転移」と呼ぶ。松木邦裕（二〇〇五）は転移について「クライエントは彼らの生活史での体験とそれにまつわる思いに基づく前概念を持ってきます。（中略）分析空間のなかでクライエントの前概念は現実化される生きた体験となっていくのです」

と述べている。私との治療関係に持ち込まれた「人の世話をやく一方、自分の苦しみは見せず一人で抱える優子」は、現実化された生きた素材として、優子という人を考えていくことができるものだろう。しかし持ち込まれたものに気づかれず、繰り返されているだけでは優子の苦しみは変わらない。私は、にこにことした世話役の背景に退いて見えにくい、一人ぼっちの優子の苦しみにこそ目を向けていくべきであったのだろう。

二　欲しいものを欲しいと言えない

心理療法の開始から一年が経った。優子は友人たちとの交流を再開し始め、とりわけ専門学校の同級生であった舞子（仮名）に誘われ、様々な集まりに参加するようになった。優子はそこで出会った男性を好きになり思いを告げた。しかし男性から良い返事をもらうことはできなかった。

優子は、私に失恋したことを平然とした様子で報告するが、数週間後、次第に苛立ちを募らせていった。そんな折、祝日で私との面接も休みとなり、休み明けの優子は沈黙し、翌週は体調不良を理由に初めて面接をキャンセルした。優子は、失恋による落ち込みを自覚しているが、その話をすると嫌われるのではないかという不安から その話ができないでいることが、その後の面接で明らかとなった。加えてこれまでの面接でも優子は、私の期待する話題を探していることを語り、私は「あなたのための心理療法でも、あなたは私の世話をしているみたいですね」と初めて取り上げた。

その後、「心理療法は優子の話したいことを話す場」として仕切り直したが、優子は話したいことを見つけることができず押し黙った。それ以前のにこにこと多弁だった優子とは一変し、沈黙のまま時間が流れて行った。私は優子から何かが語られるのを待つことにした。

長い沈黙をやぶり、優子は「わたしって、何かをしたい気持ちがあるのかな」とつぶやき、幼い頃、何でも買ってもらえる妹たちに対し、優子が母親に欲しい物を訴えても「そんな物いらないよ。使わないでしょ」と聞き入れられなかったことを振り返った。また家族のために家事をすることに対し、「なんで全部わたしがしないといけないの！」「わたしなんか生まれない方が良かった」と涙を流し、感情的に語るようになった。そのような優子を前に、私は治療者としてどうすることもできない戸惑いと無力さを感じ始めていた。

ゴールデンウィークで三週間の休みを控えたある回。感情的に怒りや悲しみを語り、無気力で家事も手につかない優子を一人にしておく不安から、私は臨時での来談を提案した。しかし優子は臨時での来談を躊躇《ためら》った。「それって、特別ってことでしょ？　特別にされるのは抵抗がある」。話し合い、優子は、一度は臨時で来談を決めるが、後日相談室に電話を入れキャンセルした。

連休明け、私は予約の取り消しを話題にした。優子は、入電した際にまだ来談を迷っていた優子に、電話応対した事務員が「他の人が来るかもしれないので早めに連絡を欲しい」と告げたことを語った。そして声を荒げ、「そんなに他の人が大事なら他の人取れば！」と涙を流し、私に怒りをぶつけた。私は、優子が何に怒っているのか分からず、突然の怒りに困惑した。優子は「もう面接をやめたい」と訴え、翌週は無断でキャンセルした。連絡なく、時間に現れない優子に、私は見捨てられたような気持ちになった。優子が来るはずであった時間、私はぼんやりと優子を待ちながら、前回の面接での優子の激しい怒りと涙、それに加え優子が以前の面接で語った、母親に妹たちより大事にされない優子を思い出していた。

翌週以降、優子はいつものように来談するが、元気なく調子の悪さを訴えた。連休の反応と考え、私はそこでの優子の体験を振り返るよう心がけた。優子は無気力な様子で、他の人より価値がなく大事にされない自分について語った。

再び二週間の休みとなった夏季休暇あけ、優子は家で大きな音を立てて、父親に遠回しに寂しさを伝えようとするが伝わらず、寂しさが高まり泣くと父親が不機嫌になるため余計に寂しくなり、「わたしなんて必要ない」と語った。私は、今回の面接の休みに際しゴールデンウィーク休みに優子が味わった「他の人より大事にされない寂しさや苛立ちを再び感じていたのではないか」と伝えた。優子はこれを否定するが「でも休みの間、ここに来たかった」と語った。

それ以降、優子は「予約のない日には面接に来たいけど、面接の日には話すことがない」とたびたび語り、加えて無断でのキャンセルも重なり、私は優子が来なくなるのではないかと中断の不安を感じるようになる。その後も面接に来ては「来たくなかった」と語り、頻繁な「(面接に)意味がない」「来ても無駄」という優子の言葉に私は役に立てない自分を責め、優子の言うようにこの面接を続ける意味があるのかと考えるようになった。しかし同じ頃、優子は現実場面において、好意を寄せる男性との関係を不本意ながらも自分から切ってしまった。私は、私との関係も私から関係を切るよう仕向けられているように感じ、面接を継続するよう伝え続けた。

舞子とは、優子が完全に舞子のペースに合わせる関係が続いていた。ある回、舞子について語る優子の話を黙って聞く私に、優子は「なんで何も言わないの！」と突然声を荒げ、泣きながら怒った。その後の面接でも優子は思ったような反応を示さない私に激怒し、無断でのキャンセルが重なった。私は優子を怒らせることに怯え、優子に沿わなくてはならない窮屈さを感じた。一方で私の感じている怯えや窮屈さは、舞子やかつては母親にぴったり沿わなくてはならない優子の窮屈さや、相手を不機嫌にさせることへの優子の怯えなのではないかとも理解され、取り上げるが私の言葉は聞き入れられないようであった。

また、再び必要なときに面接がないことが話題となり、「あなたが必要だと思うときに私はいつもいないですね」と伝える私に「そうそう。役立たず」と優子は答えた。必要なときにいない私への優子の思いは、病気や死により必要なときにいなかった母親への思いと重なるのではないかと私に連想され話題としたが、優子の想起する母親のエピソードはごくわずかで、そのほとんどは妹と差別し、寒くて暗い戸外へ優子を追い出す母親、求めるものを与えてくれない母親であった。それでも、優子の語る家族や舞子との日常の出来事、また私との治療関係で展開されるやりとりから、私にかつての母親と優子の関係が連想されることが増えていく。

ある回。優子は、自分が誘いを断ったことで舞子を不機嫌にさせたことを話題にし、「だったら、どうしたらいいの?」と語った。私が優子の語りに耳を傾けつつ、不機嫌な母親への想像を膨らませていると、優子は小学生であった頃、母親から家事を教え込まれていたことを思い出した。優子が掃除や洗濯、料理をする様子を母親はいつもそばに座って監視し、そのやり方が気に入らないと罵倒した。幼い優子がどんなに一生懸命にやってても母親の期待するようにはできず、「だったら、どうしたらいいのって思っていた」と語った。また母親に厳しくされることで感じていた「なんで、わたしがやらないといけないの!」という当初の反抗心は次第に変化し、「お母さんが笑っているかどうかがわたしのすべて」となり、母親を怒らせる「役立たず」の自分を責めていたことを振り返った。

年末休み明けのある回。調子を崩して以降、なにかと優子の世話をやいていた父親が、優子をおいて一人で外出することが増えたことで、優子は父親に手を離されたように感じ、「お父さんは、わたしがもう寂しくないと思っているんだと思う」と涙を流した。私は、「できることも増えるけど、まだ甘えたさもある年齢だった、お母さんが病気になった頃の気持ちに似ているのかもしれない」と伝えると優子は肯定し、前回の面接から寂しさが続いていること、父親との会話で妹たちの方が大事にされていると感じたこと、親戚との食事会で批判される不安から好物の寿司を食べられなかったことを語った。私は優子の語りを聞きながら、ゴールデンウィーク休みでの臨時枠をめぐっての優子の体験を思い出した。私は「今回の休みでは、私は臨時枠の提案をしなかった。私も面接が休みになっても、もうあなたが寂しくないと思っていると感じたのではないか。ここに来たくても、批判される不安からそう言えなかったのではないか」と伝えると、優子は「うん。そう。本当にそうだと思う」と強く肯定するが、翌週は無断でキャンセルした。この時期、優子が気持ちを言葉にし、私が優子との繋がりを感じた翌回でのキャンセルが多く、私は繋がりを取り消されるように感じた。

ここまでの面接経過について振り返り、主に治療関係に焦点をあてながら検討をしてみたい。

治療関係においても、優子が世話役を担っているのではないかという気づきはありながらも、私は優子との関係を変えることはできなかったが、失恋という出来事を契機に初めて優子の問題を取り上げ、面接を仕切り直す機会を得た。面接が優子自身のことを考える場となったとき、優子は話したいことがない自分と出会い、母親に欲しい物を買ってもらえなかったことを回想した。これにより優子の笑顔の奥に隠されていた怒りや悲しみが露呈し始めたと考えられるが、徐々に元気を失っていく優子を前に、私は治療者としてどうすることもできない戸惑いと無力さを感じていた。

そのような経過において、私はゴールデンウィークでの臨時枠を提供した。精神分析療法においては、言葉を介した交流を通してクライエントの葛藤が解消されるが、その過程で葛藤をめぐる記憶や感情が言葉ではなく行動を介して表現されることを「行動化（acting out）」と呼ぶ。行動化はクライエントに限らず治療者にも同様に起こるものである。安定した治療構造を維持し、言葉を用いて気持ちについて考え、理解を伝えることが重視される心理療法において、治療者の行動化は控えるべきこととされる。私からの臨時枠の提供は、明らかに私の不安や無力感から生じた行動化であり反省すべき側面があることは否めない。しかし、このような治療者の失敗とも言えるところで治療が動くこともあるのかもしれない。私からの臨時枠の提供をめぐって、そこに優子の問題が持ち込まれそれが転機となり治療関係が動き始めた。

私からの臨時枠の提供に、優子は「特別にされるのは抵抗感がある」と来談を躊躇した。優子の「特別」という言葉からは、私と優子以外の「他の人」の存在がうかがえる。その後の事務員からの「他の人が来るかもしれない」という言葉もあり優子の中には、私に大事にされる他のクライエントの存在が浮かび上がっていたことが想像される。「そんなに他の人が大事なら他の人取れば！」。優子は恐る恐る受け取ろうとしていたものをつき返し、私に怒りをぶつけた。私ははじめ優子がいったい何にそこまで腹を立てているのか了解しかねたが、優子が面接室に持ち込んだ「他の人」の背景には、母親と優子と妹たちの関係、つまりいつも妹たちより大事にされず良いものを受け取れない優子の怒りと悲しみがあった。そしてそれは、その後も面接が休みになるたびに再燃し、治療関係において取り上げる中で優子は少しずつ「面接に来たい」と求める気持ちを言葉にするようになった。

しかし、求めるがそれを容易には受け取ることができないところに優子の問題の難しさがあると思われる。優子は「予約のない日には面接に来たいと思うけど、面接の日には話すことがない」と、面接を求める気持ちを言葉にするのと同時に、面接には意味がないことを繰り返した。そこには求めても病気やその後の死によって必要なときにいない、役に立たない母親が持ち込まれていたのかもしれない。また優子が気持ちを言葉にし、私が優子との繋がりを感じた翌回で、優子はその繋がりを取り消すかのように面接を無断でキャンセルした。私はなんとか優子の力になりたいと面接を重ねたが、優子は欲しいものを受け取ること、理解されることのない状況にあえて留まっているかのようであった。優子をそうさせるもの、優子の不安とはいったいどのようなものなのだろうか。それについて私は仮説として、いまだ語られない母親との関係における優子の罪悪感を想像していた。そのため私は折に触れ母親について話題にしたが、優子の語る母親のエピソードはごくわずかであった。

一方、優子との関係において私が体験した情緒から、優子が母親との関係において体験してきたものが連想されることが増えていった。藤山直樹（二〇〇二）は「投影同一化」という概念についてのビオンの記述を「患者の抱えることのできない恐れ、絶望、怒り、軽蔑などの情緒が治療者に投影され、もはや投影の主体である患者によって体験されず、治療者によって体験される」と紹介し、さらに「そうした体験は患者が考えられ、思い懐かれ、自分の体験として体験できるかたちに分析家によって修正され、患者に再び取り入れられる」と述べている。

優子との面接において私は、優子が面接に来なくなるのではないかという中断の不安をかなり長い期間、抱いていた。そこで私が経験していたものは、未熟さゆえに見捨てられ、放り出されるような心許なさであった。また優子から投げつけられる「(面接に)意味がない」「役立たず」という言葉に、私は役に立てない自分を責めた。加えて優子の感情が露呈し始め、私に怒りをぶつけるようになると、私は優子の激怒に怯えた。私のどのような言葉も優子の怒りをおさめず、経験の浅い治療者である私にはどうして良いか分からず、有能な熟練の治療者であったなら優子を助けることができるのにという思いがくり返し頭の中に浮かんだ。一方、このような私の自責や無力さは、現実に経験の浅い私の未熟さや自信のなさであるのと同時に、優子の体験してきた気持ちでもあるのかもしれない。つまり母親が病気であった際に、幼さゆえにできることが少なかった優子の無力さや自責、母親の不機嫌への怯えを投げ込まれていたのではないだろうか。

優子が持ち込んだものから私が体験した情緒を吟味することは、優子を理解するうえで役立ったように思う。

三　「悲しむということ」

優子との心理療法は、開始から四年が経とうとしていた。現実場面での優子は、一人で出かけたり、映画鑑賞をするなど自分のために使う時間が増えていった。家族や舞子との関係においても自分の思いを優先させ、一時的に相手を不機嫌にさせてもそのまま置いておけるようになり、相手との間に距離が生じる不安に耐えられるようになっていった。それに並行し、私の感じていた中断の不安は薄れていった。

ある回。優子は、かつてはそうできなかったが、今なら母親と楽しく過ごせるだろうとしみじみと語り、妹たちが生まれる前、母親の手作りの弁当を持って家族三人でピクニックしていたことを思い出した。それは、優子が初めて語った幸せだった頃の記憶であり、優子はそれらが「最近まで封印されていた」と語った。

それ以降、「封印」が解かれたかのように、優子は少しずつ母親について語り始めた。朝ごはんを食べるわたしの髪をかわいく結ってくれたお母さん。誕生日には大好きなお寿司を作ってくれたお母さん。作文コンクールの入賞を喜び、たくさん褒めてくれたお母さん。授業参観では教室の後ろから、にっこりと笑って手を振ってくれたお母さん。病気になっても辛い顔を見せず辛抱強かったお母さん……。私は優子の語りに耳を傾け、ゆっくりとていねいに聞いて行くことを心がけた。時折、そこで何が起きていたのか、優子がどのような体験をしたのかを感じとれるよう質問をはさんだ。これまで断片的にしか語られなかった母親やそこでの優子の体験は、さまざまな色彩を帯び、私の抱いていた冷たい母親のイメージは次第に変化していった。

さまざまな母親との思い出が語られる中、語られずにぽっかり空いている空白があった。それは母親の死についてであった。その空白は次第に私の中で大きく意識されるものとなり、私は優子にそのことを伝えた。優子は、「わたし、お母さんが死んだことはずっと知っているけど、実は、つい数カ月前まで死んだ気がしてなかった」と答え、母親が亡くなる直前の最後の病室での出来事を語った。

高校一年の冬休み、次第に母親の容態は悪化し、入院が増え、母親は不機嫌なことが多かった。優子は時間をみつけて母親の病室を訪れて看病に精を出したが、母親は「そんなことしなくていい」と優子に冷たかった。優子は母親の痛みや苦しみを思い、素っ気ない母親に我慢しながら尽くしたが、ある日、我慢は限界に達した。「もう！　いい加減にしてよ！」。優子は母親に怒鳴り、病室を飛び出した。その翌日、母親の容態は急変し、他界した。優子にとってそれが母親との最後のやりとりとなった。その後、葬儀や手続き、優子自身の学校や妹たちの世話、家事などの慌しい日常の中で、母親の死も優子の気持ちも「全部なかったこと」となり、記憶の底に封印されていった。

小此木啓吾（一九七九）は、重要な対象を失った際に生じる心のプロセスとして、フロイトの確立した「悲哀の仕事（mourning work）」を紹介している。小此木によれば、対象を失った際、その対象とのかかわりの中で抱いていたさまざまな愛と憎しみのアンビバレンスを心の中で再体験する悲哀の心理過程を通して、その対象とのかかわりを整理し、心の中でその対象像をやすらかで穏やかな存在として受け入れることができると述べている。一方、悲哀の過程が自然な心の流れとして営みおおせない場合には、その人の心を狂わせることもあることを指摘し、失った対象との別れを体験できないために、失った対象に同一化することで悲哀の仕事が中断する例について紹介している。

優子は病気や死により、あたたかく優しかった母親を失ったが、母親の死後、あたかも母親のように家族の世話をやくことで、その喪失やそこでの優子の気持ちをなかったこととし、同時に優子自身の「自分」を手放すこととなったのではないだろうか。その背景に優子の大きな罪悪感があることが考えられる。

最後の病室において、優子が母親にぶつけた気持ちは、母親にあたたかさを求めながらも冷たく邪険にされれば、子どもであれば当然に抱く感情であると思われる。しかし、その直後に母親は亡くなってしまった。優子は、自分の気持ちを表出することを悪いこととして体験したのではないだろうか。また、母親の死もそこでの優子自身の体験もかたく封印し、「全部なかったこと」としなくてはとてもやって行けないと感じたのかもしれない。前任治療者との別れが、あたかもないものとして扱われたのは、大切な人との別れが、母親との別れやそこでの情緒を喚起するためだったからではないだろうか。

ただし、優子が母親の死をなかったこととし、自分を手放さざるをえなかったのは、最後の病室での出来事のみでなく、それ以前の母親との関係やそこでの優子の体験もかかわるものだろうと考えられる。それについて次節であらためて触れてみたい。

その後も優子は、母親について語り続けた。「そういえば、お母さんには何でも話していたな」。学校や家庭であった嬉しかったこと、嫌だったことを優子はなんでも報告し、母親も優子の話を熱心に聞いた。あるとき、優子が友達とけんかし、クラスで孤立したことを泣きながら話したとき、母親は優子の頭に優しく手を置き、「『それは辛かったね。お母さんは、何があっても優ちゃんの味方だからね』って。それが本当に嬉しかったな……」。そのような母親との思い出を語るなか、長い沈黙を挟み、優子はつぶやく。「わたし、お母さんのことが、本当は大好きだったんだよね。でも、もういないんだね」。そう言葉にした優子の目に涙が溢れた。

四　こころの「病」の意味と心理療法での営み

ここまで優子との心理療法のプロセスについて述べてきたが、あらためて優子にとってのこころの「病」の意味や心理療法での営みについて考えてみたいと思う。

当初、優子は食事ができないことをきっかけに医療につながった。症状は、これまでの優子のやり方にストップをかけ、優子を心理療法へと導いた。亡くなった母親との関係に目を向けることができなかった優子は、その死やそこでの情緒をないものとし、自分らしく生きることを手放し、世話役として生きることで、とりあえずの適応を果たしてきたものと考えられる。しかしそのように生きることは苦しく、見直しの必要に迫られた。症状はそのためのきっかけを与えるものであったと言える。

治療につながるための優子の症状が、「食」というかたちをとって現れたことは興味深い。優子は「摂食障害」と診断されていたが、その状態像や構造はいわゆる神経性無食欲症や拒食症とは異なるように感じられる。しかし、食を問題としていることについて、共通する点もあるのではないだろうか。

食は、人にとって必要不可欠なものであり、食行動を通して、人は空腹を満たす。栄養を取り入れ、それらは血や肉、骨となり、身体、つまりその人をかたち作る。優子は食べることができなくなり、見た目にもやせ細った身体で治療につながったが、その背景には優子が潜在的に困っている主体性の問題、自分自身をかたち作り、自分らしく生きることができないという問題が存在していたように思われる。このように最初に症状としてあらわれた食の問題は、優子のもつ問題を象徴的に表していたのかもしれない。

滝川一広（一九八三）は、摂食障害を「受け入れの障害」であると指摘している。滝川は「食卓は家庭の表象であり、そこで母なるものから手渡される食事からは、身体的、物理化学的な栄養のみでなく、あたたかみや親しみ、安らぎや安心感が提供される」と述べ、摂食障害患者たちのそのような食卓状況の欠如と「自己自身に対するおぼつかなさ」を指摘している。優子の家庭の食卓状況がどのようであったのかは分からない。しかし幼い頃から家事を引き受け、思春期に母親を失った優子は、家族の営みの中で安心感のもとにこころに栄養を蓄え、自分をかたち作ることができずに来たのではないかと想像される。経過の中で優子は、「（当初の反抗心はなくなり）お母さんが笑っているかが私のすべてになった」と述べているが、母親が死んでしまうかもしれないという不安の中、優子自身の気持ちは押さえ込み一生懸命に母親に尽くすことで、優子は母親の笑顔や、命の灯をたやさないよう頑張っていたのかもしれない。また、こころに栄養を蓄えることができなかったことに加え、母親を救うことのできなかった優子の無力感や罪悪感は、その後の欲しいものを欲しいと言えない、あたたかく良いものを求めるが安心して手にすることができない優子の自己イメージにも影響したのではないかと考えられる。

自分らしく主体的に生きることを断念していた優子との心理療法において、優子が自分を取り戻していくことと並行して、母親との関係や死をこころの中で整理していく「悲哀の仕事」が課題であった。当初、母親とのあたたかく幸せだった記憶は「封印」され、心理療法の開始から四年が経過するまで語られることはなかった。それまでの優子の語る母親は、妹たちと差別して求めるものを与えず、暗く冷たい場所に放り出す母親であったが、同時に優子自身についても「私なんていない方がいい」と語られ、良い自己イメージを抱くことができないようであった。恐らく、母親を救うことができなかった優子にとって、母親を助けることのできなかった自分も、また母親をも悪い存在としておく方が安全であったのだろう。つまり自分が助けることができなかった母親を、あたたかくかけがえのない存在としてこころに住まわせることは、大きな罪悪感をかき立てられる脅威であったと考えられる。優子は、母親の死もこころの痛みも「全部なかったこと」として否認することで適応してきたが、それが悲哀の仕事の進展を妨げていたのだろう。

経過の中で、優子は優しかった母親とのあたたかな思い出を回想し始めるが、それと並行し、現実場面での家族や舞子との関係は変化し始めた。当初、相手の不機嫌に怯え、完全に合わせることで相手の思いを少しのずれもなく汲み取ろうとしていた優子は、次第に人より自分を優先させ、相手とのあいだに距離が生じることに耐えられるようになる。それは優子の中の良い自己イメージの芽生えを示唆するものと考えられ、優子と母親双方のイメージが並行して変化していったように感じられる。

そのような優子の変化に先立ち、面接室には母親をはじめ、さまざまな優子のこころの対象が持ち込まれ、そこでの私とのやりとりや私の体験した情緒の吟味が、優子の自己イメージや母親イメージの変化に役立ったのではないかと考えられる。優子との面接において、私は必要なときにいない、役立たずの治療者（母親）であり、自分が経験豊かで有能な治療者でないために優子を助けることができない自責感やどうすることもできない無力感、またそれゆえに見捨てられ、放り出されるような心許なさ、優子から怒りをぶつけられることへの怯えなど、さまざまな気持ちを経験した。そこでの私は、ときに優子であり、母親であり、またその他の誰かであったように感じられる。そのように投げ込まれた情緒を吟味し、言葉にして優子に伝えて行ったことは、優子にとって漠然とした脅威でもあった情緒や体験にかたちを与える作業であったように思われる。

加えて、持ち込まれ再演されたものが、直接の私との関係においてやりとりされたことが役立ったのではないかと感じる。優子は私に感情を直接ぶつけ、私は大きく揺さぶられながらもそこにとどまり、それについて話し合うことを続けた。そのようなやりとりをしながらも、面接が終わることなくあり続けたことに意味があり、その経験は母親とのあいだで既成されたものとは異なる新しいシナリオを優子はこころの中に描いて行ったのではないかと考えられる。それに伴い、優子はかたく閉ざした「封印」をゆるめ、そこで起きたことに目を向け、あたたかな母親との関係をこころの中に再び住まわせると同時に、それを失ったことを悲しむことができるようになったのではないだろうか。

五　臨床心理士の仕事

クライエントと呼ばれる人たちが生きてきた歴史をたどり、これまで目を向けなかった自分と出会うとき、心理療法はときに大きな痛みを伴うプロセスとなる。優子が母親の死やそこでの体験をなかったことにして生きてきたように、クライエントはこころの痛みに目を向けることができず、病に陥らざるを得なかった人たちなのかもしれない。そのようなクライエントが心理療法で出会うのは、見たくない現実や目を背けたくなるような自分であり、その痛みがあまりに大きすぎるとき、心理療法は中断にいたることもある。

心理療法において、患者が目を向けることができずにいた情緒は治療者へと向けられる。それは言葉を通して、あるいは言葉からこぼれ落ち、投影同一化という機制を通して治療者に投げ込まれ治療者に体験させられる。治療関係におけるその営みは、ときに面接室に大きな嵐を巻き起こし、クライエントのみでなく治療者自身をも大きく揺さぶるものとなる。ケースメント（Casement, P., 1985）は、「ある関係の中でそれらの感情が容認された時に初めて、その根底にある空想が修正され始めます。（中略）そうと理解しつつ、治療者への患者の攻撃を切り抜けて生き残れることはまったく異なった体験なのです。ここでは、治療者が彼らとの間で何が再現されているのかについての洞察をえておくことが大切です。治療者が生き残ることと、この体験の中で何に出会っているのかを理解していることの両者が患者の究極の回復にとって中核になるからです」と述べている。クライエントから持ち込まれるさまざまなものに曝されながら、治療者が「体験の中で何に出会っているのか」を考える存在として居つづけることが大切であり、クライエントと向き合う臨床心理士にこそ、ときに自分自身のこころの痛みをも含めそれを見つめ、そこに居つづける覚悟が必要だと感じる。治療者が、面接室に持ち込まれたものをクライエントとともに引き受け、その意味を考えつづけるとき、クライエントは初めてかたく閉ざしていた瞼をゆるめ、自分自身の痛みに目を向け、それをこころの内に住まわせることができるのではないだろうか。

おわりに

この仕事を始めて、もうじき十年目を迎えようとしている。優子をはじめ、多くのクライエントとの心理療法を通して、私はどれだけ臨床心理士として成長できただろうか。正直、よく分からないというのが本音である。その自信のもてなさは、私自身の臨床心理士としての未熟さであると同時に、人のこころというものの複雑な性質によるものなのかもしれない。そして、そうであるからこそ、この仕事は興味深い。

相談室の小さな面接室で、クライエントとともに重ねる面接に加え、それを振り返り記録を書きつけながらクライエントに思いを馳せる時間や、事例検討や理論の学びなど、日々の営みのつみ重ねの中に、ささやかな、しかし意味ある実りがあることを信じている。

文献

Casement, P.（1985）On Learning from the Patient. London : Tavistock Publications. 松木邦弘訳（一九九一）『患者から学ぶ　ウィニコットとビオンの臨床応用』岩崎学術出版社
藤山直樹（二〇〇二）「投影同一化」小此木啓吾編『精神分析事典』三六二‐三六四頁、岩崎学術出版社
福井敏（二〇〇二）「行動化」小此木啓吾編『精神分析辞典』一三五頁、岩崎学術出版社
Kanner, L.（1964）Child Psychiatry. Charles C Thomas. 黒丸正四郎・牧田清訳『カナー児童精神医学』（一九七二）医学書院
松木邦弘（二〇〇五）『私説　対象関係論的心理療法入門　精神分析的アプローチのすすめ』金剛出版
小此木啓吾（一九七九）『対象喪失　悲しむということ』中公新書
滝川一広（一九八三）「〈食事〉からとらえた摂食障害　食卓状況を中心に」下坂幸三編『食の病理と治療』五〇頁‐七三頁、金剛出版

第七章　こころをみつめることの難しさ

——摂食障害の女性たちとのかかわりを通して

伊藤由夏

心理療法は、しばしばクライエントが〝自分の物語〟を見出す場に例えられる。小川洋子（二〇〇八）は、河合隼雄との対談で、小説家という物語の作り手として「臨床心理のお仕事は、自分なりの物語を作れない人を作れるように手助けすることという風に私は思っています」と表現している。それに対して、河合は「〝物語〟ということをとても大事にしています。来られた人が自分の物語を発見し、自分の物語を生きていけるような〝場〟を提供している、という気持ちがものすごく強いです」と返している。こころの「病」にある人は、自分の〝物語を喪失〟した人なのかもしれない。

こころの「病」というテーマを聞いて思い浮かんだのは、摂食障害の女性たちであった。私が最初に入職した精神科病院でも、その後移った外来クリニックでも、彼女たちが身近にいたからかもしれない。そして、彼女たちの物語が動き出す難しさを、日々痛感している。彼女たちにとって、自分のこころに向き合うことがいかに難しいのかを感じるからである。その難しさは、なかなかこころの中が見えてこないというだけではなく、自分でこころの中を見ないように、感じないようにすることから生じている。

摂食障害の成因や治療に関する著書や論文はたくさんあるが、そのようなこころの中を見ないようにするあり方については、例えば松木邦裕（一九九七）が、快楽で苦痛を取り除こうという倒錯的なあり方や、健康な自己と病的自己の分割があることを述べている。また、松木（二〇〇八）は、摂食障害の本質について「〝心の実情〟

を本人が隠してしまうことにある。彼女たちは自身に対してさえ隠そうとしつづけるのです」とも述べている。こころの内側を見ようとしても苦痛のためになかなか見ることができないのにとどまらず、苦痛のために自らが自身に対して隠そうとする。つまり、こころのあり方がなかなか見えてこないのは、患者自らがある意味積極的に隠そうとするからだという。

鈴木智美（二〇〇六）は、ある症例の紹介で、「表面的には面接者に合わせたそれらしい会話をし、根底では病的あり方を変えまいとする病理構造体の持ち主」と表現している。また、彼女たちは、苦痛な思いに耐えられないために、その場しのぎというあり方にしがみつくしかないことにもふれている。

瀧井正人（二〇〇八）は、慢性期には、「やせていることで全てが得られる」という思いは幻想にすぎないことに気づくが、治ることは、幻想の世界に生きてきたこれまでの「人生の意味」を失うことになると、治る難しさについてふれている。また、食べることや体重が増えることを回避しているだけでなく、自分自身、現実世界、将来など全てのことに向き合うことを回避していると述べている。

私は、こういう視点に気づくまで、せっかく向き合っても、なかなか大事なところに触れさせてもらえないという感覚があった。そして、面接で同じようなやりとりが繰り返されても、こころをみつめる作業は苦痛を伴うものなので、それに根気よくつき合っていくしかないと思っていた。しかし、こころを隠すあり方に加担しているかもしれないという発想を得たことで、とても納得がいった反面、身の引き締まる思いがしたことを覚えている。

一　かかわれないという感覚

私が精神科病院に入職した年に、思春期外来が発足した。摂食障害の患者も増え、私は主に入院の方を担当した。十代の半ばから後半にかけての女性が多く，拒食期の方が多かった。入院は，復学できるように生活リズムを整えるなどのために，短期入院の形をとっていた。彼女たちから，親や友達の一言に傷ついて，食事もとらず家から出られなくなったり，ごはん十グラムや二十グラムの違いで，パニックになってしまったりする話を聞いた。当時，病院における私の担当は，ほとんどが統合失調症の患者で，侵入しないで自我を守るようなアプローチを心がけていた。ホールディングやコンテイニングという発想を知ったのもこの頃で，病院という場が抱える機能になることにも関心を持った。この自我を守るようなかかわりは，彼女たちにも合っているのではないかと思って会っていた。

クリニックに移ってから，私の仕事は心理療法主体になった。精神科病院では，症状は主治医に任せ，彼女たちの話をじっくり聞きながら，短期なりにできることを探した。彼女たちと長く関わるようになってから，治るとはどういうことか，治ることがいかに難しいのかに直面することとなった。中には心理教育の延長くらいのかかわりで，症状がおさまっていく人もいる。それは，留年したくないなどの理由で，一時症状を消失させているということも考えなければならない。一方では，あれこれかかわっても，一向に状態が変わらない人がいる。過食・嘔吐が始まって十年ほど経過したのちにクリニックを受診した未央（仮名）の例を挙げる。未央は，そんな状態がずっと変わらない人で，私は，こころのあり方をどう理解するのかに苦心していた。

なお，本稿で提示する事例は，個人を特定できないよう複数の事例を合わせ，大幅な変更・修正を行っている。「　」は本人の言葉，〈　〉は私の言葉である。

【症例　未央】

未央は，優しいが仕事で忙しい父親と過保護の母親，優秀な兄に囲まれて育った。短大時代に太めの体つきを理由に彼に振られたことがショックで、急激に体重を落とした。予定通り卒業し、就職のため実家を出て一人暮らしを始めた。体重はやせ気味を維持しており、会社勤めを継続していた。未央は、不眠とうつ気分のため心療内科を受診し、薬物療法主体の治療を受けていた。経過中に過食・嘔吐があることを医師に伝えていたが、長期に渡って改善が見られないため医師がカウンセリングを勧め、当院に転院してきた。過食・嘔吐が始まってから十年ほど経過しており、毎晩帰宅後は過食・嘔吐に費やされていた。未央がもうすぐ三十代に入ろうかという時期に私が担当となり、心理療法を開始した。

未央からは、かわいらしく守ってあげたくなるような印象を受けた。彼女は、短大以前のことをほとんど覚えていないと言う。未央は、感情をうまく表現できずストレスがたまってしまうことや、自分に自信がないことを徐々に語っていった。母親の思うように自分が動くよう急かされ叱られてきたので、対人関係も顔色をうかがってしまうパターンがあるようだった。未央は、気持ちを話したい、嫌われそうで言えない、無理に合わせる、といった色々な自分を抱えられず、過食・嘔吐することで不安や怒りを溜め込んでは吐き出し、まるでなかったものにしたいのだと私は理解した。そして、過食・嘔吐とそのときに感じた気持ちをつないでいこうとした。過食・嘔吐は、やせている理想の自分を手に入れて、昔の自分を知らない同僚から理想通りに見られ続けたいために、また不安がずっと頭から離れないのを追い出すために必要としているものだった。一日中、人の目を気にし、食欲をないことにし、我慢した一日の最後に思いのまま食べ吐きすることは唯一の楽しみであり、爽快感さえあるようだった。やせたことで異性にもてるようになり、その自分を維持するためなら、どんな無茶もいとわないようだった。また、振られたときに自分がなくなるような強い感覚を覚え、同じような思いをすることを恐れていた。男性から頻繁に誘われるようになったという未央からは高揚感さえ感じたが、それは毎日必死に取り繕って作り上げているものであった。

仕事を辞めたら実家に戻され母の監視下に入ると恐れ、仕事を続けるしかないと考えていた未央だが、次第に疲れや休みたい気持ちを語るようになった。「親に一度もお願いをしたことがない」という未央に私がびっくりし、親への頼れなさについて話し合った。そして、親に金銭的な援助や、仕事の再開を急かさないで欲しいことを伝え、休職に入った。

先の見通しのなさに不安が高まり、一日が過食・嘔吐で埋め尽くされた時期もあったが、生まれたばかりの子犬をもらったことで、子犬のために規則正しい生活を送るようになった。子犬の話はまるで未央が自分の自我を育てているように感じられた。未央は、仕事に生きがいを求めたいと思っていたが、人の評価ばかり気にして気が休まらなかったと振り返り、退職を決めた。親からの援助の継続をお願いして、お小遣いくらいは自分で稼ごうとアルバイトを始めた。病気を理由に交際相手から別れ話が出て、家庭ある男性とつき合った時期もあったが、彼と話し合うことができ、つき合いを再開した。

面接を重ねていく中で、自分の気持ちを押し殺しているばかりだった未央が、親や彼とのかかわりが増え、意思表示をするようになっていった。しかし、過食・嘔吐の頻度は減っても、やせ願望は揺るがなかった。人の顔色をうかがってきた未央が、どの位ここで思いを伝えられているのか、私はずっと気になっていた。未央が、言えているようで言えていないと感じたときには、私の意向を気にしての発言ではないかと伝えたが、「先生には話せている」と困惑の表情を浮かべられた。そのため、できるだけ彼女の気持ちに焦点を当てて汲み取ろうとしてきた。彼女は淡々と出来事を語るが、実はそのときはどうしようもない不安でいたのではないかとか、「頭で分かる自分」と「こころの中の自分」という彼女の表現を使って、そのときの心情を尋ねていた。それでも、彼女が遠くて、本音が言えていないような、ちゃんとかかわれていないような気持ちが私にはずっとあった。

私がそんな感覚を持つようになった頃に、彼女は彼との結婚を決めた。引っ越しのため、心理療法は未央の結婚とともに終了となった。やせを求め、過食・嘔吐をすることについては、「たまに、何をしているんだろうとか、なくてもいいやと思うことはあるんです。でも、思うだけ。やめられません」と表現している。最後に未央は、「この先治るか分からないけれど、ここでは、誰にも話せないことを聞いてもらえた」「新しいところで、カウンセリングを探してみようと思います」と語った。私は、未央とのかかわりで変化を感じながらも、何か本質的なところに触れられない、という不全感が残った。

二　見たくないものに開かれていること

未央との心理療法が終了してからしばらくして、こころの実情を本人が隠してしまうあり方は、まさに未央のことだったのではないか、という思いが浮かんだ。松木（二〇〇八）が述べている、こころの内側を見ようとしても苦痛のためになかなか見ることができないのにとどまらず、苦痛のために自らが自身に対して隠そうとするあり方と、未央とが結びついていなかった。未央のこころのあり方がなかなか見えてこなかったのは、未央も自身に対して積極的に隠そうとしていたからだったのだ、と思い至った。見えてくるのを根気よく待っても出てこないわけである。このとき、見えてこないように彼女たちは隠し続けているという理解が、すとんと腑に落ちた。前にも述べたが、このときに、こころを隠すあり方に加担をしてしまう危機感を持ったのである。

この発想を得てから、私は、クライエントの言葉を前と違う意味合いに感じるようになった。カッコ内が私の感じ方である。例えば、「食欲がない（はずはない）」という感じ方であったものが「食欲がない（ことにしたい）」「食欲がない（と思いたい）」のように、また「分からない（なんて本当?）」「分からない（はずがない）」が、「分からない（ことにしたい）」「分からない（ままでいたい）」のように、である。未央の言葉を思い返しても、この感じ方がしっくりきた。

例えば、未央がアルバイトに就くときに、彼女から心理面接の頻度を下げる提案があった。〝辛い気持ちに触れる場から離れたいのでは？〟という思いが私の頭をかすめたが、「自信がちょっとついてきた」という未央にけちをつけるような気持ちになっていた。自身に対しても隠すという発想がそのときにあれば、「自信がついた（ことにしたい）」と理解し、未央のやってみたい気持ちだけでなく、見たくない気持ちにも気づいて、両方の気持ちを取り上げることができたかもしれない。

そもそも未央と会い始めて、最初に違和感を覚えたのは、彼女から切迫感が全く感じられなかったことであった。他の患者から受け取る「治りたいのになかなか治らない」「早く治して欲しい」などの焦燥感や、圧迫感が、彼女からはほとんど感じられなかった。未央は、最初から「もう治らないかもしれない」と弱々しく語っていた。私は、先が見えなくて絶望感が強いのだろうと思っていたが、それは〝治りたくない〟彼女の一面が強く表れていたのではないか。

佐野直哉（二〇〇八）は、ある症例に対するコメントで、クライエントが自分をどのような治療者に「仕立てあげようとしているか」について考えなければならないとしている。私が感じた〝彼女が遠い感じ〟〝主体性にけちをつける感じ〟は、彼女が変わる怖さに触れるのを避けていたことから起きていたのだと思う。

他にも、私は病院時代に会っていた摂食障害の彼女たちがみな、主治医を信頼していると言っていたことを思い出した。その内容は「あたたかい」「やさしい」面だけではなく、「鋭いことを言う」「先生には隠せない」面にも言及していた。当時私は、なかなか感情の出てこない彼女たちの心情を主治医が汲んでいると思っていた。それもあるだろうが、彼女たちの信頼とは、彼女たちの隠しておきたい面も、ちゃんと主治医が分かっていたということなのではないかと想像した。そういう鋭さを治療者が持っているということが重要なのだろう。本人にとっては、出したくも見たくもないものだが、気づいていない相手にはなおさら出せるものではない。

未央が、「病気になったことのない人には分からない」「私は、〝さみしい〟〝かまってほしい〟で病気になった」と言ったとき、いつもにないインパクトがあった。それは未央の「頭で感じた自分」ではなく「こころの中の自分」が出た瞬間だったのだろう。私は、それまでなかなか心情に触れさせてもらえないと感じていたが、知的な理解にとどまっていたために、触れるチャンスを生かせないでいたのである。

未央は自分の感情を消化できず、食べ物を吐くように気持ちも吐いていたのだが、そもそも私がその気持ちにさわれていなかった。それはきっと、うまく言葉にならないようなぐちゃぐちゃした生々しいものだったろう。だからこそ、未央は、それがやはり汚いもので自分の中にあってはいけないものであり、隠そう、ないことにしようと躍起になっていたのかもしれない。こころをみていくということは、嫌なところや見たくないものにこそ開かれた態度を治療者が持っていることなのだと思った。

三　台なしにせずにはおれないあり方をめぐって

私は、このように彼女たちの隠しているあり方を意識するようになった。ではどうそれに気づき、返していけばよいのか。分かったからといってそれを彼女たちに指摘しても、すんなり受け入れられることはない。

次に挙げる亜季（仮名）も、長期間過食・嘔吐を続けており、ある意味こころの実情を隠し続けるベテランであった。私から伝えたことは、否定されたり、受け入れられても次の回には、なかったものにされたりすることが続いた。隠しているあり方が明らかになっていった過程を中心に、振り返ってみたいと思う。

【症例　亜季】

亜季は、両親の勧めた大学に進学したが、体型をからかわれ、一年の間に二十キロもの減量をした。就職した頃から過食・嘔吐を覚え、以降二十年近く続いている。途中、自分のやりたかった専門職に転職し、自活を始めた。仕事をハイペースで続ける自信がなく、母親に勧められるまま見合いをし、その相手と結婚、退職した。しかし、何をしても反応の薄い夫との暮らしに張り合いが持てず、家事を完ぺきにこなすことにエネルギーがそそがれた。家事に没頭しては寝込む様子を彼女から聞いた母親が離婚を勧め、実家に連れて帰った。クリニックの受診も母の勧めであった。その頃には、離婚が成立していた。

厳しい父親と、気分屋の母親、要領のよい甘え上手な妹の四人家族に育ち、亜季は「頭のいいしっかりしたお姉ちゃん」であることを支えにしてきた。しかし、高校に入るとそれではやっていけなくなり、職場では顧客の反応がクレームではないかといつもびくびくしていた。亜季は、過食・嘔吐することで、不安を感じないようにしていた。仕事も結婚生活も思い描いたものではなく、離婚したときには実家に居場所を求めた。妹は結婚して家を出ていたため、両親と三人での生活が始まった。

亜季は、親の意向を汲み、意に添おうとすることで、自分を認めてもらえると思い頑張ってきた。そのやり方は、自分の意思を我慢しなければならない半面、自分で決めることが難しい亜季には助かってもいた。亜季は、病気の自分にとどまることで、判断を他者に預けていたが、たくさんのことが棚上げされた状態で身動きが取れず、ますますやせの世界にしがみついていると思われた。

私は、徐々にこのような理解を伝えていった。しかし、亜季はまるで私がいないかのようにふるまい、私の言葉は聞き流された。そして、いつも身体の調子の悪さを訴えた。現実的な選択や管理は主治医に任せ、亜季には、選べなさや決めることの不安に目を向ける辛さについて触れていった。しかし、彼女から同意を得られても手ごたえがなく、次の回にはすっかり忘れられていた。彼女の意向や気持ちを確認しようとしても、彼女は「具合が悪い。疲れた」と言ったり、「どうしたらいいのか分からないので、教えて下さい」と迫ったりした。面接時間終了になっても立ち上がれず、看護師の力を借りて、静養室でしばらく休んでいく回が続いた。彼女から伝わってくるのは、まるで死んでしまいそうな切迫感であり、私は調子の悪い彼女に、無理を言って苦しめているような気持ちになった。

亜季は少しずつ自分の努力を話すようになっていったが、それは彼女の意思というより、治療者が望みそうなことを口にしていると感じた。また、彼女の肩代わりをしないようにと意識していたのに、いつの間にか彼女の弱々しい態度に引き込まれそうになったり、自分が縛られるような窮屈さを覚えるようになったりした。

あるとき、亜季が話したことを整理して、〈過食の衝動を抑えられない。それは確かにしんどいですね〉と返したことがある。それが後に、過食の衝動は抑えられないものであると私が言い、更には過食・嘔吐し放題でよいことにすり替わっていたことが明らかになった。窮屈さは、私が言ってもいないことが、いつの間にか許可したことにすり替わっていたことから生じていることが分かってきた。治るイメージをすり合わせようとした後の回で、亜季から「先生は〝治す〟って言ってくれたのでほっとしました」と言われたときには絶句してしまった。

亜季は、家にいて母親の顔色を伺うことも、母親から距離を取って自活しようとすることもどちらも辛く、身動きが取れなくなっていた。入院をしたらどうかという母親の意見に従い、「入院して母親と一時的に距離を取ることも考えている」と言った。彼女は入院したら、母親の顔色を伺う生活から解放される半面、母親からそれなりの成果を期待されるプレッシャーを感じていた。私は、彼女がやせ始めているのに気づき、保護される立場に身を置いて判断を預けたくなっているのではないか、という理解を伝えた。亜季は、母や主治医の後押しをもらい、連携先の病院に入院を決めた。しばらく退院の知らせがなかったので、〝私から距離を取りたかった入院だったのだろうか〟〝他に転院したのだろうか〟という思いがよぎっていた頃に、彼女は戻ってきた。

入院によって、体重が増えて「身体の調子が良くなった」と感じたときもあったようだが、「入院の成果を母親に求められるが、短期では治せない」と言って、彼女はどんどんやせていった。私には、彼女が自分で許せる範囲まで体重を戻したがっているように見えた。

その頃、長年の過食・嘔吐による身体不調から、亜季は点滴を受けるために内科に通っていた。あるとき、彼女から身体が回復すると内科に通えなくなる不安が語られた。「過食・嘔吐が前よりひどくなって止まらないんです」という彼女の話を聞きながら、私は、点滴の後激しく過食・嘔吐することで、点滴を帳消しにしているという彼女の努力のあり方が目に浮かんだ。彼女は、よいものを壊してでも具合が悪い状態にとどまって、保護を受けられるように努力しているのだと感じた。「家族から離れて、自分がどうしたいかを冷静に考えられる場所が欲しい」と話した入院も、考えないようにして過ごし、体重の増量にひたすら耐えた期間になっていた。彼女は、私との面接でたとえよいものを生み出せたとしても、それをないものにしてしまおうとしている。私は、亜季が最終的には隠してしまうものの、隠すあり方をめぐって少しずつだが話をするようになってきた、と思っていた。それが、全力で隠すことに努力がそそがれていると分かって、腹が立ったし、裏切られたとさえ思った。彼女は、ごまかしようのない事実が顕わになって、動揺していた。彼女はむっとしながら、「これでいいなんて思ってないんです。でも、とにかく太るのが怖い」と話した。

次の回、亜季は具合が悪いながらも、これまで母に隠していたことを話したと言い、私にも隠しごとなどなく、自分なりに治る努力をしていると主張した。意外にも母は叱らなかったが、治そうと協力してくれるあまり、急き立てられて苦しいと言った。私は、その場しのぎが明らかになって逃げ場がなく苦しいことや、困っているのは自分なのに、無理やり私から変われと押しつけられるように感じて苦しいのではないか、という理解を伝えた。

しばらく押し黙っていた彼女は、「面接で話せば楽になると思って来るのに、楽になることなんてないんです。いつも不完全燃焼」と語った。「母に『あなたの力になりたいから、どうしたらいいのか何でも言って』と言われるんです。でも、私こそどうして欲しいのかが分からない」。そして、「本当はアドバイスが欲しいけど、自分で考えるべき事だからそう言えない。言えないと言えば、夕食は腹におさめて消化していることを誉めてほしい」と言った。私は、〈確かにそれは努力と思うが、夕食分の栄養を、他の時間で帳消しにしているでしょう。それはあなたも分かっている。だから、誉めてほしいけど、それでは安心にならないでしょう〉と伝えた。彼女は、朝昼の過食・嘔吐を認め「何が何でも〝台なし〟にせずにはおれない」と言った。「台なし」は、彼女から出た言葉だった。「どうしたら台なしにしなくておれるのか？　家事をしたり、眠っては考えないようにしたり、努力しているんです」という彼女に、〈そんな思いまでして、どうしてやせ続けてなければならないのでしょう〉と返すと、「なんだか話していると辛いです」と言ってまた黙ってしまった。

私は、黙っている彼女を前にして、台なしにしているあり方が明らかになったときに、むなしさを感じたことを思い出した。彼女は、点滴しなければ命に関わるような状況に、自らを追い込んでいた。死ぬのは怖いと思っているのに、その思いを否定してまでやせの世界にしがみついていた。どうしたらいいか何も思いつかず、相手に丸投げするか、台なしにするしかない。そんな自分を無力に感じていたのではないかと思い、その理解を伝えた。彼女は、「ん～」とうなってから「でも、本当に分かんないんです。何も出てこない」と答えた。「分からない」は、分かりたくない、見たくないものでもあるが、本当に中身が空っぽで何も出てこない無力な彼女に見えた。

以降、亜季と「台なし」をめぐって話をするようになった。その中で彼女は、〝このままでいたくない、治りたい〟と〝やせの世界にとどまり、保護してほしい、治りたくない〟という二人の自分がいることを意識するようになった。そして、治りたくない自分の方が圧倒的に強いと語った。

彼女が、初めて嘔吐を止めると決めたときのことである。彼女は、嘔吐を止めれば、過食期がきて、それに伴い体重が増えていくことや、それが回復の過程に必要なことを頭では分かっていた。しかし、太る怖さのために食事を制限し、少しずつやせていった。自然に起きてくるはずの食欲は、自分の中にあってはならないものとして、打ち消すことに必死になっていた。彼女にとって、過食が〝悪〟であった。

過食・嘔吐をしないでまた一週間過ごせたと報告する亜季から、嘔吐臭がしてくることに私は気づいた。私は、彼女を信じたい気持ちと、嘔吐臭という事実に困惑している気持ちを伝えた。彼女は吐きだすように「先生、私の事、疑がったでしょ。嘔吐なんてしてません！」と声を荒げたが、すぐに「先生に失礼なことを言ってしまった。すみません」と謝った。〈ひどいこと言って叱られると思ったのでしょう。でも、ちゃんと言い分があったでしょう〉と伝えると、彼女は食べたくて食べたくて仕方がなく、食べたものを反芻しながら、固形物の代替にグミ状の日用品を噛んで、食べている空想に浸っていることを打ち明けた。「先生に何か言われると、負けてなるものかって戦っているんです。でも、怖くもなって。私は、どこへ向かうのか。不安でたまらない。先生が気づいてくれて、ほっとした自分がいました。いつもはほとんど台なしの私しかいないけど」

それから、亜季は父親のことを語った。父親は厳しかったが、気分屋で不安の高い母親をコントロールする役目も果たしていた。彼女は、両親の勧めた就職先を辞めて転職したとき、いつ父親に叱られるかと怯えたが、説明を求めた父親は叱らず聞いてくれた。そして、辞めたことを不安がる母親を諌め、父親は応援してくれた。そんな父親は、亜季が実家に戻った頃から認知症が進行していた。それによって父親の厳しさは緩んだが、暖かな一面も見られなくなった。亜季は、母親の意向を取り入れるしかなく、母親の言動に振り回されながらも、振り回されることでかつての父親はもういないという思いを打ち消すのに助かっていたと言う。頑張れば自分を認めて応援してくれた父親にはもう会えない、弱音を吐いてみたかった、もう頼れないことが寂しいと語った。
これをきっかけに、彼女が人生の早期から切り捨ててきた気持ちを少しずつ拾うようになっていった。

四　コミュニケーションのあり方

亜季がまた隠しているのではないかと思うと、彼女の話す内容ばかりに気を取られていたが、その内容は時々で変化していった。どのようなコミュニケーションになっているのかを意識してみると、彼女が相手の意向を汲み、それに合わせようとする努力のあり方が見えてきた。それは、〝相手の思いに応えなければ見捨てられる〟不安によるものであった。亜季は、人に合わせるというやり方で、自分のこころを見ないようにしていたのである。

亜季と「台なし」をめぐって話すようになって、私が実感したことがある。それは、亜季と治療者である私との関係性が、私の自覚していた以上に大きく影響していた、ということである。亜季は、主に母親を通して〝相手の言うことを聞かないと見捨てられる〟というパターンが身についていたため、私にも同様の恐れを抱いていた。嘔吐臭を私が感じたとき、二人の間で信頼を巡って意見の相違が生まれたとき、彼女は見捨てられる不安から、とっさに私に合わせようとした。しかし、私から彼女なりの言い分を尋ねたことで、彼女は意見が違っても見捨てられなかったという体験をしたのだと思う。亜季の中に考える隙間が生まれた。父親に温かい一面があったことを思い出し、それがもう得られない寂しさが語られた。その後、亜季から「どうとは言えないけど、先生の意見とはちょっと違うと思う」「今日は、いつもほど先生が怖くない」といった意見や感想が出てくるようになった。

判断を任されてもどこまでやっていいのか分からず、やれる可能性をかなり狭めてしまうことがある。亜季が父親のことを語った頃から、私が彼女の話を聞きながらよく思い浮かべる光景があった。遊び場と道路の境界が作られることによって、境界がないときよりも却って遊び場の中で伸び伸びと遊ぶことができるイメージである。クライエントと治療者の意見が違っても、それが見捨てられることにならず、意見を言い合うことで境界が生まれる。これまで、彼女たちの脆弱な自我を守るように、少し遠くから支えるようなイメージで会ってきたが、もっと近くで私が壁になり、ぶつかる場を提供することが、彼女たちの主体を作っていくのだろうと思った。

五　理論というお守りの活用

病院時代から、摂食障害は治るのが難しい疾患と認識していた。共感や受容だけで内省が進み症状が消失するとも思っていなかった。拒食・過食の症状が緩むと精神病状態に陥ったクライエントもいた。私が担当クライエントを初めて亡くしたのは、拒食症の方だった。やせの状態は悪くなかったが、事故という形での突然の別れであった。二十キロ台までやせ細って亡くなった方のことも聞いた。私は、命あってこそ、身体は大事、日常生活も大事という思いを強くした。短期の入院でできることは、病院が包み込む器としての環境を提供し、自我を守るようなかかわりと考えていた。そして、安定した相手との感情的な交流を取り入れることができれば、過去の不適応なパターンからよりよい方向に修正できるきっかけになるかもしれないと考えていた。この頃、ある研修会で精神病圏の事例を出したとき、「一歩踏み込めないことが弱点だが、侵入的にならないところがちょうどこのクライエントに合っている」とコメントをもらい、この距離感が彼女たちにも合っていると思っていた。

このような、ゆっくり焦らず話を聞こうとする態度を提供し続けると、彼女たちの歴史が少しずつ明らかになっていった。しかし、同じような会話の繰り返しに行き詰まりも感じていた。彼女たちはいろいろな気づきや工夫を述べるが、症状は同じようにあり続ける。渡辺雄三（一九九一）の症状を気持ちに変換していく境界例水準とのかかわり方や、成田善弘（一九九一）の本人に責任を差し戻し、「不思議に思う」ことを頼りに、彼女たちとつながる術を探していた。しかし振り返ってみると、私が合っていると思っていた相手との距離感が、実は少し遠かったのではないか。こころを隠すというあり方と向き合っていくことは、彼女たちが治療者に受け入れてもらえているのか、何度も確かめながら、目の前の治療者に思いを話せることなのではないかと思うようになった。

冒頭に瀧井を取り上げたが、他にも同じような見解のある中で彼を選んだのは、彼が行動療法の専門家だからである。行動療法に対する私の理解不足は認めた上でだが、行動療法の専門家がこんなにもこころを大切に思い、表現していることに感銘を受けた。例えば、「〈回避行動〉を徹底的に遮断するという一見患者のこころを無視したような対応が、実は患者が自分自身のこころに向き合うことを促し、こころの問題を取り扱う有力な手段になっている」という記述である。

理論は、どれがいいとか悪いとかではなく、治療者が馴染むものが選ばれたらいいのだと思う。その方法とどう向き合い、個人の体験を通して身についたものかどうかが大切なのである。熟練者は違う技法であっても、経過が似るとか、違いがないように見えるというが、それは向き合う姿勢が同じだからなのかもしれない。理論は、自分が一貫してクライエントに会うための一手段であり、それを用いてこころに向き合うことを促せるかどうかが肝要なのだと思う。

私が理論を頭の理解から自分のものにしようと取り入れていった過程は、彼女たちが自分のこととして問題を引き受けることと重なるのではないか、と想像している。

亜季のときにもそうだったが、入院してせっかく体重を増やしても外来に戻ればあっという間に体重を元に戻してしまうことがある。そんな経験をしていると、その現象が予測され、慣れてしまっていたことにも気づかされる。入院は、環境調整だけでなく、集中してこころに届くかかわりができるチャンスなのかもしれない。退院したらまた体重を戻せばいい、入院中は我慢と思うのか、制限によって、隠してきた気持ちに向き合うチャンスかもしれないと思うのか。入院も、いいか悪いかではなく、どう考え受け止めるかという視点で、彼女たちと向き合えたらと思う。

六　自分の内から生まれる言葉

未央と亜季は、受診までにも、心理療法を導入してからも、長い経過を持つ人たちである。やせを維持したいことが揺らがない人たちとも言える。経過が長い方とは、心理療法で何を目標にやっていくのかを共有すること自体が難しいと感じる。

長い経過により年を重ねると、若い頃と違う困難さが出てくる。生計の不安や独り身の心細さ。結婚すれば、嫁ぎ先の文化に馴染むこと。出産のリミットを前に、無月経と妊娠という両立しないものを望む姿。他にも、産むのか産めるのかという心配や、子育てによって保護される立場から保護するという立場への変化などが生じる。親の高齢や病気で、これも保護する立場に替わり、そして失うという現実が待っている。彼女たちは、現実にも幻想にも、次第に頼れるものがなくなってくる。自分の体を痛めつけるというあり方ながら、もうすがれるものは自分の身体しかない、とばかりにしがみついているように見える。年をとって吐くことができなくなり、やせの問題から解放され楽になった事例を聞いたことがあるが、そのとき、肝心な生きていく力はどうなっているのであろうか。

二人が通い続けてきたのは、やせを維持したまま苦痛を取り除いてくれるような幻想を求めていたこともあるだろうが、このままではいけない、変わりたくないけど変わりたい、という思いもあったのではないかと思う。私は、彼女たちと会っていく中で、こころを大事にするということは、隠しているあり方を見逃さず、嫌なことや見たくないものに開かれた態度で会い続けることだと実感するようになっていった。

それでも、隠すあり方をみていくうちに、クライエントが投げかけるものを抱えきれず、猜疑心や非難するような気持ちの方に傾くことがある。私が、何を差し出してもないことにされたり、見当違いのように振舞われたりしているのは、なかなかこたえるものである。こんなに長い間変わらないならもう治らない、と思う彼女たちの病的な自己に賛同してしまうこともある。しかし、亜季の台なしにしてしまう背景にあるむなしさに気づき、その理解を伝えたとき、彼女は私に、わずかなりにも受け止めてもらえたと感じたのだと思う。

彼女たちは、自分の隠そうとするあり方を感じ、その苦痛でまた次の回は何事もなかったように立て直してくる。それでも、終わりのないような繰り返しの中で、良くも悪くも、「あ、これが自分なのか」と実感する瞬間に出会うときがある。亜季の例では、「台なし」と表現したときや、「先生がいつもほど怖くない」と言ったときである。同じような言葉のやりとりではあるが、自分の中から実感として出てきた言葉には、何か伝わる強さや、やりとりの距離がすっと縮まったような手ごたえを感じる。そんな実感を得ることが、何かをつかむきっかけになるのでないか。私は、せっかく表れた萌しを、ちゃんと見逃さずに気づいて拾いたいし、返したい。他の誰でもない、自分の内から生まれる言葉を、私は大切にしたいと思う。そのときをつかんで、彼女のこころに届く形に返せるかは、まだまだ私の大きな課題である。

信じるという意味において、鈴木智美（松木ら、二〇一四）が鼎談で「（患者に）〝違う話をしたいです〟と言われると、それが倒錯的にやせを維持する逃げ口上なのかもしれない。でも全部が逃げの口上ではなくて、おそらくそこに一パーセントぐらい、本人が何か感じているものがあるんじゃないのかなぁ」と語っている。励まされる言葉である。

七　自分の物語を生きる

小川洋子（二〇〇七）は、物語を小説やエッセイという形にすることを仕事にしているが、物語を作るのではないと述べている。「最初からテーマなんてない」ところから、「現実の中にすでにあるけれども、言葉にされないために気づかれないでいる物語を見つけ出し、鉱石を掘り起こすようにスコップで一生懸命掘り出して、それに言葉を与える」のだと言う。

摂食障害というあり方は、とにかく死なずに生き延びるために手に入れた物語である。物語は、人それぞれが選ぶものだが、できるなら、心を殺し無理を重ねて手に入れた物語ではなく、こころが解放されるような物語を掘り起こしてほしい。それはきっと、何か特別な物語ではないのかもしれない。しかし、自分の物語と出会うことで、ほどほどに今の自分とつき合っていくことを受け入れ、今の自分で何とかやっていこうという感覚が持てるのではないかと思っている。

文　献

松木邦裕（一九九七）『摂食障害の治療技法――対象関係論からのアプローチ』金剛出版
松木邦裕（二〇〇八）『摂食障害というこころ――創られた悲劇／築かれた閉塞』新曜社
鈴木智美（二〇〇六）「症例の紹介」松木邦裕・鈴木智美編『摂食障害の精神分析的アプローチ――病理の理解と心理療法の実

際』九〇頁、金剛出版
松木邦裕・瀧井正人・鈴木智美（二〇一四）『アンチマニュアル的鼎談――摂食障害との出会いと挑戦』岩崎学術出版
成田善弘（一九九二）『精神療法の技法論』金剛出版
小川洋子（二〇〇七）『物語の役割』筑摩書房
小川洋子・河合隼雄（二〇〇八）『生きるとは、自分の物語をつくること』新潮社
佐野直哉（二〇〇八）研修症例コメント「よい子defenceの形成と離脱――治療者の果たす役割をめぐって――」『精神分析研究』第五二巻第四号、六一―六三頁
瀧井正人（二〇〇八）「対論的解題」松木邦裕『摂食障害というこころ――創られた悲劇／築かれた閉塞』二一一―二三二頁、新曜社
渡辺雄三（一九九二）『病院における心理療法――ユング心理学の臨床――』金剛出版

第八章　こころの花に水をやる仕事──生きることにかかわる二事例

三宅朝子

一　白衣の仕事

　私たちは白衣を着ている。白衣は、医師だけでなく他の医療従事者が着ることもある。臨床心理士もその例外ではない。ナイチンゲールは白衣の「天使」と呼ばれることを嫌い、自らを「苦悩する者のために戦う者である」としたそうだ。まさに「白衣を着る」とは、人が生きていく上での苦悩を共にする専門家としての覚悟の証だと私は思っている。

　現代の医療現場は大きく変容し、転換期にある。科学技術はめざましく発展し、その一方で人は「生と死」を身近で日常的な営みの延長として体験する機会を失ってきている。「見えない死、隠される生」。これは哲学者鷲田清一（二〇〇二）の言葉である。彼によれば、現在、人の誕生と死もまた病院へと「外部化」されているという。確かに日本では今ほとんどの人が病院のベッドで死んでいく。「畳の上で死ぬ」という言葉は死語に等しい。さらに人の誕生も、ほとんど家庭でされることはなく医療の中でコントロールされている。産湯を運ぶシーンは古き時代の白黒映像の世界である。医学の発展に伴い、医療は細分化、専門化され、臓器や患部はそのモノが対象となっている。社会の意識としては、人権尊重のため倫理要綱やスローガンがさまざまな形で整備されていく流れにある。にもかかわらず全く対極の現象として、無意識的とでも言おうか、いつのまにか人は「者」としてではなく「物」として扱われてもいるようだ。

　先日インテークをした患者がこう言った。「最初に行った精神科ではお医者様はずっとパソコンのモニターとにらめっこして、それからお薬を処方してくれました。でも最後まで私の目を見ることはありませんでした」。真相はわからない。しかし、その言葉を聞いたとき、私は「まさか」というより「そういうこともあるかもしれない」と思った。

　医療が患者の症状の消去をめざすことは、ごく自然に歓迎されることであろう。しかし症状が消えさえすればそれでよいといえるのだろうか。精神病理学者の木村敏（二〇〇八）は、症状は一種の防衛反応であり、生体にとって有意義な自己治癒機制の側面があることを指摘し、症状を消すことしか考えない昨今の精神医学の傾向を批判している。木村は、「薬を使って症状をきれいに取ったら患者さんが自殺してしまった」という若き日の苦い経験を述べ、症状の背後にあるもっと深いところの、病気の原因や病理の本質を問題にしていく視点が重要であると強調している。木村は上記の著書の中で、現代の精神医学が急速に自然科学化していることの危険性や、製薬会社の巨大資本の猛烈な流入、そして現在の大学医学部の機構のあり方も問題視している。確かに「症状を見て病気を診ず」という流れは、病因論を排したＤＳＭという診断マニュアルの普及によって後押しされた。さらに精神薬理学のめざましい発展により助長されているように思われる。

　精神科医療では、ここ十数年ますます薬への依存度が増している。こうした状況に対して、マイノリティーかもしれないが、精神科医からも問題視する声がいくつか挙がり、警鐘を鳴らす書物も出版されている。その一つとして、生物学的精神科学者ヴァレンスタイン（Valenstein, E.S, 1998）は、その著書『精神疾患は脳の病気か？──向精神薬の科学と虚構』の中で、現代精神医学が寄って立つ命題「精神障害の生化学説」の主要学説を検証し、精神薬理学の脆弱な側面や、薬の開発をめぐる社会経済の現状を描き出している。この著書の監訳者である功刀浩は、彼自身も生物学的志向の強い精神科医であるが、その長めのあとがきで「いつのまにか薬を処方するだけの医者になっていた」ことへの自戒を記している。ヴァレンスタインも功刀も、薬物療法の有効性を否定するものではなく、それに偏らずもっと健全な薬の活用と、患者の声に耳を傾ける豊かな精神医学の充実を求めている。

薬の処方を行わないものの、臨床心理士にとってもこれは無縁の話ではない。目先の症状改善、適応をめざし、マニュアル化された心理療法に傾く人が増えているように思われる。ときには事例検討など研修の場でも、学校へ行けたとか、仕事に復帰できたというようなことが殊更に成果として取り上げられ、それがなされれば万事よしという空気が流れることがあるように思う。しかし、人は壊れた部品を取り替えるように症状を治せばそれで済むものではない。症状の有無とは別に、埋められないこころの問題もある。「病」の向こうにある「人のこころ」を観ることが臨床心理士の仕事の根幹にあるように思う。

【事例　向日葵（ひまわり）】

精神科クリニックでの事例である。アイ子（仮名）は四十歳間近の女性で、すでにがんの告知と余命宣告も受けていた。彼女は一度乳がんの診断を受け、手術により片側の乳房を失っている。その数年後に再発し、再手術、化学療法と放射線照射が行われた。しかし、新たなしこりは進行し、他臓器へも転移した。その経過の中で彼女は以前通院していた精神科クリニックの掲示を思い出し、心理面接を求めて改めてその門をくぐった。そして私が彼女の心理面接の担当者となった。

そもそも最初の来院時は内科的には問題がなく、主訴は仕事中に緊張して手が震え作業に支障が出るというものだった。そこでは軽い抗不安薬などの処方がなされ、比較的短期間に症状はさほど気にならない程度のものへと緩和された。主治医は心理面接を勧めることもなく、彼女も希望しなかった。その後通院の足は途絶えていた。

再来後心理面接が始まり、彼女は最初の数回で、今に至る自身の人生の概要を語った。彼女が六歳のときに、母親は病死している。その一年後、父親はアイ子にとって母親が必要であろうと考え再婚をした。継母はさっぱりとした人で、アイ子を可愛がってくれた。また、すぐに妹が生れたが、継母は異母姉妹分け隔てなく接してくれた。少なくともアイ子自身はそう感じていた。その後成長した彼女は就職を経て、結婚をし、一児を儲けている。しかし、不幸にも子どもが幼いときに夫を事故で亡くし、女手一つで子育てをすることになる。幸い健在だった実家の両親や、妹夫婦らが彼女を支えてくれた。丁度その頃に手の震えが問題となった。このときに彼女は最初の受診をしている。「何かいつも緊張していたんです」。彼女はそう振り返った。周囲の人々は、「夫を亡くしてきっと一人で頑張って子どもを育てていかなくては、と緊張しているのだろう」と彼女に同情して気遣ってくれたようだ。しかしアイ子によれば、この緊張感は以前からあったことで、薬で緩和されたとはいえどこかにいつも抱えている感じが続いていたという。

乳がんになり片方の乳房を失った頃から、彼女は実母を亡くしたときのことをよく思いだすようになったという。「母が亡くなってからずっと私は緊張して生きてきたように思う」。彼女は余命が幾ばくもないとわかってから、「この緊張感の根元を確かめないまま死ぬことはできない」と思ったという。しかし、主治医らは彼女が心理療法を受けることに積極的ではなかった。「薬で苦痛や不安を緩和して、穏やかに残りの人生を送った方がよいのではないか。いまさら過去の事をあれこれ考えることもなかろう」という意見もあった。しかしアイ子の強い意志があった。「先生。わたし、このまま死にたくないんです。宜しくお願いします」。夏の終わり、秋の気配がする頃だった。心理面接は継続された。

アイ子は在宅で療養し、外来通院で疼痛コントロールのためのモルヒネ処方を始めとしていくつかの処置がなされていた。そのおかげか、彼女は痩せてはいたが、元気そうに見えた。彼女は快活な雰囲気があり、言われなければがんを患っているとはわからなかった。

面接を重ねしばらくすると、アイ子は二つの出来事を繰り返し語るようになった。実母が亡くなったときに父親から「もう母さんの事を思い出すのはやめよう」と言われたこと。継母がくるときにも父親から「もう前の母さんの事は忘れよう。これからは新しいお母さんがアイ子のお母さんなんだから」と言われたこと。幼くして母を亡くしたわが子が哀しみを乗り越えるための術として、父親は悪気などなくそんな事を口にした。また、父親自身も傷ついていて、自らの辛さを乗り越えようとしていたのかもしれない。いつのまにか実母の話は暗黙の内の禁止事項になっていた。さらに夫が亡くなったとき、彼女は「もう夫の事は忘れなくてはいけない。これからは自分が子どもの母であり父でもあるのだから。」と思うようにしたという。自分にとって大切な対象の喪失を悼む前に、その対象の存在を否定しようとしたわけである。彼女がかつてのやり方を反復していたことを、私は指摘した。

彼女は「対象喪失の喪の仕事」以前に「対象の存在」を否定することに心のエネルギーを費やし、それを維持するには「緊張感」が必要であったのだろう。面接が進むにつれ、彼女はそのやり方を強いた父親を怒り、母や夫の事を忘れてしまおうとした自分をも責めるようになっていった。

フロイト（Freud, S., 1917）は、対象喪失における「対象との自己愛的同一化」、つまりは愛する対象は失われたのではなく自分が対象になろうとする、対象を体内化しようとするメカニズムについて分析している。癌化し失われた彼女自身の片方の乳房は、体内化された死せる母親対象と考えることもできる。実際、乳房の喪失は彼女に実母の喪失を想起させた。彼女を置いて亡くなった母親への怒りが彼女自身の身体へと向かい、病になることで、彼女は対象喪失の痛みを自己処罰として再現させたといえるかもしれない。

こうした経過の後、彼女は生きていた頃の実母との思い出や実母への思慕を多く語るようになる。許されなかったものがようやく陽の目を見たようだった。こうしてアイ子のこころの中のよい乳房（内的な母親対象）が実体を持つようになった。それゆえに彼女の中にあった、誰かをそして自分を責める感情の嵐が静かに穏やかになって行った。失った対象に対しての追悼は、その対象への思いをしっかりこころに抱えることから始まる。忘れてしまう、考えないようにすることでは心の痛みは埋められない。

しかし、一時的な小康状態を経て、がん細胞が動き始めた。彼女の病状は一気に悪化した。彼女の顔色は悪く、入室してソファーに腰掛けると、彼女は話す前に呼吸を整えるのに時間がかかった。肺に転移した病巣が拡大し、そのため少し移動すると呼吸が苦しくなった。また、脊髄に転移した病巣のために腰痛がひどくなり、放射線照射での対処も線量としては限界に近いので、脊髄骨間の硬膜外にチューブを留置して鎮痛剤を注入する持続硬膜外ブロックという方法も検討されているようだった。「先生、私もう向日葵が咲くまで生きておれないかもしれない」。彼女の眼元が赤くなっていた。彼女の病状の悪化と疲労の色に、私はときとして口にする言葉が見つからず、面接継続に迷いが生じることもあった。そんな私の揺らぎに、彼女は断固として可能な限り面接を継続したい意志を示した。その後、彼女は実母や夫、加えて子どもの事について語った。彼女は愛する大切な人を「いなかった人にしたくない」と言った。自身がほどなく消えたとしても、全てを無にしたくない。彼女は「子の存在」をしっかり自分の胸に刻み、また最期にしっかりと子どもに話をして「自分の存在」を確かなものとして伝えたいと語った。「そうでなければ私はいなかった人になってしまう」。彼女は声を上げずに涙を流して私をじっと見た。

こうして面接は継続し、夏をむかえる少し前のことである。心理面接開始後十カ月ほどが経っていた。ある日アイ子は待合で転倒した。彼女は顔面蒼白で、目を閉じたまま苦しそうに肩全体で息をしていた。事務職員が救急車を呼び、救急体制の整った近くの総合病院へと彼女は搬送された。数日後電話が入り、入院をしているのでしばらく心理の面接に通えないという旨の伝言があった。詳しい情報がないままに私は待った。

　それから二カ月たったある日、彼女から電話連絡が入り面接が予約された。予定の日に彼女は入院先から車椅子でやってきた。付添いのヘルパーが携帯用の酸素ボンベを持参していた。肺に転移した部分が拡大し片肺はほぼ機能不全になっていた。残存するもう片肺の機能も低下し動脈血中の酸素濃度が低くなり、体動後に呼吸困難が予測された。彼女は入室後開口一番、「今年も向日葵を見ることができたわ。今日来ることができて良かった」と微笑んだ。それから彼女は真顔になって言った。彼女が通院できないでいる間、私が彼女の事を忘れてしまっていないかと心配になっていたこと、確認したくて電話をしようと迷いつつ怖くてできなかったことを語った。私は「あなたがお母さんを忘れようとしたように、私もあなたのことを、そしてあなたも私のことを忘れようとしていないか不安になったのですね」と応じた。「私は忘れないでいたわ。そしてこうしてまたここに来ることができた」と彼女は安堵の表情を浮かべた。反復は回避された。このときの彼女から私は、こうべを上げて太陽を仰ぎ見て咲く夏の終わりの向日葵を連想した。待合での転倒は、がんの脳転移によるふらつきであったらしく、アイ子は自分の死期が迫っていることを悟っているようだった。「これで最後になるかもしれない。でも可能ならまた来ます。先生、私のことを忘れないでね」。終了間際に彼女はそう言った。面接終了後、三十分ほどの酸素吸入を済ませると彼女は静かに帰っていた。これが私たちの最後の面接だった。

　面接の中断期間に彼女が抱いた「治療者が自分を忘れていないか」という不安は当然ながら文字どおりの意味と同時に、彼女がかつて実母に対してそうしたように、娘が彼女を忘れてしまうことへの心配、さらには彼女自身が治療者を含めた全ての大切なものを忘れてしまうことへの恐れでもあった。「今ここで（here and now）」の場面で治療者は、彼女の娘であり母であり、彼女自身でもあった。三つの軸の交点に転移があった。私はその転移理解をもとに解釈をした。アイ子は恒常的な内的対象の存在を確認することができ、安心感と納得を得ることができたと考える。客観的に見て、彼女の精神的な症状は投薬によってすでにかなりコントロールできていた。心理面接は必要でないと判断する者もいるかもしれない。しかし、この過程は、彼女が自分の人生を締めくくり逝くために必要なこころの作業であったと私は感じている。ホスピス・ケアの専門医である山崎章郎（二〇〇五）はこう言っている。「やはり自分の生きてきた意味と今いる意味の意味付けに納得できる方たちは、旅立つことについての納得もできるような感じがする」。自分の人生を締めくくるために、こころに向き合うことへの援助を必要としている人は潜在的に多くいるように思う。

二　黒衣の仕事

私は黒衣（くろご）をしている。それは私の実践する精神分析的心理療法という仕事の一側面ともいえる。そもそも黒衣とは、歌舞伎や文楽にて黒尽くめの装束で現れて、舞台に居ながらにしてまるで観客からは見えないかの様に独特な動きをする人を言う。歌舞伎では黒という色は「無」を意味し、黒衣は「存在しない人」として舞台に居る。この役目は「後見」とも呼ばれ、能では黒ではないがやはり後見が舞台の進行を見守り、必要なものを出し不要なものを引き、不測の事態があれば対処するといったように、いわば舞台監督的な役割をこなす。心理療法の舞台での主役はもちろんクライエントである。セラピストの私は、外的現実としての「私」を無にして「黒衣」としてそこに居る。クライエントは自らのこころの物語を面接という場で表現し展開させる。そのプロセスが妨げられず進行していくことをセラピストは見守り、助け、ときには面接が中断してしまわないように不測の事態に対処する。これは、フロイトのいくつかの精神分析の技法論文にある「中立性」をはじめとする「治療者の基本原則」に通じるように思う。

精神分析的なアプローチは、創始者フロイトがヒステリー患者の治療からスタートしたように、こころの「病」の治療法としての側面がある。しかし精神分析が本質的に目指すところは、病気を治すことではない。その意味では「治す」ことを目的とした「医学モデル」から外れるところにある。むしろこころの進化を目指す「成長モデル」といえるかもしれない。こころが変化しパーソナリティーが発達、統合しその機能が回復し、より豊かなものになれば、結果的に症状が消える、もしくは軽くなることもある。いわば副産物のようなものとして考えている。精神分析的な営みの目指すところを、精神分析家の藤山直樹（二〇〇三）は、「クライエントがきわめて独自なありかたでその人らしくその人自身として（パーソナルに）『生きる』ことの援助である」としている。

「人々心々《にんにんこころごころ》の花なり」。これは世阿弥によって書かれた「風姿花伝」の中にあるフレーズである。人それぞれに様々なこころを持ち、そしてそのこころにある花もさまざまである、という意味である。「風姿花伝」は能楽に関する芸術論であるが、そこでは「花」が随所で象徴的に使われている。世阿弥の考える「花」というのは能芸の極意にとどまらず、全ての芸術、さらには全ての人に通じるもののようだ。この「花」を咲かせるということは、藤山のいう「パーソナルに『生きる』」、と類似したものとして考えることもできる。すぐれた芸術家でなく平凡なありふれた人でもそれぞれに、「こころの花」の種を内に持ち、ほんのささやかな日常生活の営みの中に花を咲かせることはできるはずだろう。とはいうものの、「こころの花」の開花は難しいことである。いつまでたっても花が咲かない草木。花が咲くどころか根腐れを起こしている植物。自分の花がいったい何なのか、わかっていない人もいるだろう。また、造花を「まことの花」と信じて疑わない人もいるかもしれない。こころの花がうまく咲かない事態に際して、いわゆる症状と呼ばれるものが現れることがある。また必ずしも症状という形をとるとは限らず、こころの悩み、問題として自覚されることもあるだろう。もしかすると、症状そのものが花である場合もあるかもしれない。ここで精神分析的な設定で行った事例を一つ提示したい。

【事例　雪割草（ゆきわりそう）】

1　面接が開始されるまで

一人の母親が娘の事で精神科クリニックを受診した。九歳になる娘は学校で一言も話をしない。緘黙症のようだった。私が担当することになったが、本人は受診を拒んでいるため、当初母親のみの形で通院が開始された。母親によると、娘は小学校に入学当初から登校渋りが続き、秋頃に行事の参加を拒んだのを機に全く学校に足を運ばなくなった。母親はスクールカウンセラーと相談して、少しずつ登校刺激を与えていった。例えば門まで行くことができたら何かご褒美を買い与えるといったようにして、約一年をかけて彼女は毎日学校に登校ができるようになった。しかし登校が可能になると、一転して学校では全く話をしなくなった。いろいろ手を尽くしても一向に状況に変化が見られず、学校場面で娘が口を閉ざしてから半年ほどで母親はクリニックの受診に踏み切っている。

娘の名はユミ（仮名）といった。母親が語る生育歴からは発達の遅れも伺われず、とりたてて問題も見当たらなかった。母親の語るユミの日常には数字が多く登場し、母親は娘のたたきだした高い点数を自慢げに語ることが多かった。能力が高い子どもであること以外は、私にはその子の姿が思い描けなかった。母親は娘の不登校や緘黙の理由が全く分からないといい、ユミがどんな子どもなのかを掴みかねていた。そのことを私は母親と少しずつ共有していった。次第に母親は自らの強迫的な性格傾向を話題にし始めた。母親の理想に合わせるべくユミに干渉的になりコントロール過剰になっていたことを振り返った。丁度その頃、ユミ自身がクリニックへ行ってみると言いだした。

こうしてユミは来院し、週一回の通院によりプレイセラピーを始める。クライン派の児童分析的プレイセラピーでは、プレイルームと呼ばれるたくさんの玩具に囲まれた大きな部屋を使わない。大人の面接室と同じような設定の部屋で、他児と共有の玩具を使わず、その子専用の小さなおもちゃが入った玩具箱を使ってプレイセラピーを行う。私はユミに対してもこの方法を試みた。

2　開始──未統合な早期自我とその収束

ユミは当初玩具で遊ぶことができず，もちろん声を発することもなかった。彼女は自分専用の箱とされるものの前に立つと，しばらくじっと箱を見つめていた。それから彼女はおもむろに箱を開け，ゆっくり玩具を手にとってじっと見入った。クレヨンの箱を開けて一本一本何かを調べるように見た。一通り見るとクレヨンは丁寧にもどされた。さらに粘土，おりがみ，スケッチブックなどを同じように一つ一つ丹念に何かを調べるように眺めるとすべて元の箱の中に戻した。五十分の面接時間はこうした作業に全て充てられた。彼女は来る日も来る日も箱を開けて玩具を調べては元に戻した。回を重ねるうちに，玩具は静かに取り出される，というよりも部屋中に乱暴に放り出されるようになっていく。終始彼女からの言葉はなく，面接室内に玩具が散乱した。彼女はそれを拾い集めては箱に戻した。おはじきやクレヨンが床の上を転がっていき行方が分からなくなることもあったが，彼女は床に顔をつけて机の下を覗きこみ，面接室にある棚と壁の間の隙間に手を伸ばし，なくなったものを探し出し箱に戻した。

開始当初の彼女は，プレイセラピーの場面でも沈黙という硬い「殻」の中に閉じこもり外界との交流を閉ざしていた。私との情緒的な接触は拒否された。玩具は生き生きとした情緒表現の道具として使われず，相互に関係や脈絡なく箱からの出し入れに終始された。この様子から彼女のパーソナリティーの部分はバラバラのまま散在しており，それを取りまとめる心的空間も適切に形成されていないことが伺われた。この状況から私は，ビック（Bick, E., 1968;1986）のいうこころの「皮膚機能」の形成不全を考えた。「妄想分裂ポジション」の防衛形式がまだ発動することができない前段階にあることが推測された。これはビックやメルツァー（Meltzer, D.）らがクライン（Klein, M.）の理論から発展させた，原初的な未統合な状態を意味する。ユミがこの状態に至るにはいくつかの要因が絡んでいると考えるが，「どんな子どもなのかわからない」という発言に端的にみられるように，母親によるコンテインメントの失敗が大きな影響の一つとして考えられる。

ユミが最初にとった方法「不登校」は、こころの未統合状態に対しての応急処置的な意味があったと思われる。しかし、本質的な問題を棚上げにして、段階的に登校刺激が与えられ彼女は再登校をした。表面的な適応は彼女のこころには益がなかった。益がないどころか、形だけの改善を強いるのは害とさえ私は考える。この事態に対処するために新たに登場したのが緘黙症状である。彼女のプレイに見られた「玩具の出し入れ」もまさに閉ざされた世界の中での自己完結のループであり、彼女の症状そのものといえるだろう。また、これには「第二の皮膚」に近い自己包容的なニュアンスが伺われる。防衛の病理性は深刻化し、パーソナリティーの発達にはマイナスに働いたと考える。パーソナリティーを会社組織に喩えると、経営破綻しかけている会社が当座の資金繰りに困り、高利貸しから借金をして目先の支払いに充てたため、さらに深刻な負債を抱え経営を悪化させてしまった状況に似ていると考えられなくもない。

セラピーの開始当初、玩具を使って彼女はバラバラになることとそれを束ねることを繰り返し、解体を収束させようとした。この収束のプロセスにセラピストの以下の対応が寄与したと考える。まず、私は定位置にじっと座り侵入的にならぬように注意し、こちらが考案する何らかの遊びへと彼女を誘導することはしなかった。あくまでも分析的設定を維持し続けた。さらには、彼女のこころの中で何が起きているのかを考え思い巡らし、彼女の行動に対してそのいくつかの意味を平易な言葉を使って彼女に語った。例えばそれは、しげしげと眺める玩具の一つ一つが彼女の自己の部分であること、さらにそれをまとめることを必要としていることなどの解釈である。

3　展開——妄想分裂ポジションの発動

面接によるコンテインメントが「皮膚」の代用として機能し始めると、彼女はアニメのキャラクターを描きそれをバラバラにするという残酷な作業を始める。彼女はキャラクターをはさみでバラバラに切り刻み、その紙片を床に並べた。Aというキャラクターの頭に、Bというキャラクターの手足をつなげ、Cというキャラクターの胴体にAの手とBの頭をつなげた。こうした惨劇を目の前にして、私の中に強烈な緊張感が沸いた。私は、依然として続く彼女の沈黙に「動くな、語るな」というような圧力とある種の暴力性を感じた。一連のバラバラ事件の後、振り向いたときの彼女の視線が、私には針のようにも感じられた。その感覚は、私自身が追いつめられ、虫ピンでとめられ昆虫標本にされる様な恐れに近いものだった。ここでは、彼女と私の体験は転移・逆転移という形で交錯していたと考える。彼女の中で妄想分裂ポジションが発動し、迫害対象としての転移が私に向けられた。ユミのモノ化され生命を奪われる恐怖は一時的にせよ、投影として私の内部へと押し込められ、私の内的空間は狭められ浸食された。その彼女のこころの一部を私は自らの体験として感じたともいえる。二人の間に「投影同一化」という非言語的なレベルの交流が進行していたといえるだろう。

そこで、私は「彼女」の一部としての「私」を感じながらも、一方で残りの私の部分を取り戻そうとした。私は自らの恐怖感を内省し、その逆転移を吟味した。その上で、ユミのこころの中に「モノにされてバラバラにされる恐怖」があることを、私は彼女に伝えた。さらに今ここでの面接でも同様の気持ちが私たちの間で問題になっていることも彼女に伝えた。彼女は何も答えなかったが、私の言葉をじっと聞いているように私には思われた。こうした介入が続き数回の面接が経過した。

4　生成──乳児的自己の誕生

ある日、母と共に来院したユミが、いつもは受付に近づくこともないのに珍しく自らの手で受付の診察券ボックスに診察券を入れていた。たまたま受付にいた看護師が彼女に気がついた。看護師は、受付に飾られていた寄せ植えの小さな鉢を指さして、「この小さな花、かわいいでしょう。雪割草って言うのよ」と声をかけた。ユミはその花を見ていた。この情景が私には印象深く残っていた。その日面接室に入ると、彼女はゆっくり紙を取り出した。私はまたいつもの惨劇が始まるのかと重たい気持ちになっていた。彼女は一枚の紙を折りたたみ、縁に糊をつけ何か袋のようなものを作った。それから粘土で小さな玉のようなものを作りその袋の中に入れた。彼女が私の方を向いた。それは、今までにない静かな視線に感じられた。そして彼女ははっきりとした声で言った。「見たい?」それはユミの声だった。私は驚いた。私は咄嗟に声が出せなかった。彼女はその袋を私の方に向けて見せた。私はかろうじて「それは何?」と返答した。彼女は袋から小さな白い玉を取り出して私に見せた。私の脳裏に先ほど受付で彼女が見ていた白い雪割草の花が浮かんだ。彼女はさらに言葉を発した。「これ、赤ちゃん」。私は雪割草が硬い雪を溶かしその間から小さな白いつぼみが頭を出す情景を思い浮かべた。これが彼女のパーソナリティーの乳児的な部分の発露のように私は感じた。「小さな花が雪の中から出てくるようにユミ赤ちゃんが生まれたんだね」と私は彼女に伝えている。これ以後のセラピーでは、人形をバラバラにしてつなげる遊びは消えた。

ここでは一方向的な投影同一化による排泄だけでなく、摂取同一化も起きていったように考えられる。雪割草は雪深い地で早春一番に咲く花であるが、春に向けて地温が上昇すると雪の中で花茎を伸ばしその熱をエネルギーにして少しずつ雪を融かす。そして花径二、三センチほどの小さな花でありながら、固い雪の塊を割るように顔を出す。同じように、当初私たちも凍っているような迫害的な世界の中に埋まっていた。そこで投影同一化のプロセスを経て、生きたこころのエネルギーが生じた。そこを端緒として新しい世界が生れ出る準備が秘かにそして着実に進んでいたように思われる。迫害感が少しずつ解毒され、結果的にユミはセラピストのコンテイナー機能（ビオン（Bion, 1962b））を取り入れるようになったと思われる。こうして投影と摂取の循環が起き、彼女の内的空間は息をし始め、そこに分裂排除されていた乳幼児自己の部分「赤ちゃん」とよい内的対象としての「袋」が、まだうっすらとした輪郭のような微かなものだが、そこに姿を現すことになった。「赤ちゃん」の誕生は、何回も積み重ねられた面接の中で、二人の無意識的交流を通して培われてきたものである。そこには言葉として誕生することがすでに待たれていた「前概念（Pre-conception）」（ビオン、一九六二a）があったと考えられる。

精神分析理論、特に対象関係論の考え方では、こころの内的空間を想定し、その中にたくさんの人格部分があり、それらがさまざまに投影や取り入れなどの交流を営むものと考える。そうした交流が活発になれば、貧困化した内的空間は息づきゆとりを持ち、そこに住まう内的対象とさまざまな自己が息を吹き返し豊かな物語を展開すると考える。

5　面接過程をふりかえって

ここで提示した素材はユミのセラピーの一局面に過ぎない。雪割草の誕生は最初に越えたひと山である。とはいえ、この短い断片の中に黒衣の仕事のエッセンスがある。

セラピストは、心理療法の設定を維持しながら、転移・逆転移の交錯について十分に吟味し感じることに専念し、クライエントの内的世界を体験的に知ろうとする。これこそが、自らのこころを使ってクライエントのこころを考え理解するという精神分析の要である。

この事例で逆転移に登場した「昆虫標本」や「雪割草」のイメージは、半ば自由連想のように私が想起したものである。セラピストの脳裏に浮かぶ映像、詩句、いつか見た夢などにつなぎっぱなしのアクセスをしつつクライエントにかかわることは、フロイト（一九一二）のいう「自らの無意識を受容器のように差し向けること」である。見方によればこれは降って湧いた白昼夢のようなもので、単に私自身の個人的な問題なのではないかと指摘する人がいるかもしれない。もちろん客観的視点で逆転移をチェックすることは不可欠なことだ。その上で私自身の「もの想い（reverie）」（ビオン、一九六二b）を手がかりにクライエントを体験的に知ることが精神分析的な「理解」であり単なる知的理解とは別のものである。こうした営みによってコンテイナーとしての機能が発揮される。

加えて、黒衣にはプロンプターとしての役割もあるように、セラピストの語る解釈は無意識的な空想が円滑に展開していくことを後押しするように働く。「ユミ赤ちゃんの誕生」を始めとするいくつかの解釈にはそうした意味も含まれると考える。

さてユミのその後である。袋には様々な内的対象たちが登場し、ドラマを展開させた。さまざまな自己も生まれ、それらが統合されていった。面接室の中でユミはプレイを通してたくさんの物語を語った。二年をすでに経過していた。面接室では大きな声を出してよく話をするユミであったが、相変わらず学校場面では声が出ていなかった。内的には大きな仕事を成し遂げつつあったが、それがまだ外的には結果として表れていなかった。そんな折、家庭の事情で遠方への転居が決まり私とのセラピーは終了することになった。ユミの強い希望があり、転居先の然るべき機関にリファーすることはせず、しばらく様子を見ることになった。それから数カ月して母親から、ユミが転校後しばらくして学校でも話をするようになり、元気でやっているとの報告を受けている。

このように精神分析的心理療法での成果は、現実場面での目に見える変化へとすぐに還元されるわけではない。先に症状が消えてしまうが問題はまだ山積されている場合もあれば、このユミのように終了後少し時間差で外的な適応も改善される場合もある。

ミジリーら（Midgley, N. & Kennedy, E., 2011）はメタ分析研究により精神分析的実践が認知行動療法と比して優れている所として「遅延効果（sleeper effect）」、治療終了後に持続的に効果を発揮していくことを示した。それは精神分析的な営みが目の前の問題解決を目的にするよりも、長期的に自らのこころをはぐくむことをめざしているからであろう。

三　生きることへの援助としての精神分析的心理療法

二つの事例を通して私の臨床実践のあり様を描いた。いずれもプライバシー保護のため、事例の本質を損なわないように留意し、事実の詳細については大幅な削除や改変を施していることをお断りしておく。

さてこの二つの事例は、一見すると何ら共通点などないように思われるかもしれない。アイ子は成人であり、精神科的な症状の解決は求められてはいない。一方、ユミは子どもであり、緘黙症状の変容が期待されてもいる。他にもさまざまな点で両事例は対極にある。しかし実のところ両事例はいくつかの点で共通している。ここで提示したセラピーは症状の改善や外的な適応を直接のターゲットにしてはいない。いずれもクライエントそれぞれのこころの花を咲かせること、こころの生成への援助であったと考えている。

これらのセラピーの目指すところは、よい内的対象の確立であり、それがプロセスの鍵となっている。アイ子の場合、「死という闇に在る乳房」からよい内的対象が見出され、さらには自己像ともいえる「向日葵」との繋がりを確認したことが重要な意味を持つと考える。またユミの場合は、凍りついた世界でコンテイナー機能を持つ内的対象が形を成し、そこから乳児的自己「雪割草」が生まれることが進展のポイントになっている。クラインはそのいくつかの理論で、よい内的対象の確立が自我の安定と強化の基礎になり、何にもまして支えとなり困難に立ち向かう力になることを一貫して強調している。

私は精神分析的な理解を基としており、両事例ともにセラピストの介入として「解釈」を強調している。残念ながら、精神分析的アプローチが反発や非難をかう場合、この解釈行為が矢面に立たされることが多い。知的な理解によって何らかの正解がすでにあり、それをクライエントに言葉で伝える。するとたちどころにクライエントの洞察が進み、症状が消える。こんな魔法使いの呪文のごときイメージは誤解である。そもそも洞察などというものがそんなに簡単に起きるわけではないし、一定の洞察が得られたところで急激に目に見える変化が起きるわけでもない。こうなると症状や行動の変化を求める人からは解釈の有効性を疑われかねない。さらには精神分析的な実践は、非常に限られたクライエントだけを対象にした非日常的な趣味のようなものだとして床の間に飾られるか、下手をすると独善的な妄想もしくは疑似科学的ホラ話とされごみ箱に捨てられることもあるようだ。しかしながら、私自身は十分に日常的な臨床実践に生かし得るものだと強く感じている。

実際のところ精神分析的な実践というのは、そのように解釈によって洞察に至ることに限定されるものではない。確かに、ヒステリー研究から始まったフロイトの精神分析は「無意識の意識化、洞察による症状の軽減」を掲げていたし、それでよくなっていく人たちもいないわけではない。しかし現代の精神分析はフロイトからクラインさらにビオンへという流れの中で概念は拡大され、大きな変革を遂げてきている。革新的なビオンの概念からさらにポスト・クライニアンの数々の理論が、人のこころの素地を開拓するために様々なアイデアを示している。平井正三（二〇一四）は、精神分析は無意識的な意味を解明するという「推理小説モデル」だけでなく、分析的な設定の中でセラピストがかかわることで無意識的空想そのものを生成させ発展させていく「生成モデル」があると述べている。

提示した二事例において、私の「解釈」はどれをとっても「洞察」を意図したものではない。「解釈」は栄養分を含む「水」であり、いろいろな水準で機能する。「水をやること」は、木部則雄（二〇〇四）が精神分析の原点として表現した「授乳すること」に通じることかもしれない。授乳は人のこころを育むものである。ただ、その成分や注ぎ込む量は花によって違うし、水をやるタイミングも同じではない。本章では、一見すると類似点のない二つの事例の記述を通し、解釈がある特殊な事例にのみなされるものではなく、広くさまざまな事例において各々に意味を持ちうることを伝えている。さらには、その解釈が限定的な使われ方ではなく、事例によって多様なバリエーションを持つことも描写した。解釈は、ユミには凍てつく世界に生命を与える呼び水として働き、アイ子には過去・現在・未来を通して一貫して在るよい内的対象の確かな手ごたえを与えたと考えている。

現代は、人々の生活の中で「生と死」の実感が薄らぎ始めている時代である。いつのまにかモノ化してしまわないように生きること、自らのこころの花を咲かせることは今まで以上に必要であり難しくなってきているようにも思う。医療の現場には「生と死」が集約される。こころの「病」は、自らの「生と死」に直面する入口の一つである。そこで心理療法が何がしかの役にたつことがある。心理療法はさまざまなものがあるが、本章で私は精神分析的なスタンスに立つ臨床実践を提示した。そしてその実践が、人の「生と死」つまりは人が「生きること」にどのように力をかすことができるのか、その可能性を示唆した。

今回は、「生と死」の究極の局面を対比的に示す二事例を敢えて抽出した。死の局面をアイ子の事例によって、誕生のプロセスをユミの事例によって描いた。彼女たちに限らず、人はこころの問題にぶちあたったとき、象徴的な意味で心理的な死に直面し、またときには心理的な誕生を果たす。生きた道筋によって死が完結し、死をくぐりぬけて新たな自己が生まれる。こうした意味において、今回提示した二事例の過程は、遍く多くの事例の中に形を変えて登場するものであろうと考える。人は生きている中で、ときにアイ子のようであり、またユミにもなる。多くの事例の中に個々の「生と死」がある。

おわりに

『仕事としての心理療法』の第一章（三宅、一九九九）を書いた当時は漠としていたことが、長年の精神科クリニック勤務の中でたくさんのクライエントの出会い、その実践を通して次第にはっきりしてきた部分がある。それを拙書『物語がつむぐ心理臨床――こころの花に水をやる仕事』（三宅、二〇一二）にて形にした。そこで私はさまざまなこころの花の咲くありさまを十の事例の物語を通して描いた。しかし、事例をよりビビッドに描くことに力点を置いたために、そっと脇に添えるような形で示すにとどめたことも多くある。そこでは触れることができなかったことのいくつかを、今回この本のスペースを頂き新たな事例と共にまとめることができた。

しかし、私のセラピストとしての花はまだ咲いてはいない。今、私のオフィスのクローゼットには糊の効いた白衣がいつもかけてある。医療機関でもなく袖を通すこともないわけだが、それは「生きることにかかわるこころの専門家」としての私の覚悟であり矜持でもある。そして黒衣としての修行はまだまだ続く。

黒衣《くろご》　　高橋順子

文楽の人形たちは白い足や時には赤い足をして
空を飛んでいるので
わたしたちは安心して惨劇を眺められる
観客の背はやがて
それぞれの黒衣《くろご》を背負い劇場から
日の差す街へ歩きだす

（高橋順子（一九八六）『詩集　花まいらせず』所収の詩「黒衣」から一部抜粋）

文献

Bick, E.（1968）The experience of skin in early object relations. International Journal of Psycho-Analysis, 49. pp.484-486. 古賀晴彦訳（一九九三）「早期対象関係における皮膚の体験」松木邦裕監訳『メラニー・クライン トゥデイ②』四五-四九頁、岩崎学術出版社

Bick, E.（1986）Further Considerations on the Function of the Skin in the Early Object Relations'. British Journal of Psychotherapy, 2. pp.292-299.

Bion, W.（1962a）A Theory of Thinking. International Journal of Psycho-Analysis, 43. pp.306-310. 白峰克彦訳（一九九三）「思索についての理論」松木邦裕監訳『メラニー・クライン トゥデイ②』三三-四三頁、岩崎学術出版社

Bion, W.（1962b）Learning from Experience. Heinemann. 福本修訳（一九九九）『精神分析の方法Ⅰ』法政大学出版局

Cassese, S.F.（2001）Introduction to the work of Donald Meltzer. Edizioni Borla. 木部則雄ら訳（二〇〇五）『入門 メルツァーの精神分析論考 フロイト・クライン・ビオンからの系譜』岩崎学術出版社

Freud, S.（1912）Recommendation to physicians practising psycho-analysis. S.E.12, pp.109-120. 須藤訓任訳（二〇〇九）「精神分析治療に際して医師が注意すべきことども」『フロイト全集第十二巻』二四七-二五七頁、岩波書店

Freud, S.（1917）Mourning and Melancholia. S.E.14, pp.237-258. 伊藤正博訳（二〇一〇）「喪とメランコリー」『フロイト全集第十四巻』二七三-二九三頁、岩波書店

藤山直樹（二〇〇三）『精神分析という営み――生きた空間を求めて』岩崎学術出版社

平井正三（二〇一四）『精神分析の学びと深まり』岩崎学術出版社

木部則雄（二〇〇四）「精神分析の原点――授乳すること」『精神分析学研究』第四十八巻、第三号、四一-四八頁

木村敏（二〇〇八）『臨床哲学の知　臨床としての精神病理学のために』洋泉社

Midgley, N. & Kennedy, E.（2011）Psychodynamic psychotherapy for children and adolescents: critical review of the evidence base. Journal of Child Psychotherapy, 37. pp.1-29.

三宅朝子（一九九九）「本当の自己を抱えること」渡辺雄三編著『仕事としての心理療法』第一章　一九-四八頁、人文書院

三宅朝子（二〇一二）『物語がつむぐ心理臨床――こころの花に水をやる仕事』遠見書房

表章校注・訳（二〇〇一）「風姿花伝」表章ら校注・訳『能楽論集　新編日本古典文学全集88』二〇七‐二九四頁、小学館
高橋順子（一九八六）『詩集　花まいらせず』書肆山田
Valenstein, E.S.（1998）Blaming the brain : the truth about drugs and mental health. Free Press. 功刀浩監訳（二〇〇八）『精神疾患は脳の病気か？――向精神薬の科学と虚構』みすず書房
鷲田清一（二〇〇二）『死なないでいる理由』小学館
山崎章郎、柳田邦男他（二〇〇五）『対談集　いのちの言葉』三輪書房

第九章　自閉スペクトラム症の女性との心理療法
——間主体生成論の観点から

山田　勝

天使たちは、ちょうどチーズからうじ虫が生じてくるように、この世界のうちにある最も完全な物質から、自然に生じたのです。しかし、この世に存在するようになると、天使たちは神から祝福とともに、意思、知性、記憶をあたえられたのです。

ギンスブルグ（Ginzburg, C., 1976）

はじめに

自閉スペクトラム症[注1]（Autism Spectrum Disorder）の本態をどう理解するかについては歴史的変遷がある。一九五〇年代には早期母子関係によるとする心因論が主流であったが、一九七〇年代に入るとラター（Rutter, M.）が唱えた、生得的な中枢神経系の問題からくる言語認知障害説が主流となり、それに基づいた療育や支援が数多く考案された。しかし、言語認知障害説では説明がつかない事象が多く報告され、ラター自身も言語認知障害説を撤回するに至った。一九九〇年代以降は、中枢神経系の問題に加えて、間主観性あるいは主体や関係性の観点から、自閉スペクトラム症の本態をとらえようとする試みが盛んになってきた。

例えば、スターン（Stern, D. N., 2004）は、「もしも他者の意図を推論できないか、あるいはそこまで他者に興味がないとしたら、その人は人間社会の外で生きていると言えよう。自閉症の人は、このような位置にいると推察されている」、「彼らは私たちにとっては親しみ深い間主観的母体《マトリックス》の外で生活しているように見える」と述べた。また、滝川一廣（二〇〇四）は、「自閉症において大きく遅れているのは、「愛着」ではなくて「依存」」である。「人に依存せず独自に身につけた理解や行動様式は、周りの人たちと共有されるべき共同性をそなえにくいものとなり」、それが「孤立を生みだす」だけでなく、不安と感覚過敏の悪循環を生み出すと述べた。スターンの言う「間主観的母体」や滝川が言う「共同性」が、私が第Ⅰ部第四章で述べた、間主体が生成される場に他ならない。

また、河合俊雄（二〇一〇c）は、自閉スペクトラム症の本態を「主体の欠如」であると述べた。第Ⅰ部第四章でも触れたように、木村敏（一九九五）は「生きものは常に生活環境との接触を保ちながら、環境の変化にそのつど対応して自分自身を変化させて生きている。そのようにして生きているものを主体と言い、そのような生き方を主体的と言う」と考えている。木村が言う主体には、人に特有な自意識とか言語とかは前提とされておらず、人を含めた生物が環境と接して生きる中で主体が成立するとされている。河合も「主体とはこちら側と向こう側が出会い、そのときに同時に両者の区分や分離が成立する接点や動きのようなものと考えたほうがよい」と述べており、主体が環境との間で成立するという点では、木村の主張と共通している。

しかし一方で、河合（二〇一〇a）は主体を主体・主観・主語の三つの側面（三つとも英語ではsubjectと言う）からとらえている。彼は、自閉スペクトラム症においては主体がないから、自他の区分も他者との関係も成立しないし、自己との関係（内省・主観）も言語も成立しないと考えた。つまり、彼は主体を、人が人として生きることに特有な自意識や言語を中心に考えたのである。その点で、木村の言う主体は、河合の言う主体を含み込みつつ、かつその動きを支えているような主体であると言えよう。そこで本章では、第Ⅰ部第四章に引き続き、木村が言う意味で主体という言葉を使うこととする。その上で、自閉スペクトラム症を抱えるクライエントとの心理療法における間主体の生成について、事例を通して考えたい。

ただ、これまで報告されてきた心理療法事例の多くは、クライエントの象徴形成機能が働いていて、象徴的にストーリーを読むことが可能であった。しかし、自閉スペクトラム症においては象徴形成機能が不全であるとされており（メルツァーら（Meltzer, D. et al. 1975））、象徴形成機能が成立する以前（言語が成立する以前）の交流レベルにも注目しながら心理療法を行う必要がある。この象徴形成機能が成立する以前の交流レベルが、間主体が生成する交流レベルでもある。それだけに、その本質を言葉で描き出すのは難しい。ぜひ、事例の行間から非言語的な雰囲気も感じ取っていただきたい。

一　心理療法が始まるまで

中山さん（仮名）は二十代前半の女性で、私が勤めている単科精神科病院の青年期治療ユニットに参加するため、あるクリニックから紹介されてきた。当院で児童精神科医によってアスペルガー症候群（Asperger's Syndrome）と診断され、私がかかわっていた青年期治療ユニットに導入された。その一年後、クリニックで彼女を担当していた臨床心理士の退職を機に、児童精神科医による診察と臨床心理士による心理療法も当院に移った。クリニックからの紹介状には、「診断名は境界性パーソナリティ障害。四年間心理療法を行ったが、話が転々とし、雑談のような内容である。思いが通らないと物を壊し、偏食もひどく、一時は体重が三十キロ台になり生理も止まっていた。両親は彼女に振り回されて、医療者への怒りの電話も多かった。臨床心理士は『決めるのはあなた』という姿勢でのぞみ、判断は示さなかった」などとある。以下、私の発言を〈　〉、中山さんの発言を「　」で表記する。なお、青年期治療ユニットは、心理療法開始後一年で卒業となった。

二　心理療法経過と断片的考察

1　第一期（第一～三回：X年一・二月）アセスメント面接

第一回、中山さんは、面接室に入室するなりあちこちを見まわしたり、カレンダーに近寄って見たり、と落ち着かない。やっと椅子に座ると、今度はクルクル回りだした。私は青年期治療ユニットでのかかわりから、自閉スペクトラム症である彼女が新奇場面で戸惑っているのだろうと判断し、回っていることに介入はしないで、落ち着くのを待った。すると、彼女は回りながら話し始めた。話し声は小さな高い声で、話しぶりは幼い。「前の心理の先生が赤ちゃんを産むから止めって」〈どう思った?〉「どうも思わん」〈寂しいとか、ないの?〉「A little」〈怒りは?〉「Angry はない」〈カウンセリングでは何してた?〉「音楽の話して、二週に一回」〈信頼してた?〉「信頼って?」〈ピンとこない?〉「うん」〈この心理療法は何のため?〉「進路を決める。学校か仕事か迷っている」と話しながら、面接机にあった紙で鶴を折りだす。私は椅子と同じ理由で介入せず、話を続けた。「兄は大学院を出て、今年就職。大学生の妹も、私と一緒で癇癪起こす。父は、蹴ったり叩いたり。母はヒステリーだったけど、兄が小中で苛められて荒れたら、まともになった」〈困ったらどうしてた?〉「中学では父の職場について行った。ゲーセンで友達と遊んだ」〈小学校では?〉「学校行かんかった」〈母に相談とか?〉「母はゆとりなくて、相談できない。小三の頃、母の弟が離婚して、子どもも一緒に同居してて、ピリピリしてた」。

【断片的考察】中山さんと個人心理療法で会ってみて、彼女の面接室に入ったときの動揺ぶりや、椅子を回す・折り紙を折るといった動揺への対処の仕方、「信頼」という言葉のとらえ方の曖昧さ、その場の気持ちの焦点が定まらずいくらかぼんやりした雰囲気や、幼いしゃべり方などから、改めて自閉スペクトラム症との印象を持った。もし境界性パーソナリティ障害の人なら、治療者との信頼が分からないでは済まないし、前心理士の都合で心理療法が終わったことについても感情的な反応が（間接的にでも）語られたはずである。また、椅子で回ることを私が許容すると、それなりに話すことができたので、今後も中山さんの対処法に沿った対応を私がすることで、彼女も安心でき話しやすくなるだろう、とも感じた。

第二回の初めに、〈前回、僕と馬が合わんとかなかった？〉と訊くと、「馬って？」と首をかしげる。最初期記憶を訊くと、「二～三日前しか記憶がない。母から聞いたのは、保育園が嫌で、行っても笑わないし、トイレしない。一人でブランコに乗ってたらしい。小学校も二～三年生は行ってない。多分、いじめのせい。成績はずっと下。多分いじめで中一から学校行かなくなって、幼稚園からの不良っぽい友達と、ゲーセンやパチンコに行った。高校は三年になって、いじめが始まって、頭爆発して、熱が出て、休んだ。卒業して、音楽大学のピアノ科に入った。ピアノは五歳からやってる。今月も発表会あるよ。ベートーヴェン弾くと、スカッとする。バッハやショパンも弾くよ。大学は一年で辞めた。それからは引きこもり。テレビ観たり」〈今困ってること？〉「進路かな。大学いかんと就職もできんし。あと、性格、顔、個体、すべてが嫌。小学校から拒食。母が荒れとって、弁当なくて、アップルパイを三年間食べた。人に言われたことが分からんし、人と違う気がする。進路が決まれば良い」〈じゃあ、隔週で一回四十五分話していこうか？〉「いいよ」。

【断片的考察】「馬」という比喩が中山さんにはピンと来ないことから、自閉スペクトラム症にありがちな象徴形成機能の不全がうかがわれた。アップルパイを三年間毎昼食に食べ続けた点も、自閉スペクトラム症的感覚特性を思わせる。第一～三回をまとめると、生まれつき自閉スペクトラム症の特性があった中山さんだが、幼いころは親もそれを理解しておらず、家庭内に同居人がいて落ち着かない時期もあって、親は学校に行けない彼女にうまく対応できなかったようである。中山さんにとっては、安心感を感じにくい環境だっただろう。そこで、彼女は学校を休んだり、不良とつるんだり、ピアノを弾いたりしてしのいできたが、兄妹が大学院や大学に進む中、二十代になった自分も社会での生き方を考えなければ、と思い始めたようであった。しかし、彼女は社会やそこに住む人々とは通じ合えない体験を重ねてきており、通じ合えない人たちの間でどう生きていくのかが、解決困難な課題になっていると思われた。

2　第二期（第四〜六十八回：X年三月〜X＋三年三月）中山さんの生きづらさと進路選択

第四回も、カレンダーを見る、引き出しを触る、地図を見る、と落ち着かない。〈この二週間は？〉と訊くと「記憶にない」と言いつつ、「発表会でベートーヴェン弾いたよ。家ではネットやって、うまくいかんと、怒って食べたり、物投げたり」と報告する。「どうしてカルテ書くの？」と問うので〈記録を残すため〉と答えると、「じゃあ歯医者も書くの⁉」と驚く。第六回では、「高校の部活の先生に「帰れ！」と言われて、私だけ帰って、他の子は帰らんかった」〈あなたは文字通り受け取った。他の人は「先生に謝れ」という意味に受け取ったんだね〉「え、そうなの！　私が素直で、他の子がひねくれてる」〈その通り。学校で、こういう社会のルールを学ぶんだよね〉「そう⁉　普通にならんとヤバイ」〈あなたらしく生きて良いと思うが、自分らしさを知ることは大事と思う〉とやり取りした。

【断片的考察】カルテや部活のエピソードは、まさしくこういうところが彼女には理解し難かったのだろうと思わせるものであった。そこで私は、社会一般のあり方や発想の仕方を彼女に翻訳するつもりで説明した。すると彼女も、驚きをもってそれに触れた。その驚きの中に、私は彼女と通じ合えている感じや、彼女の素直さを感じた。

第七回では足を投げ出してリラックスし、第八回には持ってきたCDを机に広げ、私も一緒に聴いて、二人で感想を述べあった。第九回では「先生の勧めでアスペルガー症候群の本読んだけど、私と似てない。横書きの本はどこ読んでるのか分からなくなる。定規当てて読んでる。ピアノの楽譜も拡大コピーして、七十〜八十段覚えてから弾く」と話し、私はその感覚のあり方と生活しづらさを感じながら聴いていた。第十一回でも、「ラーメン屋行ったら、どんぶりにロゴマークがなくて、許せんくて、食べんかった。そういうことある？」と訊くので、〈あなたらしい感じ方。苦労するでしょ〉と返すと、「不便。小学校のときは、トイレ臭いと入れんから、家まで我慢してた」と話す。第十二回でも、働くなら医療福祉関係が良いという話をしていたら、彼女の傘が床に倒れ、「汚くて拾うの無理」と身を硬くしているので、代わりに私が拾い、彼女がウエットティシュで拭いた。

【断片的考察】私は基本的には精神分析的心理療法の立場である。つまり、中立性を重んじて、転移と逆転移を見ながら、クライエントの行動化や葛藤を言語化するスタンスである（山田、一九九九）。しかし、この事例ではそれは成り立たず、むしろ中山さんとの限られた通路を何とか活かして、彼女の主体性と私の主体性とがリンクすることが重要だと思われた（第Ⅰ部第四章参照）。傘が倒れた場面でも、言葉で介入する選択もあり得るが、そのときの私は、彼女には葛藤の言語化を求めても傘を拾えることには結びつかず、むしろ困惑や被害感を強めるように思われた。それよりも、私が彼女の苦しみを感じ取って具体的に対処する方が、彼女がここで安心できて、より早く「主体的」（第Ⅰ部第四章参照）に対処できるようになるのではないかと考えた。

第十六回では、入室するなり「今日は帰る！」と言う。きっかけを訊くと、「忘れた」と言うので、〈一々覚えとったら身がもたんね〉と応じると、しばらく携帯ゲームをしてから話し始める。「機嫌直った！　高校の学園祭行って、昔の嫌な人一杯いた。暴れるとスッキリする」〈怪我しないようにね〉「働きたいけど、アスペルガー症候群は治らんでしょ？」〈カバーしたり、付き合うことはできる〉「今モーツァルトを弾いている。ラフマニノフもショパンも好き」というやり取りをした。音楽の話題は、中山さんも生き生きとし、私も曲を連想しながら話を聴き、その場の雰囲気も柔らかくなる。第二十回では、「雪でピアノのレッスン行けないと言われて、網戸とヒーター壊れた」〈急な予定変更は許せん？〉「そう。ガラスも割れちゃった。ここは椅子が回せるからリラックスできる」と言う。第二十六回では、椅子でクルクル回りながら、十七〜二十歳の写真を見せてくれる。「高校の先生に『文句あるか？』と聞かれ、素直に『ある』と答えたら、叩かれた」〈素直だといかんときがある。黙ってるか、形だけ謝ると良い〉「え！　トリビア！」とやり取りした。第二十七回では、「嫌いな先輩が誘ってくる」〈嘘ついて断ったら良い〉「つい『空いてる』と言っちゃう。ショパンのマズルカ好き？」〈好き〉「ヤッター！」と両手を挙げる。

【断片的考察】自閉スペクトラム症や統合失調症を抱えた人は、自我境界が脆弱なために外界からの影響が直接内界に及んでしまう。中山さんも嫌なのに「つい」本当のことを言って断れず、困っている。そこで、自我境界を強めて、外界の刺激から内界を守るための方略として、私は本音と建前の使い分けを勧めることがある。この発想は、土居健郎（一九七二）から学んだ。また、私と気持ちが通じたと感じたときの中山さんの喜び方は、幼くもあるが生き生きとして可愛らしくもあり、健康さを感じた。人とのこういう接触を、多くの自閉スペクトラム症の人たちは、待ち望んでいるのではないだろうか。

第三十一回では、「今週も暴れた」〈何があった？〉「思い出したくない」〈思い出すとどうなりそう？〉「ムカつく。昨日も保育園で舞台に上げられたこと思い出して、腹立った。どうして腹立ったこと聞くの？　もう過去のことじゃん」〈過去から学ぶしかないでしょ〉「戦争と一緒だね」とやり取りした。

【断片的考察】普通の心理療法の発想では、語ることで外傷体験がこころの中で処理されると考えるのだが、自閉スペクトラム症の人の多くは、フラッシュバックが起きるからと、外傷体験を語りたがらない。彼らにとって、過去はいつまでも感覚的に生々しいままで、今の自分を圧倒してくるものであるらしい。中山さんも、過去の辛かったことを思い出すと、生々しい怒りがわき、行動で発散するしかなくなってしまう。精神分析的に言えば、モーニングワーク、あるいはその基礎としての抱える機能や象徴形成機能が不全であると考えられる。

第三十二回では、携帯ゲームをしばらくやり、終わると話し始める。「中学で体育の先生に胸ぐらつかまれたから、高校では近づかんかった。学習した」〈人間関係は学習がいるね〉。第三十五回には、パンを焼いて持ってきてくれる。とても良い焼き上がりでおいしい。

【断片的考察】カルテには記載してないが、私の記憶では、これ以前に中山さんが入室するなり「はい、あげる」と私に飴を差しだしたことがあった。私はその動機を取り上げることはせず、〈ありがとう〉と言って飴を受け取り、机の上において心理療法を始めようとしたら、彼女が「どうして食べないの？」と、食べるのが当然であるかのように言った。私が中立性との兼ね合いを気にしながら飴を口に含むと、彼女も同じように飴を取り出し、二人で飴を舐めながらの面接となった。心理療法としてはまったく異例な、まさしく口唇期レベルの感覚と行動を共有する、その甘くゆったりとした雰囲気は独特であり、特別なつながりが動いたと感じさせるものであった。言語以前の身体感覚レベルを共有することが彼女とは是非とも必要であり、その後の心理療法の基盤になるとも感じた。このつながりがあってこそ、私の主体の生成が、中山さんの主体の生成を促進すると思われた。その後、彼女は飴だけでなく、パンやクッキーも焼いて持ってきてくれるようになった。私はそのつど、彼女の感覚やこころのあり方を味わうかのように、おいしくいただいた。

第三十七回では、「中高の先生怖かった。怒ってるのは分かるけど、理由は言ってもらわないと分かんない。ドラマで自閉症の人が、怒ってる相手に『どうぞ休んでください』と言うところが、私とそっくり」と語った。

【断片的考察】第九回では、アスペルガー症候群の本を読んで「私と似てない」と言っていた中山さんが、第三十七回では「私とそっくり」と言った。本と映像の違いもあるかも知れないが、ドラマの主人公の行動が的外れであると感じ、さらに中山さんがその主人公と自分とを比較・同一化している。つまり、彼女は、自分で自分に関係し、他者にも関係し、両者の間の差異と同一性を体験できるようになったのである。

第三十八回は、「お祭り行って、人と会ったらフツフツしてきて、プップッ、ピーとなった。ベートーヴェンはハッキリしてて不安定なところが好き。私に似てる。バッハは完璧で落ち着いている」と語り、〈よく分かる〉と応じると「ヤッター！」と喜ぶ。第三十九回に、待合で母と話す。「将来のことで荒れているが暴力はなく、心理療法をやる前よりずいぶん穏やか」とのこと。第四十四回では「高卒の頃は暴れた。今はもうしない。大人になった。その分ストレス溜まる。イライラしたときは、ベートーヴェンを弾く」。ボールペンを落とすが、パニックにならず、自分でビニール袋でつまんで拾い、水で洗う。第四十八回では、「人が私を悪く言う空耳が聞こえる気がする。誤解されそうだから言いたくない」と言う。

【断片的考察】母も本人も、暴力は減り穏やかになったと語った。その結果溜まったストレスを、ピアノなどで解消するようになった。また、第十二回で彼女には対処不能だった床に落ちた物に、第四十四回では「主体的」に対処できた。さらに、第四十八回では自分が不利になりそうことは言わないという選択が「主体的」にできた。

第四十九回では「私、人と違う気がする。医療福祉分野の、人とかかわらない仕事が良い。」と語り、飼っているメダカのことなどを楽しそうにたくさん話す。第六十五回で医療福祉系の資格が取れる専門学校に合格したと報告された。その後は、隔週で夜間外来に通ってもらうこととした。

3　第三期（第六十九〜百十七回：X十三年四月〜X十六年三月）専門学校に通う

第七十回では、「学校行ってるよ。薬飲むと一時間半座っとれる。『変わってる。発想が違う』と言われる」と言う。第七十三回は、授業で残されることが重なり、二カ月ぶりの面接となった。「携帯取られてメール見られた。暴れそうになって、薬飲んで、病院に電話した。家でも暴れて、母が大変だった。一学期で五～六キロ痩せた。ピアノは楽しい」と言う。自動車学校にも通い始めた。第七十四回では、「夏休みに入ったけど、一学期の疲れが取れん。摂食障害はもうやらんよ。困るもん」と言う。第七十六回では、「クラスのボーリング大会ある。行きたくない。何とか仲良くやってるけど、大変。薬ないとやってけん」と言う。第七十八回では「同じクラスのマリコ（仮名）が『勉強しないで』と言ってくる。超ウザくて三時間しか寝れない。頑張って無視するけど、家で出る」と言う。第八十回では、一つ検定に通ったことを報告。〈すごいじゃない。二学期も無事終わったし〉「死ぬかと思った」〈生き残ったね〉「ヨコエ君（仮名）に教えてもらってどうにかなった」とやり取りした。第八十一回では、車の免許も取れ、一年生も終わったことを二人で喜ぶ。ヨコエ君の写メを見せてくれる。第八十二回では母と立ち話しで「学校に一年行けたのは奇跡。その分、私が気を遣った。前は多くの人格が出たが、今は二つだけ。暴力もない」と聞いたが、私は初めて多重人格があると知り、驚いた。第八十三回では、ヨコエ君と行った先の写メを見せてくれる。〈デート？〉と訊くと、「違うよー」と言いつつ、明らかに照れている。「メダカの赤ちゃん一杯生まれた」との報告もあった。

二年生になり、第八十七回は「忘れとった」と、一カ月ぶりの来院。ストレスでいったんは三十九キロまで痩せたことなどを話す。第八十八回では、「意味わからんのにヨコエ君が怒って、私が悪いことになってる。資格試験の過去問見る？」と、私に過去問を解説してくれる。第九十三回では、「実習でその場の目的が分からん。機械のメンテならやれそう」と言う。第九十五回では、「学校だと帰るまで我慢。前はすぐ怒ってた。大人になった。学校はあとで困るから休まない。中学より楽だよ。マリコにも悪口言われんくなった。ムカつくけど『気にしない』と自分に言い聞かせて、ピアノを弾く」と語り、〈良い対処。忍耐力がついてきてる〉と評価を伝えたが、後日「クラスで、落ちたチョコをだまされて食べさせられた」と電話が入る。第九十九回にそのことを話し、「それで一日休んだ。潔癖と知ってて、ユキ（仮名）が『おいしい？』と聞いてきた。馬鹿にしとる。ほとんどの子が『ユキも謝ったから、口きいてあげやあ』と言ってきて、こっちが許さないかん、みたいな」と、実感を込めて長々と愚痴を言い、「他の子が『あんたが口きかんからユキが怒ってる』って。どうして？」と私に問うので、〈ユキはあなたの傷の大きさが分かってなくて、「もう許してくれても良い」と思ってる〉と応じた。第百一回では、「怒りが収まらんから、ベートーヴェンの『テンペスト』弾いてる。暴れてはいない」と言うので〈こころが強くなった〉と伝えた。

【断片的考察】当初、出来事の多くを「忘れた」と言っていた中山さんにとって、心理療法という構造の中で日常生活の愚痴をこぼすことは、次の心理療法まで嫌な出来事と感情をこころの中に保持しておき、決められた時間と場所で出すということであり、それはまるでトイレット・トレーニングのように、中山さんの自我境界と抱える能力を強化する作業になっていたと思われる。もとより、「困ったら心理療法で言おう」という形で、臨床心理士への信頼や依存がないと、この構造は成り立たない。自閉スペクトラム症の人との心理療法では、そういう信頼や依存を成立させること自体に難渋することも多い。中山さんは学生になって、以前よりも困った出来事に多く遭遇することになって、多く愚痴をこぼすようになった。また、河合（二〇一〇b）は、自閉スペクトラム症において主体が立ち現われるには、ユングが唱えた「結合と分離の結合」が重要な契機になると指摘し、母親との融合（結合）がすでに生じている場合、「母親の「不在」を体験することによって、母親の「存在」というものが初めてクライエントにとって感じられ、関係が生じてくる」と述べた。もちろん、対象との関係が成立することと主体が成立することは、同時に起きると考えられる。それに即して言えば、中山さんは私と一緒に飴を舐めるなどして、心理療法中にある種の融合を体験し、しかし心理療法の時間が終われば、彼女は私と分離して一人で社会の中で生きなければならない。このように、心理療法の治療構造そのものが、「結合と分離の結合」の機能を備えているのかもしれない。心理療法の内と外を往復することそのものが、主体性を鍛えているのかもしれない。

三年生になって実習が始まり、就職も現実味を帯びてきた。第百四回では、落ち着きなく歩いた後ベッドに座り、フジコ・ヘミングのピアノを私と聴きながら、「A（就職先候補の一つ）は夜勤がない。人間相手よりは機械相手が良い」などと話し合う。第百五回では、「先生に『お前みたいなやつ、見たことない』って言われて、『今日も見たじゃん』って言ったら、キレられた。三カ月も見てるのに。どうしたら良いの？」と困惑気味。〈嫌なのは分かるが、表面上だけ敬語を使って怒らせないように〉とアドバイスすると、「難しい！」と言いつつ、ウザい「マリコに教科書貸した。断ると何言われるか分からん」とも言うので、〈それが社会性〉と感心しながら伝えた。第百六回では、夏休みになって一学期の疲れが出たと言う。実習をしのぐコツも話し合う。リラックスして私に甘えるように話し、落ち着いている。第百八回には、Aの見学に行って機械の点検をしたと言い、満足そうだった。第百十回から実習中の困難がよく語られた。例えば、「『三回説明したよね』と言われたので、『はい、言いました』と言ったら怒られた。どうして？」と問う。〈相手は「三回説明しても分からないのか」という意味で言った。あなたは文字通り「三回聞いた」と答えたので、相手の本意とずれたから怒った〉と答えると、「じゃ、質問したときはみんな怒ってるの？『反省は？』と聞かれた」〈相手は反省を求めていたんだね〉「謝ったら良かったわけ？　めんどくさい」とやり取りした。第百十二回には「実習で『計算して』と言われてしたら、『結果を書いてない』と怒られた。『書いて』とは言われてない。訊くと、『一々説明させないで！』と怒られる。働いたら、狂っちゃうかも。でも、奨学金返さないかんし」と困惑する。〈週三日働けば、十万近く入る。じっくり考えよう〉と言うと「ありがとう」と帰っていった。第百十三回では、「たくさん言われて分からなくなって、『何が言いたいんですか?』と訊いたら、怒られた」と不満げ。〈済みませんが、一つずつ教えてください〉という言い方を提案すると納得し、「アスペルガー症候群で働いてる人いる?」と訊く。〈いるけど、工夫がいる〉と伝えた。卒業が決まった直後に、母親ががんになったことが分かり、ショックを受ける。第百十六回では、資格試験に合格し、就職先もBに決まった。人間関係を避けるためにBを選んだが、同業者が大勢いることが分かり、「働きたくない。プライベートも聞かれたくない」と言う。〈「いえ、ちょっと」とごまかすと良い〉と応じると、「そうだね。奨学金返すから、辞めたらヤバい」と言う。第百十七回では、「母手術した。その間、家事やったよ」と報告し、学校は無事卒業した。

4　第四期（第百十八〜百五十回：X＋十六年四月〜X＋十九年八月）就職と結婚

第百十八回では、「職場では注意ばっかり。『見てて』と言われて、見てると別世界へ行っちゃって、戻ってこれない」と言う。就職してから、学生時代よりもさらに愚痴を言うようになった。第百十九回では、「疲れた。あと一カ月は働く。一杯一杯なときに、『何で余裕ないの?』と言われた。そこ怒る所?」と言う。〈頑張れているのは?〉と訊くと、「奨学金返すためだけ」と答えた。第百二十回では、「『おかしい』ときつく言われて、一日中泣いて、次の日休んだ。ピアノ弾くと落ち着く。母は『ボーナスもらって辞めたら良い』と言ってくれる」と言う。第百二十一回では、「ある人が『インシデントレポートを書け』と言ってきて、『私やってないです』と言ったらもめて、泣いて、係長に寿司を奢ってもらった。許せん。Bに近づくと動悸がする。ショパンの練習曲を聴くと収まる」と言う。第百二十二回では、「指導者に椅子を投げられて、『口答えするな!』と怒鳴られた。涙と吐き気が止まらない。辞めたい!」と言う。〈辞めたくなるね〉と応えると「先輩が『これはやらなくて良いよ』と言ってくれて、嬉しかった」と言う。第百二十四回は二カ月ぶりの来院だったので、事情を訊くと、「毎日残されて、来れなかった。文句には慣れたよ」とのこと。〈ほぉ、すごいね〉と感心する。第百二十五回には、感情をこめて「疲れたー！」と腰かける。「指導者が『生活保護で暮らしたら？』と言ったので、両親が係長に抗議して、指導者替わったよ。でも、こう言いながら九カ月やってこれた。ボーナス出たよ」と満足げ。第百二十六回では、「最近は仕事しながらサボってる。妹が幼馴染と結婚する。彼は、昔の私も知ってて、『まともになったね』と言われた」〈あなたも成長したし、頑張った分が金になる〉と応じた。第百二十七回では「職場の人が『汚い』と後ろから消毒液かけた。でも暴れんかったよ」〈ほぉ、こころが強くなったね〉「私は、鉄の鎧着てやってるのに、光景が記憶に残っちゃう。辞めたい」〈でも続いてる〉「自分でもすごいと思う。イライラすると、トイレ行ってキシリトール噛む。機械室も一人になれて良いよ」とやり取りした。

【断片的考察】中山さんは、彼女なりに主体をしっかり持って、相手と対峙できるように変化してきたし、自分で対処できることも増えてきた。

それでも、第百二十九回では、「前の指導者に言われたことがフラッシュバックして、職場で過呼吸になった」と言い、診断書を提出して一週間休む。第百三十三回では、仕事のやりやすさを考えて、職場のフットサルに行き始める。また、妹の夫が企画した合コンに行き、ある男性と知り合う。第百三十五回では、中山さん手作りのお菓子を一緒に食べながら話し、その男性と付き合い始めたと言う。「誘いを断れず毎週デート。コントラバス系の声が落ち着く。『それはわがまま』とさらりと教えて、育ててくれる。ピアノは手の力が抜けるようになってきた。編み物とお菓子作りは落ち着く」と語る。第百三十六回では「彼は大事にしてくれてる。怒って電話切ると、次の日かかってくる。変だね（笑）。職場では攻撃はされなくなった」〈二年いてあなたの存在が定着してきたのでは？〉と言うと、少し照れて「慣れだね」と言う。第百三十七回では、「彼にプロポーズされた。体に触られるのが嫌。ハグでも鳥肌立った。『胸触りたい』と言うので、『カップのサイズ測りたいなら、教えるけど』と言うと、『俺はこんなに愛してるのに、お前の愛が伝わらない』と言う。どうして?」と訊く。〈彼は触れること自体が快。あなたと感覚のズレがある。そこが理解されると良いが〉と応えると、「中学のとき喘息で入院したら、他の患者に乗っかられて、泣き叫んだ。されて快なんて信じられない」とトラウマを語る。〈彼には「決心付くまで考えさせて」と言えば良い〉と伝えると、「ありがとう」と言って帰る。第百三十九回では、「彼と会うと落ち着く。喧嘩になると順を追って説明してくれる」と語る。第百四十三回では「式場もアパートも見つかった。仕事は結婚しても辞めれんよ。母が妹の子の面倒見ていると、私が焼きもち焼いてる。まさかそうなるとは。子ども産むためならいいけど、彼の欲求不満解消のためなら、したくない。チューしてくる。変態だよ!」と話していると、彼から電話が入るが、中山さんの話し方は少し甘えて可愛らしかった。第百四十六回に入籍したことが報告され、第百四十七回では、「職場で何人かに怒られて、早退してきた。辞めたいけど金が要るで辞めれん」と言う。第百五十回では、結婚式に流す曲、着る服、呼ぶ人、新婚旅行などの話をする。職場で一杯人が辞めて、いじめられなくなってきたので、〈あなたの粘り勝ちだね〉と言うと微笑む。表情や視線の動きがとても自然になった。

その後、中山さんはめでたく結婚式を挙げ、新婚旅行へと旅立っていった。

三　総合的考察

滝川(二〇〇四)は「他人の考えや感情を推しはかる力が育つためには、自身の心的な状態が他人から適切に推しはかられる(それにフィットしたかかわりを与えられる)という体験がだいじな土台となるはず」だと述べた。これを実現するには、自閉スペクトラム症のクライエントが有する、間主観的母体や共同性に乗れないゆえの生きづらさ・苦しみを、臨床心理士が共感的に理解（受苦）し、その理解をもとに、「中立的・技法的な応答を超えて、特殊な状況に対し、ぴったりと合う応答」（スターン、二〇〇四）をすることが必要であり、その折には、「治療者の個人的な署名が添えられているようでなければならない」（スターン、二〇〇四）。つまり、臨床心理士自身の主体の生成の仕方が織り込まれた応答が必要なのである。本事例で言うと、中山さんの椅子回しや携帯ゲームが終わるまで私が待つとか、中山さんと私が一緒に飴を舐めながら面接するとか、中山さんが共同性に乗れずに困惑したら私自身の感覚で一般社会的理解と本人の理解とのずれを説明する、などの応答がそれに当たるだろう。こうしたやり取りの中で、中山さんは前言語的なレベルで理解されているという安心感を持ち、私への依存が生じ、それをもとに中山さんは体験を多く語り、自身のあり方や体験の仕方や思考や感情を抱え、人間関係に対処できるようになったと考えられる。

第Ⅰ部第四章で述べた間主体生成論では、クライエントの主体の生成の仕方が織り込まれた苦しみに、臨床心理士が自身の主体の生成の仕方を織り込んで応答すると、そこに間主体が生成され、二人の主体がつながって連動する、と考える。自閉スペクトラム症事例について言うと、社会共同性との間で日々主体を生成している臨床心理士が、その主体を構成している（抱える機能や象徴形成機能なども含めた）体験の仕方や振る舞い方を働かせながら、クライエントに受容的・共感的にかかわると、それまでは共同性をうまく備えられなかった自閉スペクトラム症のクライエントの主体に、臨床心理士と同じ共同性を備えた主体生成の動きが促進されてくる、と考えるのである。この交流レベルは、多くの心理療法では心理療法過程を下から支える基礎として潜在的に動いているのだが、自閉スペクトラム症や統合失調症のように象徴形成機能が不全なケースでは、その動きに注目することがより重要になると思われる。

従来精神分析で言われてきた中立性には、クライエント自身の体験からいったん離れて自意識で体験をとらえ直し、言語化を促すねらいがある。それも重要な治療因子の一つではあるが、自閉スペクトラム症の心理療法でより大切なのは、言語や象徴が成立する以前の間主体的レベルでの交流を促すことである。このレベルの交流が暗黙に進行しているときに、それを言葉にして取り上げると、「現在進行中の「今ここで」のプロセスから、必然的にそれを引き離し」、「流れが中断されてしまう」とスターン（二〇〇四）は注意を促している。

心理療法内では、当初中山さんの語りは断片的で、自分がしたことなのに「網戸とヒーター壊れた」（第二十回）と主体不在の表現をしたが、徐々にストーリー性を帯び、はっきりと感情を体験し、こころの中で処理できるようになっていった。日常生活面では、大学までは不登校や退学を繰り返してきた中山さんだったが、心理療法を始めた後は、いじめもあった専門学校を「中学より楽」（第九十五回）に規定年数で卒業し、就職後は日々困難がありながらも頑張って働き続け、恋愛もし結婚にまで至った。どちらも、彼女の主体の生成の仕方が変化する過程を示していると言えよう。中山さんは、自閉スペクトラム症による苦しみがなくなったわけではないが、自分の人生を「主体的」に歩んでいけるようになったのである。

おわりに

自然科学的なエビデンスを求める方法論だけをとると、必然的に病と治療は細分化され、ある病や症状に特化された治療が次々と考案されていくことになる。自閉スペクトラム症に特化された新しい治療プログラムを追及するのも良いが、科学的妥当性や単なるトレンドを追いかけるだけになってしまうと、クライエントの利益が置き去りにされてしまう。私たち市井の臨床心理士は、そうならないように、足元にある「普通の」心理療法をもっと見直し洗練させ、その潜在力をきちんと実現すべきではないだろうか。これは、自閉スペクトラム症の心理療法に限ったことではないように思われる。

事例を公表することを快諾してくださった、中山さんに深謝いたします。

注1　本章では、アメリカ精神医学会の診断基準を示したＤＳＭ-５にならい、かつて診断基準であったＤＳＭ-Ⅳ-ＴＲにおいて、「広汎性発達障害」や「アスペルガー障害（症候群）」と呼ばれていた病態も含めて、「自閉スペクトラム症」と呼ぶこととする。

文　献

American Psychiatric Association（2000）Diagnostic and Statistical Manual of Mental Disorders, Fourth Edition, Text Revision. American Psychiatric Association. 高橋三郎ら訳（二〇〇二）『ＤＳＭ-Ⅳ-ＴＲ　精神疾患の診断・統計マニュアル新訂版』医学書院

American Psychiatric Association（2013）Diagnostic and Statistical Manual of Mental Disorders, Fifth Edition. American Psychiatric Publishing. 高橋三郎・大野裕監訳（二〇一四）『ＤＳＭ-５　精神疾患の診断・統計マニュアル』医学書院

土居健郎（一九七二）「分裂病と秘密」土居健郎編『分裂病の精神病理１』一-一八頁、東京大学出版会

Ginzburg, C.（1976）Il Formaggio e i Vermi. Giulio Einaudi. 杉山光信訳（一九八四）『チーズとうじ虫——16世紀の一粉挽屋の世界像』みすず書房

河合俊雄（二〇一〇ａ）「はじめに——発達障害と心理療法」河合俊雄編『発達障害への心理療法的アプローチ』五-二六頁、創元社

河合俊雄（二〇一〇ｂ）「子どもの発達障害への心理療法的アプローチ——結合と分離」河合俊雄編『発達障害への心理療法的

アプローチ』二七‐五〇頁、創元社
河合俊雄（二〇一〇c）「対人恐怖から発達障害まで——主体確立をめぐって」河合俊雄編『発達障害への心理療法的アプローチ』一三三‐一五四頁、創元社
木村敏（一九九五）『生命のかたち／かたちの生命』青土社
Meltzer, D. et al. (1975) Explorations in Autism. Clunie Press. 平井正三監訳（二〇一四）『自閉症世界の探求——精神分析的研究より——』金剛出版
Stern, D.N. (2004) The Present Moment in Psychotherapy and Everyday Life. W. W. Norton & Company, Inc. 奥寺崇監訳（二〇〇七）『プレゼントモーメント——精神療法と日常生活における現在の瞬間——』岩崎学術出版社
滝川一廣（二〇〇四）『こころの本質とは何か——統合失調症・自閉症・不登校のふしぎ』筑摩書房
山田勝（一九九九）「患者と心理療法家の焦り・怒り・無力感の相互体験」渡辺雄三編『仕事しての心理療法』八七‐一〇六頁、人文書院

あとがき

石黒直生・髙橋蔵人・山田　勝

私たちは皆、多かれ少なかれ他者の影響を受けやすく、また、他者から認められたいとも思っている。要求される役割に応えたいし、ときにはトレンドを追いかけたくなる。時間をかけた地道な個人心理療法は時代遅れだと聞けば、自分のやっていることに不安を覚え、新しくて「効果的」な技法を身につけなければと葛藤するかもしれない。臨床心理士同士の交流が少ない状況であればなおさらである。

そのようなとき、心理療法の意味を考え懸命に頑張っている同じ立場の仲間がいれば、私たちは力づけられる。影響という点では、取り組みの意味を共有できる仲間から受ける方がはるかに大きい。

「はじめに」で渡辺が述べたように、私たちは「病院心理療法研究会」で、それぞれが実践している心理療法について検討を重ねている。その中で、臨床心理士としての姿勢、クライエントとの関係について、互いに学び合ってきた。そのおかげで大変な道のりであっても歩んでくることができたのだと思う。だからこそ、本書の内容が、心理臨床に携わっている多くの方にとって考える材料となり、議論されることを願っている。

本書の執筆者は、お互いどういった内容を書いているのかを知らないまま書き進めた。それが個々の違い、持ち味といったものを尊重するこの研究会の自由なところでありよさでもある。それでも、根底で大切なことを共有しているように感じとれる。それは、ひとりの人のこころの真実に向き合おうとするあり方、と言えば言い過ぎだろうか。

私を含め、自分は十分に書き表すことができたのか、という不安が執筆者にはあるはずだ。しかし、ありがたいことにこれで完結ではなく、どこまで行っても道半ばである。事情により今回は執筆を断念した者を含めて、性別、年齢に関係なく、ともに学び、心理臨床の道を歩んできた。そして、その歩みはこの先も続く。私たち臨床心理士は、クライエントに向き合い、心理療法の意味を問い続ける存在でありたい。

石黒直生

私は大学院修士課程の学生のときに「病院心理療法研究会」に出会った。ちょうど今から三十年前のことである。当時私は心理臨床の世界に足を踏み入れたばかりだったが、ある先生の調査をお手伝いすることになり、精神科病院に出入りするようになった。そこに大学院の先輩が臨床心理士として働いていた。まったく面識はなかったのだが、あるとき、調査を終えて病棟を出ようとしたとき、詰め所の奥で先輩が看護主任と枝豆（落花生だったかもしれない）を食べていて、私を呼びとめた。一緒に枝豆を食べたかどうかはもう忘れてしまったのだが、私はその病院での心理臨床の研修に誘われ、そこで行われていた「病院心理療法研究会」にも参加させてもらえたのだった。

このような研究会に駆け出しの頃から参加できたのは、とても幸運なことであった。この研究会では毎月一つの事例を四時間かけて検討するのだが、そこで問題にされるのはクライエントとのことだけではない。私たち臨床心理士自身のことにも及ぶ。自分のことに向き合うのはとてもしんどい作業なのだが、クライエントに良質の心理療法を提供し続けようとするならそれは避けては通れない。研究会では交代ですべてのメンバーが事例を提供するので、それぞれが抱えている問題や癖も次第に明らかになる。そして、いろいろな問題に翻弄されながらもより良い心理療法をしようともがいているのが自分だけではないということが分かる。そのことがこの困難な仕事を続けていく大きな支えになる。

今、心理臨床の世界は大きな転換期にある。このような研究会に支えられてやっとやっていけるような心理療法は非効率的な時代遅れのものと言われるかもしれない。しかし、このような形の心理療法でしか支えられない苦しみがある。そのためにわれわれはこれからもこの研究会をもちながら、このような心理療法を続けていくだろう。読者の方には忌憚のないご意見をお聞かせねがいたい。

髙橋蔵人

臨床心理士界全体が自然科学的エビデンスや表面上の治療効果のみに重点を置き、「心理療法において本質的な何か」が見失われていきそうな危惧を抱いているのは、私だけだろうか。

臨床心理士が心理療法を考えようとするなら、個別のクライエントの生き方をどう理解し、それにどう影響を与えようとしているのかを考えなければならない。それはとりもなおさず、臨床心理士側の、クライエントの理解の仕方やクライエントに臨む姿勢のあり方を考えるということだ。さらに、そのことは臨床心理士個人の人としての感性や生き方とも無関係ではない。しかし、そう考えながら心理療法という仕事を続けていくことは、並大抵の苦労ではない。やはり、「病院心理療法研究会」という器があったからこそ、私たちはここまで歩んでこられたと言う他ない。その意味では、「病院心理療法研究会」は事例検討会と言うよりも、臨床心理士の自助グループと言った方が適切ではないか、と私は（冗談も少し含めて）思っている。

その「病院心理療法研究会」のメンバーが、「心理療法において本質的な何か」について、自分なりに真摯に問うた結果が本書である。もしこの本が、少しでも読者が心理療法について思い巡らすきっかけとなるなら、編者としてこんなに嬉しいことはない。

編者の一人、渡辺雄三の「例えば『こころの「病」と心理療法』といった本を皆で出そうという気はありませんかね。多分、私の年齢と頭の調子から考えたら、最後のチャンスかと思いますが」という脅しとも受け取れる提案に対して、いち早く賛同を示した者が編者となって、本書の企画が立ち上がった。出版業界を取り巻く情勢が厳しい今の時代に、このような本を出版するという英断をされ、出版まで丁寧にサポートしてくださった、金剛出版出版部長の弓手正樹さんに深く感謝申し上げたい。最後に、この本に登場してくださったクライエントの方々にも、重ねて感謝申し上げたい。

山田　勝

編者略歴

渡辺　雄三（わたなべ・ゆうぞう）
一九四一年生。名古屋大学工学部中退。臨床心理士・社会学博士（関西大学）。松蔭病院勤務を経て渡辺雄三分析心理室開業。現在、人間環境大学大学院特任教授。
主要著書：『病院における心理療法』（金剛出版、一九九一）、『夢分析による心理療法』（金剛出版、一九九五）、『夢の物語と心理療法』（岩波書店、二〇〇二）、『夢が語るこころの深み』（岩波書店、二〇〇六）、『私説・臨床心理学の方法』（金剛出版、二〇一一）、『臨床心理士の仕事の方法』（金剛出版、二〇一五）他

山田　勝（やまだ・まさる）
一九六二年生。一九八八年、愛知教育大学大学院修士課程修了。同年、名古屋大学医学部精神医学教室入局。一九九一年、愛知県立城山病院（現愛知県精神医療センター）に勤務。現在に至る。臨床心理士。
著書：『仕事としての心理療法』（共著、人文書院、一九九九）、『臨床心理学にとっての精神科臨床』（共著、人文書院、二〇〇七）
訳書：マクダニエルほか編『治療に生きる病いの経験』（共訳、創元社、二〇〇三）、ホワイト『セラピストの人生という物語』（共訳、金子書房、二〇〇四）、ホワイト『ナラティヴ・プラクティスとエキゾチックな人生』（共訳、金剛出版、二〇〇七）、レイほか編『解決が問題である』（共訳、金剛出版、二〇一一）、ジャクソン『家族相互作用』（共訳、金剛出版、二〇一五）

髙橋　蔵人（たかはし・くらと）
一九六三年生。一九八八年、愛知教育大学大学院修士課程修了。京ヶ峰岡田病院、西山クリニック勤務を経て二〇一五年より人間環境大学准教授。臨床心理士。
著書：『仕事としての心理療法』（共著、人文書院、一九九九）、『臨床心理学にとっての精神科臨床』（共著、人文書院、二〇〇七）

石黒　直生（いしぐろ・なおき）
一九六〇年生。名古屋大学教育学部卒業。一九八四年から刈谷病院（現医療法人成精会刈谷病院）に勤務し、現在に至る。臨床心理士。
著書：『仕事としての心理療法』（共著、人文書院、一九九九）

執筆者一覧

はじめに・第Ⅰ部第一章　渡辺　雄三（編者略歴参照）
第Ⅰ部第二章　石黒　直生（編者略歴参照）
第Ⅰ部第三章　髙橋　蔵人（編者略歴参照）
第Ⅰ部第四章・第Ⅱ部第九章　山田　勝（編者略歴参照）
第Ⅱ部第一章　荻野咲智子（医療法人愛精会　あいせい紀年病院）
第Ⅱ部第二章　堀江　章代（医療法人楠会　楠メンタルホスピタル）
第Ⅱ部第三章　白井　聖子（医療法人山水会　香椎療養所）
第Ⅱ部第四章　中村　道子（医療法人成精会　刈谷病院）
第Ⅱ部第五章　山内恵理子（京ケ峰岡田病院）
第Ⅱ部第六章　田代由希子（ながら心理相談室）
第Ⅱ部第七章　伊藤　由夏（医療法人士正会　LUNA大曽根心療科）
第Ⅱ部第八章　三宅　朝子（あさ心理室／林内科クリニック）

クライエントと臨床心理士《りんしょうしんりし》
こころの「病」と心理療法

2016年9月10日印刷
2016年9月20日発行

編　者　渡辺雄三，山田　勝，髙橋蔵人，石黒直生
発行者　立石正信
発行所　株式会社金剛出版
〒112-0005　東京都文京区水道1-5-16
電話　03-3815-6661
振替　00120-6-34848
印刷　平河工業社
製本　誠製本

ISBN978-4-7724-1510-1 C3011　Printed in Japan